中国旅游业普通高等教育应用型规划教材

旅游管理学

张俊英 主编

中国旅游出版社

前言

为适应中国旅游业的飞速发展和满足旅游管理教学和研究的需要，培养既掌握全面、系统的旅游管理理论知识，又能在旅游业领域胜任管理工作，具有创新思维和实践能力的旅游管理专门人才，特别编写了这本与市场接轨、特色突出、题材广泛、内容新颖的旅游管理学教材。

本教材编写时针对高等本科教育的特点，准确定位教材的广度和深度，从本专业的实际出发，把管理学一般原理与旅游管理的实际需要相结合，充分吸收国内外有关旅游管理研究的最新成果，系统总结和概括了旅游管理的丰富实践经验，选择旅游管理中最基本和最必需的内容，构建了本书完整的体系结构和内容，全面系统地介绍了旅游管理学的基本理论、基本内容和基本方法等，总体上更符合当前旅游管理学理论研究的发展趋势和旅游产业的发展潮流，具有一定的前瞻性和引导性。全书体系完整、内容丰富、逻辑严密、方法实用、案例多样，具有较强的系统性、科学性和实用性。

本教材由青海民族大学旅游管理学院张俊英博士担任主编，青海民族大学张小红、李永梅、胡成霞、杨亚丽等老师参与了教材的编写。本书具体分工情况如下：第一章、第五章由张俊英编写，第二章、第三章由胡成霞编写，第四章、第七章由杨亚丽编写，第六章、第十章由张小红编写，第八章、第九章由李永梅编写。张俊英负责全书的统稿和校对。同时，中国旅游出版社的段向民主任对本书的编写给予了精心指导和帮助，在此表示衷心的感谢。由于编者的水平和能力有限，书中有不当之处，敬请读者批评指正。

编者

2019 年 8 月

目　录

第一章　旅游学导读 …… 1

第一节　旅游的概念 …… 2

第二节　旅游的本质与社会属性 …… 5

第三节　旅游活动的构成与特点 …… 10

第四节　旅游的产生和发展 …… 12

第二章　旅游管理原理 …… 28

第一节　管理理论的发展过程 …… 29

第二节　旅游管理的基本原理 …… 37

第三节　旅游管理的基本职能 …… 49

第三章　旅游管理体制 …… 57

第一节　旅游管理体制概述 …… 58

第二节　中国的旅游管理体制 …… 59

第三节　旅游管理组织机构 …… 63

第四章　旅游危机管理 …… 71

第一节　旅游危机 …… 72

第二节　旅游危机管理 …… 78

第三节　旅游危机管理策略 …… 81

第四节　旅游网络舆情危机管理 …… 85

第五章　旅游资源管理 …… 95

第一节　认识旅游资源 …… 97

第二节　旅游资源的分类与特点……99
第三节　旅游资源的评价与开发……104
第四节　旅游资源的保护……116

第六章　旅游企业管理……122
第一节　旅游景区管理……124
第二节　旅行社经营管理……132
第三节　旅游酒店管理……136
第四节　新型旅游接待业管理……139

第七章　旅游服务质量管理……145
第一节　旅游服务……146
第二节　旅游服务质量的测量……152
第三节　旅游服务质量的改进……160

第八章　旅游人力资源管理……170
第一节　旅游人力资源管理概述……172
第二节　旅游人力资源管理的主要任务……179
第三节　旅游人力资源的激励与管理……189

第九章　旅游市场营销管理……197
第一节　旅游市场营销概述……199
第二节　旅游市场营销过程……203
第三节　新媒体时代的旅游营销创新……209

第十章　旅游者管理……214
第一节　旅游者行为及特征……215
第二节　旅游者的需要和动机……218
第三节　情绪情感的控制和管理……225

参考文献……233

第一章

旅游学导读

【导言】

旅游是当今世界最大规模的一种社会现象，对社会产生了巨大的影响。旅游作为一种社会文化和经济现象，自有其复杂的运动过程及深刻内涵，旅游学就是以人类的旅游活动为研究对象的新兴学科。

当你开始学习这门课程的时候，你已经加入到今天这个世界上规模最大的行业之中了。经过多年的发展，无论是在国内还是国外，旅游业都已演变成一个生机盎然、蒸蒸日上、充满魅力的行业。

【教学目标】

本章要求学生了解旅游相关常识，了解旅游概念的几个不同学术界定，熟悉旅游的本质与社会属性，掌握旅游活动的构成与特点，了解人类旅行和旅游活动的发展历程，知晓不同历史时期旅行和旅游活动的特点，重点掌握近代旅游、现代旅游和后现代旅游时期的旅游活动特点。

【关键术语】

旅游、艾斯特（IASET）定义、旅游活动、19 世纪中叶以前的旅行、近代旅游、现代旅游、后现代旅游、托马斯·库克

【导入案例】

行走的历史

“行走”从哪儿开始呢？——从肌肉紧张开始。一条腿像根柱子，将身体托起在天地之间；另一条腿则像一个钟摆，从后边摇晃到前边。脚后跟着地，身体的重量就前倾到脚趾上；大脚趾伸展开，自动平衡的身体再接着前移。就这样，两条腿不停地交换着位置。从第一步开始，然后是另一步，再后来，就像是有节奏的鼓点，构成了行走的韵律。行走，这个世界上再简单不过也再神奇不过的东西，竟然与宗教、哲学、风景、市政、解剖、寓言还有感伤有着天然的默契！

行走的历史是一部神秘的、没有用文字记载的历史，你只能在一些书籍当中发现只言片语的描述，或者，在歌曲当中、街头巷尾以及几乎每个人的历险故事中寻找到它们的踪迹。有关身体运动的历史只是那些两足动物演化以及人类解剖学的历史。在很多时候，行走只是一种练习，是两地之间习惯性的运动工具……

（资料来源：谢彦君．基础旅游学［M］．北京：中国旅游出版社，2011：96.）

第一节　旅游的概念

一、旅游概念的形成

旅游作为人类一项特殊活动和一种社会现象，有着悠久的历史。有人说，“旅游”这个词是外来语，19 世纪出现于英语中。在《韦伯斯特大字典》中，“旅游”（tour）一词被解释成“是一个人回到其出发地所经历的旅程；是一次出自商务、娱乐或教育的目的所做的旅行，旅行期间通常按计划的线路访问不同的地方”。在我国，“旅游”一词最早出现在南朝诗人沈约的《悲哉行》一诗中的“旅游媚年春，年春媚游人”。在此之前，汉语中表现旅游活动和旅游现象的词主要是独立的“旅”和“游”字。《周易》中专门有一条“旅”卦——“小亨，旅贞吉”，旅即旅行的意思。

《诗经·柏舟》中的“微我无酒，以敖以游”，这里的游指遨游、游览。唐孔颖达《周易正义》释“旅”字云：“旅者，客寄之名，羁旅之称；失期本居，而寄他方，谓之为旅。”“谓闲暇无事与之游”，可以说是我国最早给旅行、游览下的定义了。在《全唐诗》中，“旅游”一词曾出现 22 次，分别是在尚志的《江上秋志》、谭用之的《秋宿湘江遇雨》、于良史的《冬日野望寄李赞府》、贾岛的《旅游》、李昌符的《旅游伤春》以及其他人的作品，其含义十分相近。

人们对旅游的正确认识，是随着社会实践的不断发展而逐步形成的。将旅游作为一种社会现象，进行较系统、全面而科学的研究是 20 世纪的事。由于人们所处的历史时代不同，各时期社会经济发展水平不一，对旅游的认识和确定旅游概念的角度与方法等也存在差异，因而对旅游的定义和内涵有不同的诠释，自然就不足为奇了[①]。

二、旅游概念的类型

“旅游”是旅游学研究的最基本概念。人们对于“旅游”有两种解释：一种是日常生活中经常提到的“旅游”，这里的“旅游”与“旅游活动”属于同一个概念；另一种亦即本节所讨论的“旅游”概念，是指作为旅游学研究对象的具有科学意义的抽象的“旅游”概念。

各国旅游学者和不同的国际旅游组织出于不同的需要均对旅游的概念进行过解释，从这些解释的发展过程来看，对“旅游”概念的解释大多是从与“旅游活动”相同含义的“旅游”的解释逐渐过渡到作为旅游学研究对象的科学的概念。国外旅游学者和有关国际旅游组织对旅游的认识归纳起来主要有以下几种。

（一）艾斯特（IASET）定义

这是瑞士学者对旅游的定义。在瑞士学者汉泽克尔和克拉普夫 1942 年合著的一本名为《普通旅游学纲要》的著作中给旅游下的定义是：旅游是非定居者的旅行和暂时居留而引起的现象和关系的总和，这些人不会导致永久居留，并且不从事任何赚钱的活动。这一定义于 20 世纪 70 年代被旅游科学专家国际联合会（IASET）所采用，所以，被称为艾斯特（IASET）定义或国际定义。

（二）交往定义

这是德国学者对旅游的定义。1927 年以蒙根、罗特为代表的德国学者在其出版的《国家科学词典》中对旅游的定义是：狭义的理解是那些暂时离开自己的住地，为了满足生活和文化的需求或个人各种各样的愿望，而作为经济和文化商品的消费者逗留在异地的人的交往。

（三）目的定义

这是奥地利学者对旅游的定义。20 世纪 50 年代，奥地利的维也纳经济大学旅游研究所对旅游所下的定义是：旅游可以理解成暂时在异地的人的空余时间的活动，主要是出于休养目的，其次是出于受教育、扩大知识和交际的原因的旅行，最后是参加这样或那样的组织活动以及改变有关的关系和作用。

---

① 张东明，张建国 . 旅游学概论［M］. 郑州：郑州大学出版社，2006：2.

（四）动机定义

这是法国学者对旅游的定义。1966 年法国学者让·梅扎森对旅游所下的定义是：所谓旅游，是为了使人消遣、得到休息，能让人活动在新的环境中和接触未知的自然风景，加深经验和教养而进行的旅行或离开常住地到外地逗留的一项休假活动。

（五）流动定义

这是英国学者对旅游的定义。1972 年，英国萨里大学的伯卡特和梅特利克认为，旅游发生于人们前往和逗留于各种旅游地的流动，是人们离开平时居住和工作的地方，短期前往一个旅游目的地，在该地运动和逗留的各种活动。

（六）综合定义

这是美国学者对旅游的定义。1979 年，美国通用大西洋集团有限公司马丁·普雷博士到中国讲学时说，旅游是为消遣而进行的旅行，在某一国家逗留的时间至少超过 24 小时。1980 年，美国密执安大学罗伯特·麦金托什和夏希肯特格·波特两位教授在《旅游学——要素、实践、基本原理》一书中指出，旅游可定义为在吸引和接待旅游及其访问者的过程中，由于游客、旅游企业和东道国政府及东道国各地区的居民的相互作用而产生的一切现象和关系的总和。

（七）狭义和广义定义

这是日本学者对旅游的定义。日本学者铃木忠义主编的《现代观光论》对旅游做了这样的定义，所谓狭义旅游是指人离开日常生活圈，预定再次回来，以非营利为目的，欣赏自然风物。所谓广义旅游，就是由这种行为而产生的社会现象的总和。

（八）世界旅游组织定义

1991 年 6 月 25—28 日，世界旅游组织在加拿大的渥太华召开了“旅游统计国际大会”。经过三次议程，形成了旅游统计国际大会建议书。该建议书对旅游的概念做出了重新定义：旅游是指一个人旅行到他或她通常环境以外的地方，时间少于一段指定的时段，主要目的不是在所访问的地区获得经济效益的活动。

会后，世界旅游组织又成立了由政府、国际组织和旅游行业代表组成的指导委员会，负责制订具体贯彻渥太华会议建议的计划，并于 1993 年 2 月在纽约召开的联合国统计委员会第 27 次会议上通过了世界旅游组织的报告《对旅游统计的建议》。根据该报告，世界旅游组织制定了五本技术手册，在该报告中对旅游做了明确的定义，即“旅游是指人们为了休闲、商务或其他目的离开他们惯常环境，到某些地方并停留在那里，但连续不超过一年的活动”。

此外，我国有学者提出了新的旅游的定义。王洪滨主编的《旅游学概论》一书给出的定义是：旅游是人们离开常住地到异国他乡访问的旅行和暂时停留所引起的各种现象和关系的总和。孙文昌主编的《旅游学导论》一书给出的定义是：旅游是在一定的社会经济条件下产生的一种社会经济现象，是以满足人们休息、消遣和文化需要为主要目的的非定居者旅行和暂时居留所引起的一切现象和关系的总和。这一概念强调了旅游是一种社会经济现象。

综合以上定义可以看出，对旅游的定义主要有两种：一种定义是将旅游作为一种旅游活动，因此旅游的概念定义为“旅游活动”，给出旅游活动的原因（目的或动机）、活动方式和类型（如定义 2 至定义 5 和定义 7）；另一种定义指出了旅游是一种旅游活动，同时还指出了旅游也是旅游活动引起的各种现象和关系的总和（如定义 1 和定义 6）。而世界旅游组织给出的旅游的定义（定义 8）是一种统计学上的定义①。本书借鉴谢彦君教授的观点，将旅游定义为个人以前往异地寻求审美和愉悦为主要目的而度过的一种具有社会、休闲和消费属性的短暂经历。

这个定义强调了以下几方面内容：(1）旅游的根本目的在于需求审美和愉悦体验，这是旅游的本质属性。(2）旅游是一种个人的行为，至少在某个环节上表现为个人有目的、有计划、能加以决策的主动行为，即使在某些被动的情况下，个人也有决定取舍的权利。(3）旅游是一种经历、一种活动，是其本身，而不是其所引起的什么“关系”或“综合现象”。这种活动具有社会性、休闲性和消费性。(4）旅游的两个最突出的外部特征是异地性和暂时性②。

第二节　旅游的本质与社会属性

一、旅游的本质

（一）旅游现象的复杂性

把旅游现象作为一个研究领域，还仅仅是最近几十年的事情，并且这种研究一直以来主要的还是限于对旅游世界进行的某种直观的描述和单一视角的审视。直到今天，关于什么是旅游的问题我们还未能获得一致而满意的答案，而由此所造成的旅游知识共同体（学科）不能够有效建立、理论研究不能够解决实际问题等影响，也似乎始终没有得到解决。有关旅游内涵的一些功利性的、泛化论的学术观点仍弥漫在学术丛林之中，使我们难以拨云见日。

① 黄安民．休闲与旅游学概论［M］．北京：机械工业出版社，2010：7-10.
② 张东明，张建国．旅游学概论［M］．郑州：郑州大学出版社，2006：2.

作为一种极其复杂的社会现象，旅游的本质规定性会表现在不同的层次上。从作为内核的本质规定性，到它所展示的一般属性，直到其外部可见的种种特征，甚至由这些综合因素所决定的旅游行为特点，都从不同的层面诠释了旅游的本质。因此，我们只能在一个高度整合的框架下才能认识旅游的全貌。图 1–1 是描述这一观点的示意图，在图中，由上至下各层级之间具有规定或统辖关系，而由下至上则具有解释关系。

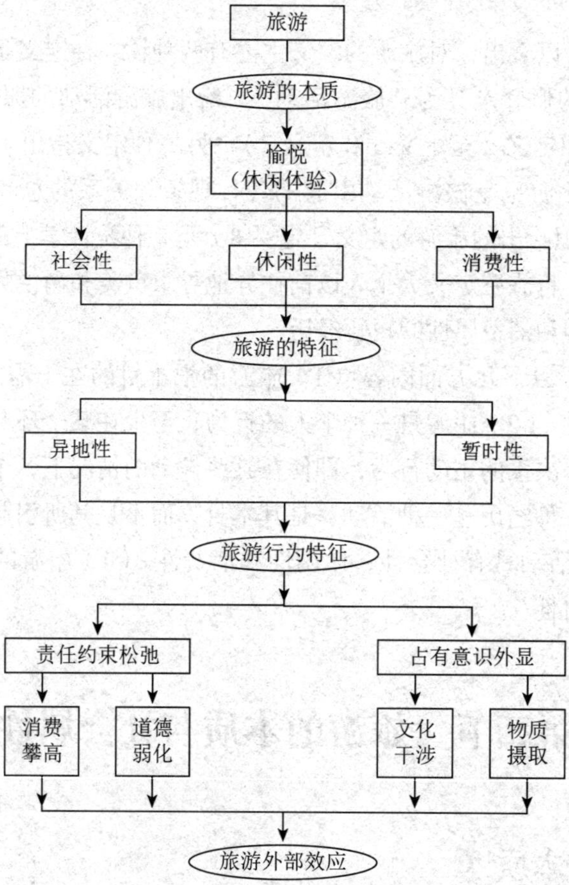

图 1–1　旅游本质的认识框架

从图 1–1 所表示的关系来看，在旅游者的旅游目的与旅游者的实际行为之间，存在着层次众多、构成复杂的干涉因素。由于这些因素的复杂作用，使旅游行为最终会以极不相同的外部形式表现出来，形形色色，不一而足。然而，在这些复杂的因素之中，却有主次之分，彼此存在着决定与被决定的关系，由此也使得我们能够在认识旅游现象的时候抓住主要矛盾及矛盾的主导方面，从而正确地认识旅游现象的本质，确立旅游知识共同体的内核。从图 1–1 中我们可以看出，处于最末端的旅游行为特征与旅游本质之间似乎存在着某种矛盾，在理解这种矛盾时必须将基点建立在旅游的本质规定性的基础上，因为在现实当中这些矛盾往往会化解于旅游本质的主导力量之下，甚至旅游本质这种带有根本性的主导力量会为某种看似有悖于旅游本质的异常行为规范出一个适当的阈值，从而使旅游者在旅游世界中的各种行为都可以在旅游的理性框架中予以解释。

（二）旅游的本质规定

旅游的本质从根本上说是由旅游的目的决定的，而这种目的最终会弥漫到整个旅游过程中，体现在旅游者的具体行为上，成为决定旅游者行为的根本力量。旅游在根本上是一种主要以获得心理快感为目的的审美过程和自娱过程，它发生在人们的余暇时间，也发生在有别于人们日常生活所在的空间。这样的一种行为只能是人类社会发展到一定阶段时才产生的一种活动。随着社会的不断发展，这种行为有可能构成人类最基本的活动之一，甚至体现着人类存在的根本意义。

旅游活动过程有三种表现形式：第一种是纯以审美为目的并在旅游过程中始终以审美为唯一活动内容。第二种是纯以获得生理上的愉快为目的，并在旅游过程（如果这时也算得上是旅游过程的话）中始终谋求生理愉悦。第三种就是上述两极之间的所有复杂的组合，表现为既有明显的审美倾向，又不完全排斥对立的快感形式。这种概括的分类实际上很容易造成一种假象，似乎上述第二种纯以获得生理愉悦的旅游者在现实中确实存在，换言之，对于一些旅游者来说，审美的成分并不是肯定地存在于其旅游过程之中。所以，那种在整个旅游过程中始终唯以获得生理快感为目标的行为主体，事实上是不存在的。

从旅游发生和运行过程上看，由于愉悦性的休闲体验是旅游的内核，因此，旅游就表现为一种个人的行为，并且是在个人的意愿、志趣支配下受个人支付能力及其他能力的影响而发生的行为，不管是以散客或组团的形式旅游，均是如此。这种目的性行为，是旅游主体在寻求愉悦的意识的支配下与客体之间建立的一种关系，并借助某种审美或自娱的渠道表现出来。单就旅游的主客体而言，他们各自都不能独立构成旅游，只是旅游发生的条件。当旅游主体高度社会化并成为集体现象，而旅游客体同时高度产业化时，旅游便被纳入旅游业的总体框架之下而成为这个框架中最核心的成分，并仍始终保持着自身的这种能满足旅游者寻求愉悦目的的特性。

一言以蔽之，愉悦性的休闲体验构成了旅游这个范畴的基本硬核。任何被称为“旅游”的现象，都不能离开这个硬核而存在。当然，这并不是说任何出自休闲体验目的而发生的个人行为都是旅游。只有那些暂时的、异地的以追求愉悦为目的的休闲行为才可以被称为旅游。

二、旅游的基本属性

旅游因其本质上属于那种借助于休闲体验而获得愉悦的活动而呈现出消费属性、休闲属性和社会属性。这一点，从旅游活动的内容构成上也可以看出。

（一）旅游的消费属性

人生的活动包括两个基本领域：生产领域和消费领域。生产领域肩负着物质生活资料和精神生活资料生产的使命，而消费活动是出于维持个体生存、保证劳动能力的再生产乃至实现个人社会发展等目的而对生产活动的成果的耗用（在这里，不能因为旅游具有恢复或生产一个人的劳动能力的功能而把旅游看作生产行为，错误地置换生产和消费的真实内涵）。旅游在其全过程中不向社会也不为旅游者个人创造任何外在的可供消费的资料，相反，却消耗着旅游者以往的积蓄和他人的劳动成果。即使在比较极端的情况下，如仅限于个人的流连山水，陶醉于大自然（而非人化）的美的恩赐，这也是在消磨本可以用来创造财富的生产时间。所以，旅游无疑是消费行为，不是生产行为。

由于旅游是从人的生命波谱中截取的一个波段，因此旅游消费不会完全超脱于一般的日常消费，但又有别于一般的日常消费。然而，从消费的导向和构成以及各部分的意义上看，旅游消费确有大不同于日常消费之处，突出地表现在重视精神内容、追求愉悦体验，甚至在某些方面表现出对日常生活消费的畸变，而这些均决定于旅游的本质规定性以及旅游所具有的外部特征。

（二）旅游的休闲属性

如果把旅游置放到劳动与休闲的框架当中衡量的话，那么，旅游是一种休闲，而不是工作、不是劳动。旅游所具有的休闲属性是由以下几个方面决定的。

1. 旅游的目的表现为借助各种可以娱情悦性的活动达到愉悦体验

这显然区别于为谋生而进行的劳动，也不同于为维持生存而必须从事的活动，如睡眠、吃饭、操持家务等，与出于社交目的而进行的应景往来也有区别。在旅游的全过程中，总是自然天放的随意性和畅神怡情的目的性占据着主导地位，表现出与一切休闲行为相一致的基本品性。

2. 旅游是发生于自由时间或余暇当中的行为

自由时间的规定性是厘定旅游与其他一些旅行现象之间的界限的一个关键性的尺度。与其他休闲方式相比，旅游在使用自由时间时有一个明显的特点，即要求用于旅游的自由时间的相对完整性。

自由时间有四种存在状态，即每日余暇、周末公休日、公共假日和带薪假期。每日余暇虽可用于娱乐和休息，但因其过于短暂和零散而不可用于旅游。周末公休日是现代社会经常的、稳定的短期休假日，适合于近距离旅游。尤其是目前大多数工业化国家实行每周五天工作制（我国从 1995 年 5 月开始实行），两天的自由时间对于拥有发达的交通系统的社会来说，足可以使人到相当远的距离之外去旅游了。公共假日即人们通常所说的节假日，分布在一年中的几个时期，一般为时较短，而且又多有传统活动内容的约束，因此限制了人们外出旅游，但随着人们生活观念的变化，公共假日用于旅游的趋势也在明显增加。带薪假期是大规模推动度假旅游的基本自由时间形式。随着各国陆续颁布有关的法律，公民享有的法定带薪假期不断增多，带薪假期也就成了人们外出旅游的绝好时机。

3. 从旅游的活动构成上看，旅游这种休闲行为实际上又是众多的休闲活动的再组合

换言之，旅游是生活的休闲阶段。旅游者在目的地停留期间，除了吃、喝、拉、撒、睡这些满足生理需要的活动之外（实际上这些活动也都有“闲极无奈”的色彩），所有其他活动几乎是休闲行为，包括观光、游览、与人交往、看电视、听广播和音乐、阅读书报、聊天、室内消遣、体育锻炼、观看节目演出、参加俱乐部活动等。与日常休闲行为相比，旅游过程中所发生的休闲行为的特殊性就体现在旅游的异地性当中。换言之，旅游这种休闲活动与日常休闲活动的差异在于，旅游休闲被嵌入一种完全新奇、异样甚至陌生的环境当中，这种异地性的嵌入，使某种休闲活动变成了旅游，获得了不同于日常休闲的品质，即旅游的品质。

（三）旅游的社会属性

以往人们在分析旅游的性质时，主要强调它具有经济属性，或充其量认为旅游是一种“社会经济现象”。这种判断的依据是旅游全过程中所离不开的消费（支付）行为，这在表面上看似乎没有错，但实际上颇值得讨论。

判断一种现象所具有的性质，必先认识现象本质的规定。旅游在本质上是不是具有经济属性，对此笔者是持否定意见的。笔者认为，经济对于旅游这种本质上属于个人的审美与愉悦体验范畴的现象只是一种外部支持条件，却不是内在本质构成。也就是说，没有这种经济上的外部支持，仍可以有旅游，否则就无法解释古人靠两腿的行走而旅游，今人靠自制的或早先购入以备他用的交通工具外出旅游的情形。如果认定旅游本质上具有经济的属性，那么它就必须是旅游须臾不可或缺的东西，而事实却并非如此。

旅游的社会属性的存在不仅因为审美意识作为旅游的前提条件而社会性地存在，而且在不同的社会条件下，人们的旅游需要还表现为受时代的强烈社会影响所具有的特征。例如，“中国古代的旅游就好像是中国文化的一面折光镜，在这面镜子里，或隐或现地反映出时代文化的影子，或强或弱地袒露着中国文化的灵魂。先秦的朦胧，魏晋的颓废，隋唐的高昂，明清的恬静”，以至于 20 世纪 60 年代在西方兴起的追逐“3s”和今天普遍倡导的生态旅游，无不反映了不同时代、不同社会在旅游价值观方面的变化。这种变化的根源当然不是经济的，而是社会的[①]。

① 谢彦君．基础旅游学［M］．北京：中国旅游出版社，2011：52–59.

第三节 旅游活动的构成与特点

一、旅游活动的要素

人们在谈论旅游活动的要素及其构成时，由于讨论背景的不同，往往会有不同的含义所指。具体地讲，在有些情况下，旅游活动要素指的是旅游活动的开展所涉及的内容要素；而在另外有些情况下，旅游活动要素指的是旅游活动体系的构成要素。

（一）旅游活动内容的构成要素

就旅游活动的开展所涉及的内容而言，其基本要素一般可概括为食、住、行、游、购、娱六个方面。这便是国人通常所称的旅游活动六要素。显然，这六要素实际上指的是旅游活动内容的构成要素。虽然国人通常称这些要素为旅游活动的六要素，但对个体旅游者来说，在旅游活动的开展中，其中某些要素（特别是购、娱）实际上并非缺之不可。

（二）旅游活动体系的构成要素

就旅游活动得以开展的体系而言，其构成需涉及三项基本要素，旅游活动的主体、旅游活动的客体以及旅游活动的中介体，这便是很多旅游理论研究中所称的旅游活动三要素。显然，这三要素实际上指的是旅游活动体系中缺一不可的构成要素。

1. 旅游活动的主体——旅游者

旅游活动的主体即旅游活动的施动者，因此这一主体即是旅游者。但并非任何个人都可以无条件地成为现实的旅游者。就个体旅游需求的产生和实现而言，只有当一个人同时具备外出旅游的主观意愿和实现这一意愿的客观条件时，才有可能形成旅游需求，成为现实的旅游者。

2. 旅游活动的客体——满足主体来访目的的旅游资源或旅游对象

旅游活动的客体即旅游活动的对象，因此这一客体是既能够吸引旅游者来访又使其来访目的得以实现的旅游吸引物或旅游资源。旅游资源不仅是旅游者来访活动的对象物，而且是一个国家或地区能够吸引旅游者前来光顾的根本基础。对于一个旅游目的地来说，虽然旅游服务的质量状况可以助长或削弱该地对旅游者的吸引力，但该地旅游吸引力的本源永远是当地的旅游资源①。

① 李天元．旅游学概论［M］．北京：高等教育出版社，2012.

3. 旅游活动的中介体

旅游活动构成要素中，旅游业是旅游活动的中介体。旅游业把旅游者和旅游资源联系在一起，使旅游活动顺利开展，成为实现旅游活动的条件和手段。旅游业是旅游发展的产物，也是旅游发展的推动者。在近代旅游业产生之前，旅游活动主要是一种自发的、少数人参加的活动，旅游主体和客体直接联系；旅游者外出旅游活动大多表现为漫游、探险等方式，缺乏对旅游客体的了解和认识；同时也没有基本的旅游设施和旅游服务，旅游者的旅游活动缺乏组织性，并存在诸多不便。因此，早期旅游活动规模小、范围小。而旅游业诞生之后，它在旅游者和旅游资源之间起着一种媒介和桥梁作用，通过旅游业提供各种旅游供给以及对旅游市场进行组织，使得旅游活动方便易行，从而大大推动了旅游发展。

二、旅游活动的特征

旅游活动涉及多种不同的类型，但是不论何种类型的旅游活动，普遍具有以下几个方面的基本特征。

（一）旅行与逗留的合成性

旅游活动由旅行活动和逗留活动两大部分组成。前者指的是旅游者在其惯常居住地与旅游目的地之间的交通往返，以及在不同旅游目的地之间往来的空间转移活动；后者是指旅游者在旅游目的地停留期间开展的生活和访问活动。

（二）异地性

旅游是人们离开自己的常住地去异国他乡访问的活动，可见旅游是在异地环境中实现的。每个人都生活在一定的时间和空间内，这一既定的时间和空间既是人们认识客观世界的基础，也是其认识客观世界的限制。出于求新、求乐的心理动机，人们借助旅游以开阔眼界、增长知识，这是旅游异地性产生的主观基础。而另外，对旅游者产生吸引力的旅游资源，由于与旅游目的地的时空环境紧密相连，具有地理上不可移动的特点。旅游者只有克服空间障碍，离开其常住地前往旅游目的地才能实现旅游活动，这是旅游异地性产生的客观前提。一个地区的异地性越强，其对旅游者产生的吸引力就越大。

（三）暂时性

旅游在时间上的特点，就是人们前往旅游目的地，并在那里做短期停留的访问活动。这种短期停留有别于移民性的永久居留，表现为旅游的暂时性。对于大多数旅游者而言，旅游是其利用社会工作之余的闲暇时间所从事的活动。其动机或是为了恢复体力、愉悦身心，或是为了扩大眼界，增长见识，但不论出于何种动机的旅游都是一种短期的生活方式。因为闲暇时间只是人全部时间构成中的一小部分，而休闲娱乐也只是人们在工作之余才能从事的活动，因此旅游是人们暂时性的行为。

（四）非移民性和非就业性

旅游活动是出于移民和就业打工目的之外的外出旅行和访问活动。换言之，不论是举家搬迁或移民他乡的外出旅行，还是因旨在去异国他乡打工挣钱而发生的旅行行为，都不属于旅游活动的范畴。有必要提醒注意的是，“打工挣钱”或“就业”这一排除性条件并不适用于差旅型的外出旅行和访问活动，如销售人员去异地开展推销活动，技工人员去往异地为客户安装设备，专业人员前往异地出席会议等。原因在于，这些差旅人员的雇主单位不在该目的地。换言之，这些差旅人员的出差目的虽然也可以说是“挣钱”，但却不是从到访之地获得报酬①。

第四节　旅游的产生和发展

一、19 世纪中叶以前的旅行和发展

（一）原始社会早期的人类迁移活动

在原始社会早期，即考古学上的旧石器时代，由于受到极端低下生产力水平的限制，人类长期过着“茹毛饮血”、以树叶兽皮遮体、以洞穴为居处的艰苦生活，时刻面临饥饿和自然灾难侵袭的威胁，因此，当时的人们为了生存不得不到处游荡。直到人类可以支配一种自然力——火之后，才逐步进入相对稳定的定居生活。

进入考古学上的新石器时代，磨制石器开始出现，生产工具得到改善，人类社会的劳动效率有了很大的提高。与此同时，伴随着“锄耕农业”的形成以及人类驯养野生动物的成功，人类历史上出现了第一次社会大分工：原始畜牧业从原始农业中分离出来，此时人们的劳动所得除了满足自己最基本的需求之外，几乎没有什么剩余。

在国内外旅游学术界有这样一种观点认为，人类诞生之后为了冲破周围环境对自身的束缚，总是不断地扩大自身的活动范围和生存空间，原始人群为了逃避自然灾害的危害而进行的反复的迁徙，从某种意义上来说，是人类历史上最早的旅游活动。但是，这种观点是不符合历史事实的。首先，原始社会人类的迁移活动是因某种自然因素（如天灾）或人为因素（如战争）的威胁而被迫进行的，都是出于生存需要而进行的逃荒或避难活动，并不属于我们通常意义上对旅游活动的理解——出于自愿的外出旅行活动。其

① 苏勤. 旅游学概论［M］. 北京：高等教育出版社，2002.

次，从历史唯物主义认识论的角度看，原始社会前期不具备人类旅游所需的物质条件。人类的旅游史一再证明，无论何时，旅游活动都依赖于一定的物质条件，只有在满足了人类生存的基本需求之后，人们才可能产生外出旅行的念头，而原始社会前期，人类的劳动所得仅够满足自身生存需要，几乎没有劳动剩余，从而也就缺少了旅游活动所必需的物质基础。总之，在原始社会早期，人类既没有能够外出开展旅行活动的物质基础，也难有外出旅行的主观意愿，当时的迁徙活动具有被迫性和求生性这两大特点[①]，这些因素决定了原始社会早期并没有出现现今意义上的旅行和旅游活动。

（二）奴隶制社会旅行的发展

原始社会末期，石器的发展、金属工具的出现提高了劳动生产率，社会产品除了维持人们生活必需以外，开始有了剩余。剩余产品的出现促进了私有制的产生，社会上出现了剥削阶级和被剥削阶级，人类社会开始进入奴隶社会。在奴隶社会时期，人类的旅行活动得到了迅速发展，一方面奴隶社会的建立促使社会各行业分工更加细化，商业更加发达；另一方面奴隶制统一国家的建立，社会秩序相对稳定，空间移动的条件更加具备，为旅行活动的发展创造了条件。而促使人们外出旅游的主要原因是进行产品交换和易货经商。

1. 古罗马帝国旅行的发展

从世界范围来说，古埃及、古希腊、古罗马的旅游活动的发展较为典型。其中，古埃及是世界上旅行与旅游活动开展得最早的国家之一；在古希腊出现了世界上最早的体育竞技旅行、移民旅行和政治流亡旅行；古罗马时代是世界古代奴隶社会旅行与旅游的全盛时期，因而往往被欧美学者作为这一时期旅行活动研究最具代表性的例子。

古罗马帝国强盛时期，疆域地跨亚、非、欧三洲，帝国秩序相对稳定，生产技术不断发展，促进了当时矿业、手工业和种植业的发展。此外，其海陆交通都十分发达，这些都在客观上为旅行的发展提供了便利的物质条件。

在旅游交通和旅游设施方面，当时由于政治和军事需要，古罗马帝国大规模地修建道路，在全国范围内形成了较为完善的道路网络系统，所谓“条条大道通罗马”就是对当时异常发达的罗马道路建设的概括，这在客观上为民间旅行活动的开展提供了方便。为了满足人们在旅途中吃、住等需求，政府开始在道路沿途设置驿站，这些驿站起初是为了政府公务人员或是国王的使臣提供服务的，但后来也开始接待往来的民间旅客，随着民间旅行人员数量的增多，由官方和私人投资的商业性饭店业随之发展起来。这些旅行条件的改善在为旅行活动发展提供便利的同时，反过来又进一步推动了旅行人数的增加。

旅行活动方面，古罗马帝国主要以商务旅行为主，但也出现了宗教旅行和以享乐为

---

① 李天元．旅游学概论［M］．北京：高等教育出版社，2011：9.

目的的消遣旅行。由于古罗马地跨亚、非、欧三洲，加上其完善的公路网和海上丝绸之路的兴起，罗马境内与境外的国际商务旅行比较活跃。当时，古罗马帝国与中国也有较为频繁的商旅交往。据《后汉书·西域传》记载，和帝永元九年（97 年）都护班超出使西域，遣副使甘英使大秦。宗教旅行方面，在罗马帝国后期，基督教被确定为罗马帝国的国教，耶路撒冷和麦加作为圣地，成为众多基督教徒朝拜之地，宗教旅行随之在罗马帝国境内迅速发展起来。在雄厚的物质条件支配下，罗马奴隶主贵族享乐欲望与日俱增，消遣娱乐旅行随之兴起。这些奴隶主消遣娱乐旅行方式多样，既有以消遣为目的的狩猎旅行，还有以娱乐为目的的“竞技”旅行、节庆旅行、海滨旅行。古罗马斗兽场就是为了满足罗马奴隶主贵族享乐的欲望而建设的。

古罗马文明是古典奴隶制文明的最高形态，古罗马文化在希腊文明和东方文化的影响下发展起来，它不仅对西方文化乃至世界文化产生了巨大的影响，而且也为后世留下了众多对游客具有吸引力的历史文化遗产。神庙除了宗教功能，还由于其所体现的新古典风格、宏伟壮丽的外表以及宗教活动的神秘性，对普通人也具有一定的吸引力。其中，最著名的就是供奉朱庇特等众多神祇的万神庙。此外，科洛西奥竞技场、古罗马广场、凯旋门、记功柱、奥斯蒂亚罗马古城遗址等旅游景观都源于古罗马帝国时期。

2. 商代旅行活动的发展

在中国，奴隶社会时期旅行活动的发展与欧洲大致相同。在奴隶社会鼎盛时期的商代，生产效率的不断提高带来了剩余劳动产品的增加，以交换为目的的生产规模的扩大，商人在不同地域间进行着商品的交换，以贸易经商为主要目的的旅行活动有了很大的发展。

在交通运输方面，商代人们用牲畜作为交通运输工具，牛车、马车十分普遍。据记载，当时的商人已经走遍了他们所知道的世界[①]。旅游活动方面，与欧洲类似，以商务旅行为主，但也出现了以奴隶主阶级享乐为代表的消遣活动。奴隶社会时期，社会财富集中在奴隶主阶级，除了用于祭祀活动外，其余的都被奴隶主享用，其中就包括外出游历。《易经》中曾有“观国之光”一词，据说便是后来“观光”一词的由来[②]。此外，人们对于自然美的认识也为旅游业的发展奠定了基础。《诗经》中“桃之夭夭，灼灼其华”“瞻彼淇奥，绿竹猗猗”“昔我往矣，杨柳依依，今我来思，雨雪霏霏”等描写自然景物的佳句反映出当时人们对自然美的意识。能够认识并自主地欣赏大自然的美丽是人类文明史上值得纪念的事情。

总之，人类真正有意识的外出旅行活动始于原始社会末期，并在奴隶社会时期得到迅速发展。虽然这一时期出现了消遣娱乐旅行，但仅局限于奴隶主阶级，人类最初的外出旅行是因产品交换和贸易经商的需要而促发出现的一种经济活动。

---

① 翦伯赞 . 中国史纲（第 1 卷）［M］. 上海：生活书店，1946.

② 李天元 . 旅游学概论［M］. 北京：高等教育出版社，2011：12.

（三）封建社会旅行的发展

随着生产力的进一步发展，人类进入到了封建社会时期。封建社会的基本特点是以封建庄园或一家一户为单位，农业和家庭手工业相结合，男耕女织，自给自足的自然经济占主要地位。虽然仍然存在着剥削与被剥削阶级，即地主阶级与农民阶级，但是相对于奴隶阶级，农民有了一定的人身自由，有自己的私有经济，因而能在一定程度上调动农民的积极性。

1. 中国封建社会时期旅行活动的发展

中国的封建社会历时2000余年，在这一时期，特别是在各个统一朝代期间，由于社会政治安定，生产力和社会经济得到了迅速发展。近代以前，中国在社会经济发展方面领先于西方世界，农业、手工业、矿冶、纺织、造纸、瓷器等生产技术都处于世界先进水平。社会的安定和经济的繁荣为中国封建社会时期旅行活动的发展提供了新的社会条件和物质基础。

交通运输业的发展为旅行活动的开展提供了可能。在封建社会，中国的水陆交通都取得了大发展。自汉朝推出漕运政策开始，此后的历代封建王朝都将发展漕运作为国家的重要政策，其中，隋朝在发展水路交通方面的贡献最为突出。到宋朝时，疆域内的内河基本相连，尤其是南北水路交通较为发达。元、明、清三朝建都于北京，为了弥补内河漕运的不足，又发展海运。除了水路交通外，陆路交通的建设也不断发展，以秦朝的“驰道”和“直道”建设最为著名，当时以咸阳为中心，形成了四通八达的道路网。

旅游设施的发展可以从历代的驿站制度中得到反映。驿站是历代政府沿国内主要陆路和水路设立的馆舍机构，直接目的在于方便传送官方文书和运送国家物资，供公差往来的人员食宿以及为牲畜补充饲料等。以唐朝的驿制为例，每隔30华里设一驿站，据史书记载，当时的驿站设置达到1639所。到清朝时，驿站设置的地域范围已扩展到新疆和西藏地区。除了政府设置的驿站外，民间经营的旅馆也逐渐发展了起来。民间经营性旅馆通常被称为“逆旅”。“逆旅”作为主要存在于民间的、以家庭为组织的经营性旅馆，一直到晚清都存在，尤其是在魏晋南北朝、唐中后期、两宋时期、元朝以及明代中后期商品经济政策较为灵活的时期。

社会经济的发展、交通条件的改善、旅游设施的出现为中国封建社会时期旅行活动的扩大发展提供了必要的经济基础和便利条件。在这一时期，旅行活动的规模和开展范围无疑都有了很大发展，并且旅游类型也多种多样：除了以隋炀帝和清乾隆帝为代表的帝王巡游之外，以李白、杜甫为代表的诗人漫游，以张骞、郑和为代表的公务旅行，以玄奘、鉴真为代表的宗教旅行，以徐霞客、李时珍为代表的科考旅行等，都可谓其中的典型[①]。但是，这一时期，最为常见并且数量最多的旅行活动依然是商人的商务旅行。

---

① 李天元．旅游学概论［M］．北京：高等教育出版社，2011：14–15.

2. 欧洲封建社会时期旅行活动的发展

欧洲封建社会时期旅行活动的发展相对于中国明显落后。在欧洲封建社会早期，由于政治上封建主割地称雄，经济上自然经济占主导地位，军事上战乱不休，因此，各个地区的旅行活动都不如古罗马时期发达。到了中期和后期，虽然各地的旅行活动均有一定的发展，但却呈现出明显的不平衡性，即无论在旅行活动的类型还是在旅行活动的规模方面，西欧都绝非欧洲其他地区所能媲美。

交通是人们实现旅游活动的必要阶段，是旅游业发展的命脉，西欧封建社会初期，旅游交通及其工具极不发达，由于常年的战事，罗马人苦心经营建立起来的四通八达的公路网络遭到了致命的破坏。这一时期陆上国际通道也不顺畅，来自中国的丝绸之路也被截断了。直到 11 世纪，交通状况才有所改观，但始终发展缓慢。13 世纪，随着西欧商业的复兴，西欧的陆上交通状况得到进一步改进，城市与乡村、城市与城市之间大多有道路相通。步入 16 世纪之后，出于政治统治需要，多国君主开始重视陆上道路的建设，修桥铺路。然而，需要指出的是，虽然 16 世纪西欧陆上交通有了一定的改善，但是文献表明，即使在 16 世纪，西欧当时的道路仍然是“冬季泥泞难行，夏天尘埃扑面；积水潭常常可碰到，而桥梁又少又坏”[①]。

旅行活动离不开食宿，西欧封建社会早期，由于外出旅行的人不多，人们大多住在相互隔离的社区里，旅游者要想在旅途中解决食宿问题，或是露宿于田野，或是靠施舍，特别是教会的收容与施舍。从 11 世纪开始，伴随着城市的兴起和商业的发展，旅行也发展起来，对客栈的需求量也大增。早期英国的旅馆在伦敦出现，然后向乡间发展。十字军东征也刺激了当时旅馆业的发展，旅馆成为下层人民和中产阶级活动的社会中心。西欧封建社会中后期，食宿条件有了很大改进，有的地方甚至发展得比较成熟了。旅游住宿主要有客栈、客店、旅馆、大旅馆，以及富丽堂皇的接待大厦等不同层次，而且服务能满足不同的需要。

西欧封建社会的旅行活动主要有宗教旅行、商务旅行和国王巡游，此外还出现了求学旅行、休闲旅行、外交旅行、节庆旅行、探险旅行、自然观光旅行等。值得一提的是，从 15 世纪开始，西欧宗教改革连续不断，这些改变既促进了教育的世俗化，又促进了求学旅行的发展。生活在 16 世纪晚期一个名叫利普西斯的人，在总结旅行对一个人的影响时曾写道：“古往今来，伟人名士皆有旅行经历。而通过这种求知旅行，使其增加了对异国他乡风土民情、生活方式以及政体组织等方面的了解，从而开阔了见识。”[②] 此外，从13 世纪开始，西欧兴起了以休闲保健为目的的温泉旅行活动。起初，参加者只是一些有钱的贵族，后来一些市民也参与其中。16 世纪中叶，英国一名叫作威廉·特纳的医生出版了一本关于天然温泉能有效治疗各种体痛病症的著作，随即在西欧

① 乔治·马尔萨．阿尔及利亚历史与史学家［M］. 巴黎：巴黎出版社，1931：212.

② George Young. Tourism：Blessing or Blight［M］. Penguin Books Ltd，1973：16.

引起轰动，温泉保健旅游成为一种潮流。

（四）19 世纪以前旅行活动发展的特点

通过对中外 19 世纪前的旅行活动的观察，我们可以发现，这一阶段的旅行活动的发展普遍具有以下一些特点。

第一，旅行活动的发展与当时的社会政治经济环境直接相关。在社会安定、生产力发展、经济繁荣的时期，旅行活动的规模和范围也会随之扩大发展；反之，则会出现停滞甚至倒退。

第二，旅游目的逐渐有了新的发展和扩大，但以经济为目的的旅行活动一直占主导地位。虽然以休闲为目的的旅行活动在封建社会后期得到了大发展，但是，在规模上占主导地位的始终是商务旅行。

第三，客源构成呈现多元化趋势，但是统治阶级及其附庸一直是消遣性旅行活动的主要参加者。由于这些特权阶级在人口中所占的比例很小，因此，他们的消遣旅行活动并没有普遍的社会意义。大多数人在主观上仍然缺乏对休闲旅行的要求和习惯，由于封建社会自给自足的经济特征，农民被紧紧地束缚在土地上，没有丝毫的迁徙自由，加之农业经济忙闲有致的季节特点，使得广大农民阶级缺乏休闲旅行的主观要求。

二、近代旅游的发展和旅游业的诞生

世界近代旅游始于 19 世纪中期，以托马斯·库克包租车辆组团旅游，并设立了相应的旅游组织机构为标志，止于第二次世界大战结束。它上承世界古代旅游，下启现代旅游，在世界旅游史上占有极其重要的地位。在这一发展阶段中，旅游者，尤其是远距离旅游者，所依赖的交通工具主要为机器动力；旅游者的食宿接待主要为宾馆、饭店；旅游中介机构，如旅行社以及其他为游客服务的人员、业务等已经出现；旅游的目的主要以消遣度假旅游为主；旅游活动的范围开始突破国内的界限扩展到国际舞台。

（一）古代旅行向近代旅游转化

17 世纪中期，人类社会伴随着英国资产阶级革命的胜利步入了近代社会。这一划时代的历史巨变虽然给人类旅游活动带来了某些量的变化，如旅游活动较前有所增加，以休闲度假为目的的旅行增多，但并没有从根本上改变人类旅游活动的性质，以经济为目的的旅游活动仍然占主导地位，“旅行更多的是一种朝圣般的行为”[①]，这种情况一直到 19 世纪中期英国工业革命即将结束时才得以彻底改观。随着工业革命的步步深入，旅游交通的根本性改变和社会生产力空前提高，旅游迈入了一个崭新的时代，在很多方面都开始具有了今天意义上的旅游特点。

---

① Valene L. Smith. Hosts and guests：the anthropology of tourism［M］. University of Pennsylvania Press，1989：54.

工业革命给人类社会经济带来了一系列的变化，也给发展中的世界旅游带来了巨大的影响，促进了古代旅游向近代旅游的根本转变（见表 1–1）。

表 1–1 工业革命对旅游的影响

时间	交通工具变化	城市化进程加快	阶级结构变化	工作、生活方式变化
工业革命前	畜力车、风帆船	分散、农村聚落	城市手工业者	忙闲有致，不愿出门
工业革命后	蒸汽火车、蒸汽轮船（大规模的人员流动成为可能）	集中、城市化（城市居民回归大自然）	产业工人（带薪度假）	工作重复的单一，渴望外出休闲

第一，工业革命推动了科学技术的进步，蒸汽火车、蒸汽轮船等的使用使得大规模的人员流动成为可能，从而成为推动近代旅游活动规模扩大的技术原因。

第二，工业革命加速了城市化的进程。这一变化最终导致人们希望适时摆脱城市生活的紧张节奏和拥挤嘈杂的环境压力，从而产生对回归自然的追求。

第三，工业革命带来了阶级结构的变化。工业革命造就了工业资产阶级，并使其成为新的统治阶级，从而使社会生产的财富不再只是流向封建贵族和大地主所有者，而是越来越多地流向了资产阶级，从而有效地扩大了在财力和时间条件方面有能力参加旅游活动的人数。产业革命也造就了以出卖劳动力为生的产业工人。产业工人虽然经济上受资本家剥削，但他们毕竟是自由人，有迁徙外出的自由，加上生产力的提高和工人阶级的不懈斗争，使资本家不得不增加工人的工资以及给予他们带薪假日。

第四，工业革命改变了人们的工作和生活方式。随着大量人口进入城市谋生，原先那种随农时变化而忙闲有致的多样性农业劳动开始被枯燥、重复的机器大工业劳动所取代。单一的劳动重复使得人们对外出休闲充满了渴望。所有这些因素都有助于释放潜在的旅游需求，促进近代旅游，尤其是休闲旅游的发展。

总之，工业革命对世界旅游产生了多方面的影响，这些影响综合在一起，形成了一种合力，最终促成了世界旅游质的飞跃——世界近代旅游的诞生。

（二）旅游业的诞生

工业革命促进了社会生产力空前提高，给人类社会带来了社会经济的繁荣和巨大财富，加之铁路的廉价运费，使更多的人开始有能力支付旅行费用。劳动大众要求享受假日权利的斗争也迫使资本家做出让步，至少赢得了某些传统节日带薪休假的权力。人们外出旅游的消遣和度假的愿望日益强烈，这一切导致有可能外出旅游的人数大大增加。与此相适应，“旅游”（tourism）一词于 19 世纪早期出现在英语中。

然而，旅游人数的大增也带来了一些新的问题。比如，旅游者由于缺乏旅行经验，对异国他乡的情况并不了解；语言的不通可能导致在当地活动的不便，此外，旅游人数的增加与缺乏必要的旅游供给和旅游服务形成了尖锐的矛盾。这些问题的存在推动着旅游中介的产生。英国人托马斯·库克敏锐地认识到了这一点，并为满足这种社会需求做了大量开创性的工作，从而开近代旅游和旅游业之先河。

1.1841 年的创举

受一些协会组织团体火车旅游的启发，1841 年 7 月 5 日，托马斯·库克以包租火车的方式，组织了一次由莱斯特开往拉夫伯勒的团队旅游专列，目的是参加当地举行的禁酒大会。这次活动规模空前，参加者来自社会各行各业，共 570 人，每人付往返票价 1 先令，其单程行程约 12 英里。

在此之前，早有利用火车做团体旅游的记载，托马斯·库克本人在其日记中曾写道，他是受这些先例的启发而想到利用火车组织旅游的。因此，严格地讲，这次活动并不是世界上第一次团体火车旅游。人们之所以视托马斯·库克的这次活动为近代旅游及旅游业开端的标志，是因为这次火车团体旅游具有以下一些不同之处。

第一，活动规模大、具有较为广泛的公众性。与之前的活动不同，这次活动的参加者来自各行各业，甚至包括家庭妇女。他们为了参加这次活动而聚集到一起，活动结束后便离去，不再有什么联系。这与现代旅行社组织的旅游团的情况基本相同。

第二，由专人领队和陪同。托马斯·库克不仅发起、筹备和组织这一活动，而且从始至终随团陪同照顾，这可以说是现代旅行社领队和全程陪同的最早体现。此前的其他团队旅行或旅游只是有人筹备，却无人在旅途中负责照顾，由于人们旅行经验的缺乏，事故经常发生。因此，这种随团照顾便具有重要意义。

第三，为托马斯·库克旅行社的建立积累了经验。

2. 开创了旅行社业务的基本模式

1841 年旅游活动的成功使托马斯·库克名声大噪。在此后的几年中，他又多次应邀组织了旅游活动，但都是他尽义务的“业余活动”。1845 年 8 月 4 日，托马斯·库克首次组织了 350 人从莱斯特到利物浦的团体消遣旅游。出于商业经营目的，托马斯·库克进行了线路考察，预先确定了旅游内容和食宿安排，在旅游活动中，库克不仅作为陪同和导游，还雇用了地方导游。这次活动开创了旅行社业务的基本模式，具有如下一些特征。

第一，组织这次旅游完全出于商业目的，不再是过去的“业余活动”。在此之前，托马斯·库克的主要职业是印刷和出版商，然而随着其组织旅游活动的增多，他渐渐意识到，人们要求参加旅游活动的积极性越来越高，旅游需求已经发展到一定的规模，创办相应业务的时机已经成熟。

第二，此前托马斯·库克组织的旅游活动都是当日往返的一日游，而这次则是在外过夜数天的长途旅游。

第三，组织这次活动前，托马斯·库克做了大量的前提考察，不仅提前确定了沿途停留参观游览的地点，还了解了廉价旅游的情况，为当时并不富裕的旅游者提供合适的住宿。

第四，编写并出版了世界上第一本旅游指南《利物浦之行手册》。

第五，托马斯·库克不仅本人担任旅行团的陪同和导游，而且还在沿途一些地方聘用了地方导游。

综上所述，我们不难发现，托马斯·库克在1845年组织的两次活动存在着一定的差别：一是目的不同。前者是为了出席禁酒大会，后者则是为了纯粹的观光消遣。二是性质不同。前者是托马斯·库克非营利的“业余活动”，后者则是有意识的商业活动。三是组织工作的内容不同。前者托马斯·库克只负责组织和护送，后者则是安排和组织线路、担任全程陪同和导游并雇用了地方导游。

总之，托马斯·库克这次活动从考察线路、组织产品、广告宣传、销售组团，再到作为陪同和导游，体现了当今旅行社的基本业务，开创了旅行社业务的基本模式。1845年，托马斯·库克旅行社正式挂牌，托马斯·库克旅行社的活动标志着旅游业的诞生。

三、现代旅游的发展

现代旅游是指第二次世界大战结束以后，特别是20世纪60年代以来，迅速普及世界各地的社会化旅游活动。

1939年第二次世界大战全面爆发，无情的战火使得整个世界都处于动荡之中，由于世界旅游业失去发展的最基本的环境，因而第二次世界大战期间，世界旅游业尤其是那些遭到战火波及的国家遭受到了前所未有的劫难。幸运的是，在全世界反法西斯国家的共同努力下，第二次世界大战于1945年结束。世界旅游活动不仅很快得到重新恢复，而且由于世界经济的增长而出现了前所未有的快速发展。

（一）现代旅游迅速发展的原因

具体来说，第二次世界大战后促使旅游活动规模迅速增长的主要因素有以下几点。

1. 世界经济迅速发展

战后世界经济的增长为旅游的发展提供了物质保证。“二战”期间，交战国双方的经济都受到了巨大的影响，战后，各国纷纷采取措施医治战争创伤。美、英、法等国都将恢复经济作为工作的重中之重。在世界主要资本主义强国经济得到复苏，并逐渐走上发展道路的同时，世界其他国家的经济也都有一定程度的发展。据统计，以1979年的美元价值计算，1949年的全世界生产总值为25000亿美元；至20世纪60年代末，则上升为年62000亿美元，几乎所有国家战后的经济增长速度都大大超过了战前的增长速度。经济的发展使得众多国家居民的家庭平均收入迅速增加，在那些原先经济基础就比较雄厚的西方国家中更是如此。人们收入的增加和支付能力的提高对旅游的迅速发展和普及无疑起到了极其重要的刺激作用。

2. 交通运输工具的进步

战后交通运输工具的进步推动了现代旅游的发展。交通运输工具的进步是决定第二次世界大战之后旅游发展的关键性因素。“二战”结束后，铁路和轮船虽然在不少国家中仍为人们重要的旅游方式，但就世界范围而言，特别是在经济发达的工业化国家中，这些传统的旅行方式逐渐为汽车和飞机所代替。“二战”后，航空交通工具在性能上的进步和在数量上的发展大大缩短了旅行的时间和距离，使得人们旅游开支中旅行费用的减少成为可能。

3. 战后世界人口迅速增加和各国城市化迅速发展

战后初期，全世界人口约25亿人，但到20世纪60年代，随着经济的发展，全世界人口迅速回升，增加到36亿，增长了近70%。一般来说，人口的多少与旅游的人数成正比，因此，世界人口基数的扩大为战后大众旅游人数的增加奠定了基础。“二战”期间，不少城市，如苏联斯大林格勒、德国的柏林等，在战火中几乎沦为废墟，但战后，这些城市不仅得到了很快的恢复，而且各国的城市化进程也普遍加快。在欧美，出现了农村人口向城市流动的潮流，这种大规模的移动一方面使各国农村人口不断下降，另一方面也促进了旅游的发展。

4. 科学技术的大发展

始于20世纪40年代中期的世界第三次科学技术革命，以原子能、空间技术和电子计算机的广泛使用为内容，它的直接结果是使得各产业生产过程的自动化程度不断提高并且日益普及，而自动化程度的提高则大大提高了生产效率，减少了生产同样数量的同样产品所需要的时间，这就为带薪假期的普及提供了可能。可以说，第三次科学技术革命推动了大众旅游的出现。

5. 战后各国政府对旅游发展的支持态度

由于旅游业对整个社会经济的发展具有巨大的拉动作用，加上各国政府在实践中认识到，旅游也是人类的社会基本需要之一。因此，战后以来，随着大众旅游的兴起，几乎所有国家的政府都先后在不同程度上支持和推动本国旅游业的发展，采取了各种有利于旅游业发展的干预政策。例如，在便利国际游客来访方面，早在1983年由国际官方旅游组织联盟（世界旅游组织的前身）发起的“联合国国际旅游会议”，曾提出过一套有关便利国际旅游往来的建议。总之，各国政府对旅游发展的支持态度和措施是战后现代旅游业发展突飞猛进的不可忽视的重要因素。

6. 战后教育、信息技术的发展及其他因素的作用

“二战”后，各国的教育事业不断向新的广度和深度发展，受高等教育的人数越来越多。世界旅游发展史证明，一般来说，文化水平越高，外出旅行的愿望越强烈。此外，“二战”后，信息技术取得了长足的进步，电视、计算机尤其是信息高速公路的出现扩大了人们的视野，增强了人们对外界的求知欲，这一情况无疑对战后旅游热的兴起和发展起着极其重要的影响。从供给层面来看，各国推出的廉价团体旅游和包价旅游，对战后旅游的发展产生了积极的影响。

总之，影响战后旅游迅速发展的因素是多方面的，既有需求方面的因素，也有供给方面的因素，正是需求和供给两方面因素的综合作用，才推动了战后旅游的迅速发展。

（二）现代旅游的特点

现代旅游的特点主要表现在三个方面：活动开展的普及性、空间分布的地理集中性和时间分布的季节性。

1. 活动开展的普及性

所谓“大众旅游”（Mass Tourism），具有两层含义：一是指其参加者的范围已经扩展到普通劳动大众，另一层含义是指现代旅游开始形成以有组织的团体包价旅游为代表的规范化旅游模式。

世界旅游组织（WTO）在著名的《马尼拉宣言》中明确提出，在现代社会中，旅游度假已经成为人们的一种基本需要。“作为人类自身发展的一个方面，人们在享有工作权的同时，自然也应享有休闲的权利，特别是享有度假和自由旅行的权利。”为此，《马尼拉宣言》中倡导“国家有义务为国民参加旅游活动创造条件”，使旅游度假真正成为人人享有的权利。

在国际学术界，很多学者对大众型旅游往往持否定意见，认为这种大规模的旅游方式会加重旅游的负面影响，但实际上，无论是在现代旅游兴起之初，还是在可以预见的未来，包价团体旅游这种大众型旅游方式都十分必要。试想，在普通大众对异国他乡的情况并不熟悉甚至陌生的情况下，如果没有这种团队旅游方式，人们在出游过程中，不仅会困难重重，而且费用开支也会增加很多。因此，如果没有这种大众型旅游方式，全球旅游活动的开展不可能达到如今的规模。

2. 空间分布的地理集中性

随着现代科学技术的发展和交通运输工具的进步，各地空间方面的时间距离不断缩小，旅游跨度增加。但是，现代旅游者不是较平均地分布在地球表面各个地区，他们往往集中到某些地区或国家去旅游，甚至集中到某些景点参观游览或从事其他旅游活动。对于现代旅游活动的开展在空间分布上的不均衡性这一特点，国际旅游文献将其称之为地理集中性（geographic concentration）。现代旅游的地理集中性不仅反映在全世界国际旅游的分布格局上，具体到一个国家同样也呈现这一特性。

首先，从全世界国际旅游接待量的地区分布格局来看，全球国际旅游者集中于欧洲、北美和亚太地区。

其次，就一个国家而言，旅游活动接待量在全国各地的分布格局往往也会呈现出相对集中的特点。以我国的情况为例，无论是入境旅游者还是国内旅游者，都不是相对平均地分散在各个省市开展他们的旅游活动，而是沿着他们理想中的路线到他们理想的地区去旅游。

最后，从来访旅游者在一个地区或一个城市中开展活动的地域分布情况来看，也不是各处平均分布的，而是集中在某些区域甚至是某些景点。以山西 2013 年“五一”

小长假为例，在纳入全省旅游统计预报中心监测的36个重点景区中，旅游接待量位居前5位的依次是平遥古城、绵山旅游区、晋城皇城相府、运城死海和壶关太行山大峡谷。

旅游活动地理集中性的存在，对目的地旅游业的发展和旅游企业的经营既有有利的一面，又有不利的一面，因此，认识旅游活动的地理集中性这一特点具有重要的现实意义。一方面，认识这一点有助于指导旅游设施和旅游企业经营地点的选址。经营者应该尽可能地将经营地点选在旅游活动比较集中的区域，以便争取客源。另一方面，有助于指导目的地旅游规划和旅游管理工作。任何一个旅游目的地的承载力都是有限的，多数情况下，目的地旅游承载力极限的突破往往与旅游活动在地理分布上的过度集中有关。例如，“黄金周”期间一些热门景点人满为患，有些景区游客量远远超出了该地的旅游承载量极限，导致游客旅游质量下降、景区环境被破坏等多种不良后果。这些问题只有通过科学的规划工作和有效的游客管理工作，才会得以克服或抑制。

3. 时间分布的季节性

旅游学研究中的季节性是指人们的出游活动在时间分布上的不均衡现象。根据旅游资源的不同性质和不同的旅游类型，现代旅游的季节性非常突出。一般来说，主要依赖自然旅游资源吸引游客的国家和地区，旅游接待量的季节性波动比较大；主要依靠人文旅游资源吸引游客的国家和地区，旅游接待量的季节性波动就比较小。消遣型旅游受季节性制约多一些，事务型旅游几乎不受季节性影响。四季分明的国家和地区，四季中接待游客的波动量比较大些；四季不太分明的国家和地区，四季中接待游客量就比较稳定一些。

对于旅游目的地或旅游经营者来说，旅游季节性的实质在于旅游需求的波动性。人们将一年当中，旅游者来访人数明显较多的时期称为旺季，明显较少的时期称为淡季，介于两者之间的其余时期称为平季。这种需求的季节性波动不论是对旅游接待地或地区，还是对旅游服务供应企业，都有诸多的不利影响。以对旅游目的地的影响为例，旅游目的地的旅游供给在一定时期内是相对稳定的，不可能随着旅游需求的波动而随时增减，这样就会在淡季时造成资源的闲置和浪费，而在旺季时却会面临供不应求的问题。

因此，认识到现代旅游活动季节性的特点具有重要的现实意义，主要表现在：首先可以认清季节性对旅游业经营的危害；其次，通过分析季节性的原因，建设和宣传适合全年来访的旅游目的地；最后，注重旅游产品线的开发和优化，着重打造淡季旅游产品。

四、后现代旅游的发展

从20世纪90年代开始，全球经济的持续增长，特别是原来不发达的第三世界国家逐渐发展起来，交通、通信技术的不断进步，世界交通环境的日臻完善，人们闲暇时间和收入的增多，西方的带薪假期已经制度化，冷战结束后随着政治隔阂的消除，发展中国家越来越开放以及旅游费用的下降，所有这些都使得世界步入了大众旅游黄金时代。在这个被称为大众旅游的黄金时代里，旅游者越来越追求个性化、自由化，那种沿袭了半个世纪的包价团体旅游正受到前所未有的冲击。伴随着旅游业质和量的新变化，旅游的形式也越来越走向多样化，档次也越来越高。观光旅游和单一的度假旅游已不再受人青睐，为满足旅游者感官需求的专题旅游产品和社会可持续发展需要的后现代旅游产品方兴未艾，旅游业进入一个全新的时代。

（一）后现代旅游的内涵

在后现代思潮的影响之下，20 世纪 80 年代以来，国际旅游市场出现了一些明显的变化。步入 20 世纪 90 年代，全球化进程加快，互联网得到广泛传播，旅游的各个环节都具有了新的特点。首先是游客年龄结构中，中青年的比例呈上升趋势；其次是旅游市场不断细分，原来整齐划一的旅游市场不复存在；最后是游客的旅游意识开始发生变化[①]。在此背景下，一种不同于现代旅游商业取向，纯粹是一种个人生命体验的后现代旅游取得了长足发展。

后现代旅游是一种有生命力的、新的旅游形式，发达国家广泛兴起的背包旅游、自助旅游、探险旅游等都属于后现代旅游。这类旅游流行于青年、白领、退休人员、探险者、文体工作者等社会群体中。

后现代旅游的核心意识是从商业化的旅游向生命体验的回归，变以经历欲、享乐欲的满足为主的现代旅游为体验性、探索性、求知性为基本诉求的新型旅游。工业化时代的家庭生活是工业化生产的附庸，是劳动力再生产的温床，家庭生活中短暂的休息不过是为了生产的需要。现代旅游创造了短暂的观光、度假，人在繁忙的劳动中透一口气，有一个“放风”的时间，而后现代旅游则应当是一种新的生活方式，是第二生活空间。与自然、他人、历史文化接触如同日常工作、学习，是生活的必需。

（二）后现代旅游时代中国旅游业的发展

后现代旅游的产生与发展并不意味着现代旅游方式的消亡，更不意味着旅游产业价值的丧失。但是，旅游产业功能将面临巨大的转变。对此，中国旅游业的发展应该从以下几方面着手进行改变，以适应后现代旅游时代的到来。

1. 突出服务功能

按照旅游费用法（HCK），旅游的费用 = 交通费 + 食宿费 + 旅行社收入 + 门票。对于一个国家和地区来说，后现代旅游概念下的新型旅游，减少了旅行社的收入，也在一定程度上减少了门票收入，但旅游的交通费、食宿费依然存在。游客仍然需要得到旅游

① 黄燕，涂媛鸿. 论后现代思潮对旅游消费行为的影响［J］. 企业经济，2006（10）：78-80.

企业提供的旅游服务来保证旅游活动的顺利进行，后现代旅游的主体是游客。旅游企业必须转变以往无所不包、过度参与的角色定位，旅游企业的角色应当是一个服务者。旅游企业从前台退到幕后，为游客提供票务、信息、住宿等服务，而不干涉游客的旅游活动。这样一来，旅游企业的服务质量因为专业化而得到提升，游客有了更多的主动权。后现代旅游在此双重动力推动下，发展将更为迅速。

2. 健全旅游安全保障体系

后现代旅游往往选择荒僻、具有一定冒险性的旅游目的地，旅游活动相对比较容易发生事故。近年来，因背包旅游等后现代旅游引起的安全事件呈上升态势①，充分暴露出旅游安全保障体系存在的问题。比如，援救队伍业余化、援救器材配备不全等问题。因此，从国家和地方角度加强旅游安全保障体系的建设，为后现代旅游的发展提供一个安全的环境，迫在眉睫。

3. 加强信息流动

信息的流动不仅包含旅游者相互之间的交流，还包括了游客与旅游企业、旅游安全保障部门、旅游目的地居民的互动。加强信息流动，减少信息不对称，可以提高旅游服务的质量，减少旅游安全隐患，促进游客与当地人的和谐相处。同时，旅游者在不断的交流中，能加深彼此了解和认同，在思想的交锋中，创造出更多新奇的后现代旅游方式。这就要求互联网、手机、GPS 等现代信息工具的广泛应用，促进旅游信息产业的发展。例如，原国家旅游局将 2014 确定为“智慧旅游年”，旨在加快推动旅游在线服务、网络营销、网上预订、网上支付等智慧旅游服务；运用市场化机制，推动建立全国统一的在线旅游服务平台和景区门票预订系统；制定智慧旅游景区标准，以 5A 级景区为重点，推进智慧旅游景区试点，继续推进智慧旅游企业、智慧旅游城市建设。

4. 发展旅行装备产业

后现代旅游主动性、自主性很强决定了旅游装备需求量增加。未来的社会，人将有两套生活设备，一是家庭—职场生活空间的用具装备，二是户外旅游装备。专用的背包、帐篷、车辆等装备的市场前景看好，这些产品将延长旅游产业价值链，为旅游企业创造更多增值机会。 ，

【延伸阅读】

旅游活动的认识

古希腊的历史学家希罗多德（Herodotus）曾这样记述道：

埃及人聚集在一起庆祝节日的活动不是一年一次，而是一年多次。其中，规模最

① 朱璇 . 背包旅游：基于中国案例的理论和实证研究［D］. 上海：华东师范大学，2007.

大、人气最旺的是在巴布斯提斯举办的节庆省会……第二位的是在巴西里斯举办的节庆盛会……第三位的是在赛斯举办的节庆盛会……第四位的是在黑利奥波利斯举办的节庆盛会……第五位的是在布陀举办的节庆盛会……第六位的是在帕普莱密斯举办的节庆盛会……每次搞节庆活动都是男男女女一起乘船前往这些地方，每一条船上都挤满了人。在航行过程中，一些妇女打响板，一些男子吹笛子，其余的男男女女则用手打着拍子唱歌……到巴布斯提斯之后，他们献上丰盛的祭品庆贺节日，在这次盛会上，人们喝掉的酒比全年其余时间的饮酒量之和还要多。

澳大利亚塔斯马尼亚大学（University of Tasmania）德雷弗·索菲尔德（Trevor Sofield）曾写道：

早在 4000 年前，中国的皇帝就派大臣们外出旅行——远在罗马帝国和希罗多德之前。所以，这说明，为探索其他文明社会及其发展历史而外出旅行活动不仅早在乔叟（Chaucer）前去坎特伯雷朝拜、马可·波罗离开威尼斯外出探险之前便已有之，并且其出现的时间可以进一步上溯。在诸如印度、中国、尼泊尔、泰国、伊朗、越南、斯里兰卡、缅甸等国家中，有关朝觐旅行活动的历史记载比欧洲旅行活动的历史记载要早得多。在这些国家中，客栈以及食宿接待行业的出现也早于欧洲。

从商朝（大约公元前 1350—前 1050 年）的始建，一直到清朝帝制的最后垮台和 1912 年民国的建立，历代皇帝及其朝廷都注重敬神。在过去的千百年中，这类场所成倍增加，并且随着佛教逐渐为人们所接受，出现了更多的朝拜圣地。因此，很多古代旅行活动的开展都是出于朝圣目的。

罗宾森（Robinson）在《旅游地理学》一书中曾对“大游学”的情况做了如下描述：

早在1678年，让·加亚尔（Jean Gailhard）就在其所著的《有造诣的绅士》（Compleat Gentleman）一书中谈到，作为惯例，大游学活动的开展时间为期三年。并且，书中还谈到了当时人们普遍接受的行程路线：在法国，主要是在巴黎，停留很长时间；在意大利停留将近一年，访问热那亚、米兰、佛罗伦萨、罗马、威尼斯等城市；然后借道德国以及各低地国家经瑞士返回。当然，这只是当时最流行的路线，有些人的行程路线会有变化。人们一般认为，“在游历了意大利、法国和那些低地国家之后，在人世间其他地方，除了平庸和野蛮之外，再也见不到其他东西”。

（资料来源：Charles R. Goeldner，J. R. Brent Ritchie. 旅游学［M］. 北京：中国人民大学出版社，2008：31.）

【本章小结】

旅游是个人以前往异地寻求审美和愉悦为主要目的而度过的一种具有社会、休闲和消费属性的短暂经历，旅游因其本质上属于那种借助于休闲体验而获得愉悦的活动而呈现出消费属性、休闲属性和社会属性。生产力的发展、社会分工的出现是推动旅游发展的根本原因。人类的旅游活动大致经历了四个大的发展阶段：一是限定在有闲阶层中的古代旅游。二是开始普及中产阶层的近代旅游，它源自于人本主义意识和科学技术的进步，并直接促成了现代旅游业的出现。三是社会大众共同参与的现代旅游。四是主张个性化、自由化的后现代旅游。

【复习思考题】

1. 如何理解旅游的本质和特征?
2. 找出旅游定义的关键视点，并站在日常生活的角度，对这几个视点进行描述。
3. 当代旅游者的出游动机及其所看重的问题与古代旅行者的情况一样吗?
4. 近代以前旅行活动的发展有哪些特点?
5. 产业革命的完成对近代旅游发展的影响主要反映在哪些方面?

第二章

旅游管理原理

【导言】

管理活动千变万化，但万变不离其宗，在旅游管理学理论和实践发展过程中，人们逐渐总结出一些具有普遍性的规律。旅游管理原理以大量的管理实践为基础，是对管理经验的总结和升华。旅游管理原理包括科学原理、系统原理、人本原理、效益原理、创新原理等。旅游管理原理，是有关旅游管理的一般理论、原则和方法，是学习和掌握各种旅游管理具体方法和技术的理论基础。掌握了旅游管理原理有利于我们应用适当的方法加强旅游管理活动，实现旅游管理的职能，最终达到旅游管理的目的。

【教学目标】

通过本章的学习，要在了解管理理论产生和演进过程的基础上，熟悉旅游管理的科学原理、系统原理、效益原理、人本原理、创新原理的特征和内容，熟练掌握各种现代旅游管理原理的运用原则，明确旅游管理的职责和功能，为有效组织旅游活动和提高旅游管理效率与水平奠定坚实的理论基础。

【关键术语】

管理原理、科学原理、系统原理、效益原理、人本原理、创新原理、管理职能

【导入案例】

从故宫文创产品的走红看创新在旅游活动中的重要性

从游客的角度，去某一个非惯常居住地旅游，必定希望给亲朋好友带一些特色的文创产品；从景区以及社会的角度，一个景区特色的文创产品可以使景区摆脱单一的门票经济模式，提升游客的体验，也是无形中为自身做了营销，景区中所蕴含的文化也能被一代代传承。

景区的文创产品如何能够吸引眼球，那首先就是要创意独特、品质精良，当然还需要策划好、营销好，缩短景区文化与现代生活之间的距离，注重文化性与实用性的结合。除此之外，文创产品的趣味性、互动性也是能否吸引到游客的重要因素。如今的旅游市场，游客逐渐成熟，对旅游商品的要求越来越高，在设计文创产品时必须在注重产品文化属性的同时，强调创意性及功能性才能满足游客的需求。故宫的爆款文创产品“朝珠耳机”、“朕知道了”胶带、“故宫日历”等就是充分将文化与日常生活用品联系的成功案例。

故宫博物院前院长单霁翔就曾给出对于文创产品的开发的十点体会：以社会公众需求为导向，以藏品研究成果为基础，以文化创意研发为支撑，以文化产品质量为前提，以科学技术手段为引领，以营销环境改善为保障，以举办展览活动为契机，以开拓创新机制为依托，以服务广大观众为宗旨，以弘扬中华文化为目的。

文创近来成为文旅产业中炙手可热的一环，发展成熟的台湾文创成为从业者争相学习的典范。单霁翔曾经表示，故宫的文创产品开发就是从台北故宫借鉴的灵感，但是学习不仅要从产品的角度，还要综合考量消费市场、营销方式等多个维度，才能打造出适合自身的文创商业项目。

文化创意产业以文化为内容，以创意为构想与表现，为产业创作新机会，文化创意产业会成为21世纪促进经济成长的最大动力与助力。

（资料来源：https：//www.sohu.com/a/249760869_822716.）

第一节　管理理论的发展过程

一、管理理论的产生

（一）中国古代管理思想

在中国，管理思想的萌芽可以追溯到先秦诸子百家之学，以儒家、道家、法家、墨家的管理思想为代表。

1. 儒家的主要管理思想

儒家思想是以“仁”“义”为核心思想，认为治国要以治人为基础，具体要维护社会秩序，管理者首先要以身作则。提出了“正己安人”的管理思想，诸如“其身正，不令而行；其身不正，虽令不从”“不能正其身，如正人何？”“行有不得者，皆反求诸己”“其身正而天下归之”，都强调管理者要重视自身的品德修养。从“正己”的自我管理实现“安人”的社会管理。在具体手段方面，儒家主要借助“德礼之治”以道德教化与礼仪规范来约束人们的行为，将之贯彻于管理过程中，以维护社会秩序，实现管理的目标。在管理的过程中，儒家倡导贵和中庸的原则，孔子提出“君子和而不同，小人同而不和”，人与人的关系应求同存异，不走极端，即“执其两端，用其中于民”。讲求管理过程中的合理性和适度性。

2. 道家的管理思想

道家强调“无为而治”的管理思想，道家的代表人物老子提出“无为而无不为，取天下常以为无事”，治理天下要顺应民心民意这个自然，老子说“治大国若烹小鲜”，意思是治理国家如烹调小鱼，不能过多翻动，要恰到好处，避免过头，也是强调无为而治。无为并不是无所作为，而是以不为而为，以退为进，以守为攻，最终实现达到不治而治的目标。在这个过程中以“守柔”为手段，“兵强则灭、木强则折”，即过于刚强的东西接近于死亡，柔弱才更有力量。“上善若水，水善利万物而有静”强调管理者应该像水一样谦虚、博大，真正为下层考虑，才能实现管理的目标。

3. 法家的管理思想

法家思想的核心是法治，“法”“术”“势”是其管理思想的三要素。

“法”是管理的法律制度，包括法律、政令的制定与执行，《韩非子》中说“明其法禁、必其赏罚”，即现代的有法可依、有法必依、执法必严、违法必究，通过法令实现管理的目的。

“术”是管理的策略和手段，法家的集大成者韩非子将“术”分为三大类：形名术、用人术和治奸术。形名术是根据官职名分来追究实绩，用下属的言论衡量其工作成效。用人术，强调用人要排除声誉的影响，坚持用人为贤，韩非子提出“内举不避亲、外举不避仇”，将真正有德行、有才能的人任用到适当的位置，注意扬长避短。治奸术是指英明的领导善于防微杜渐，在奸邪处于萌芽状态时就及时发现并予以防重，通过完善法制来加强对管理者的治理与约束。

“势”指管理的权势和威势，即一种具有绝对权威的强制力。把赞誉毁谤、奖赏惩罚、法律命令结合起来，就可以形成一种“势”。“势”不仅仅是权力，也是管理者的个人人格魅力产生的影响力，从而改变、制约下属的言行，形成支持和拥戴。

4. 墨家的管理思想

墨家思想的建立者墨子出生于社会下层，他最初受业儒家，后因对儒家维护强权、压抑人性的统治思想不满，遂脱离儒家，创立墨家。

墨家的管理思想是针对当时的社会问题，劝说当权者。核心思想是“兼相爱、交相利”，所有人都应该相互爱护，多从对方角度出发考虑问题，这样可以避免误解、消除冲突。同时，墨子提出通过相互给予利益，让双方互惠互利以达到目标。这与今天倡导的双赢思想不谋而合。墨子还提出“尚同”“尚贤”。“尚同”是统一人的意志，形成组织中共同的价值观；“尚贤”是强调尊重贤才对于国家治理的重要性。在义利关系上，墨子主张，义以利为准，利于人方为义，不利于人的行为就是不义，凡言凡动，利于天鬼百姓者为之，否则就“舍之”。一切行为是否有利为标准，使得义与利的关系从儒家的对立走向了和谐统一。

（二）西方古代的管理思想

西方古代管理思想中最具代表性的有古巴比伦人的管理思想、古埃及人的管理思想、古希伯来人的管理思想、古希腊人的管理思想等。

1. 古巴比伦人的管理思想

古巴比伦人以法律作为国家管理的工具，其《汉谟拉比法典》是古代历史上著名的法典。它涉及社会及商业管理的方方面面，对各个职业、各个层面人的职、权、责关系给予明确规定，提出了民事控制、事故责任、生产控制与激励及最低工资的规定。

2. 古埃及人的管理思想

古埃及建立起以法老为最高领导人的中央集权的专制统治，法老是全国土地的最高所有者，拥有对埃及所有国家财产的最高支配权。法老政权制定了税收制度、土地制度、档案制度，把权力和财富都集中在最高统治者手中。

3. 古希伯来人的管理思想

希伯来人善于利用宗教控制人和管理国家。《圣经》中记载了摩西的岳父耶思罗批评他事必躬亲的处理政务方法，提出了三点建议：一是制定法令、昭示民众；二是建立等级制度，委任管理人员；三是分级管理、各司其职，体现了古希伯来人的管理思想。

4. 古希腊人的管理思想

古希腊人的管理思想充满了知识和思维的力量，他们崇尚民主管理，建立了有一定民主成分的政府。认识到了专业化与合理分工的原则及管理的普遍性原则，提出了管理是一种独特的艺术。

（三）资本主义早期的管理思想

资本主义的管理思想，大约形成于18世纪后半期，经历了约100年的发展时间。随着资本主义生产力的发展，工厂要求生存和发展，也要扩大生产规模，追求更大的经济效益，这在客观上提出了很多管理问题。因此，在大量管理实践经验的基础上，一些思想家提出了很多对后世有影响的重要管理思想和观点。

1. 亚当·斯密的劳动分工理论和“经济人”观点

亚当·斯密是18世纪英国古典政治经济学的建立者，他所处的时代正是资本主义手工业向工厂化过渡时期，他于1776年出版《国民财富的性质和原因的研究》(简称《国富论》)一书，主要研究财富增长的原因，认为资本主义制度比封建制度更能促进财富的增长，为资本主义经济发展提供了重要的理论基础。其中的劳动分工理论和“经济人”观点也为现代管理理论的形成做出了重要的理论贡献。亚当·斯密被誉为“现代经济学之父”。

(1)劳动分工理论。劳动分工将一连串复杂的工作分解为单一的、具有可操作性的各个部分，分别投入劳动力专门进行各部分经济效益的创造。亚当·斯密认为，有了劳动分工，同等数量的领导者就能完成比过去更多的劳动量，从而提高劳动效率，促进社会经济的进步。

(2)“经济人”观点。亚当·斯密从人性的角度出发，认为每个人的一切活动都受“利己心”的支配，在人类的经济行为中，人们所追求的主要是个人利益，但每个人在追求自身利益时必然会受到其他人的利益限制，从而要求每个人在追求自身利益时必须顾及他人利益，任何人都追求个人利益，客观上促进了社会共同利益的发展，因此社会利益是以个人利益为基础的，这种个人利益的追求者就是“经济人”。

2. 罗伯特·欧文的人事管理思想

罗伯特·欧文是19世纪英国著名空想社会主义者和企业管理的改革家。他年轻时在苏格兰亲自经营了一家纺织工厂，并针对当时工厂制度存在的弊病，进行了一系列企业改革和试验，提出并采取了一系列重视“人”和关心“人”的人事管理方法和措施，从而被誉为“现代人事管理之父”。

罗伯特·欧文认为，人与环境是相互作用的，人是环境的产物，重视人的因素在工业中所起的重要作用。好的环境可以使人形成良好的品行，坏的环境则使人形成不好的品行。他对当时很多资本家过分注重机器而轻视人的做法提出了强烈批评，并在自己的工厂中采用多种办法致力于改善工人的工作环境和生活环境，如缩短劳动时间、严禁使用童工、提高工人薪资、免费供应膳食、修建工人宿舍、设立学校和医院等，通过改善工作环境和工人生活条件来提高劳动生产率。罗伯特·欧文的以“人”为中心的人事管理方法和理论，为后来人际关系理论和行为科学的产生，以及人事管理理论的形成和发展做出了重要的贡献。

3. 查尔斯·巴贝奇的作业研究和报酬制度

查尔斯·巴贝奇是19世纪英国著名的数学家、机械学家和科学管理的先驱者，他于1822年设计出世界上第一台计算机——小型差数机，利用计算机计算工人的工作数量及原材料的利用程度等，他把这叫作“管理的机械原理”。查尔斯·巴贝奇通过对英国、法国工厂的深入考察和研究，于1832年出版了《论机器和制造业的经济》一书，对工厂中的劳动分工、作业方法、机器与工具的有效使用及报酬制度等进行了专门论述。

查尔斯·巴贝奇进一步发展了亚当·斯密的劳动分工理论，他将每项制造工艺划分为若干工序，并根据每道工序所需要的技艺来雇用不同的工人，按照“边际熟练原则”支付不同的工资。为了科学地划分工序，他提出了作业研究的理论和方法，即通过科学的观察和分析，对材料耗费、劳动时间、生产周期、生产工具、工人工资、制造成本、产品价格进行科学分析，以探寻投入少而产出多的作业方法，并指导工人按照科学的作业方法进行劳动。他的作业研究，对后来泰罗等人创建科学管理具有十分重要的影响。

查尔斯·巴贝奇对报酬制度的研究，主张工人的收入由三部分组成：一是按工作性质确定固定工资，二是按生产率贡献大小分得利润，三是为增进生产效率提出建议而得到奖励。对于提高工人工作积极性和劳动生产率都能起到促进作用。

二、管理理论的形成

管理理论形成阶段，又称为古典管理阶段或科学管理阶段，大约从 19 世纪末期到 20 世纪 40 年代，共经历了约 50 年的发展时间。这一时期是工业化发展明显加快的时期，科学技术得到空前发展，社会生产力得到明显提高。管理理论的形成，是在传统管理思想的基础上，适应生产力发展和社会化大生产的需要，向管理标准化、科学化和系统化发展的阶段，通过大量实验和实践，逐步形成系统的管理思想和管理理论体系。

（一）泰罗的科学管理原理

美国早期著名管理学家弗雷德里克·温斯洛·泰罗在长期的工作实践中，根据自身对生产过程的科学组织及管理研究和实践，提出了一套企业管理理论，即“科学管理——泰罗制”，他的代表作为《科学管理原理》，因在科学管理上的成就，泰罗被后人称为“科学管理之父”。

泰罗科学管理包括以下内容：一是工作定额原理，即为了挖掘工人劳动生产率的潜力，必须制定有科学依据的劳动量定额；二是实行差别计件工资制，即对同一个工作设置两个不同的工资率，对于最短时间完成工作，并且质量高的工人，按较高的工资率计算，用时长而质量差的工人按较低的工资率计算；三是能力与工作相适应原则，即坚持以工作挑选工人，为每一个岗位挑选最合适的工人，培养他们成为第一流的工人，以确保较高的工作效率；四是标准化原理，即工人不仅要掌握标准化的操作方法，还要使用标准化的工具、机器和原料，在标准化的作业环境中进行生产；五是实行管理职能分工，即为了采取科学的管理方法进行生产，必须将计划职能和执行职能分开，专门的计划部门承担计划职能，工人仅承担执行职能；六是实行例外原则，即把企业的日常管理授权给下级管理人员处置，高层领导人拥有对重大事项的决策权与监督权，以保证企业高层领导集中精力抓大事。

（二）法约尔的组织管理理论

法国早期著名管理学家亨利·法约尔，在长期从事企业高层管理实践和研究的基础上，提出了系统的组织管理理论。1916 年，75 岁的法约尔出版了具有划时代意义的著作——《工业管理和一般管理》一书，书中明确提出：任何企业的生产经营活动都是由技术、商务、财务、安全、会计和管理六个部分所组成。管理作为六大活动之一，其职能就是计划、组织、指挥、协调和控制。同时，为了有效地执行管理的职能，达到管理的目的和要求，法约尔还提出必须遵循管理的十四条基本原则，包括劳动分工原则、权责对等原则、集权与分权原则、报酬原则、纪律原则、秩序原则、公平原则、稳定原则、整体利益原则、命令统一原则、指挥统一原则、“法约尔跳板”原则、创造精神和集体精神等。他指出，这些原则并不是尽善尽美，更不能在管理中刻板地运用，只有依靠和发挥管理人员的“管理艺术”，并在管理实践中灵活运用，才能发挥出这些管理原则的作用。

法约尔的组织管理理论也称一般管理理论，首次从管理职能角度明确定义了管理的基本概念，阐述了管理在组织活动中的重要性，提出了较完整的现代管理理论体系，以及实现管理目的必须遵循的基本原则和要求等，从而成为现代管理理论的重要奠基人。

（三）韦伯的组织理论

德国社会学家马克斯·韦伯是现代组织理论的创立者，他通过对历史和现实的比较研究，确立了现代组织理论，是官僚组织模式的创始人。韦伯认为任何形式的社会组织必须以某种形式的权力基础，没有一定形式的权力，一切社会组织活动都不可能正常进行，也就无法实现组织目标。正是合法性的权力，才使下属产生对组织系统中指挥者的服从和尊重的稳定模式。韦伯根据 20 世纪初组织向大型发展的趋势和当时的社会经济、政治环境的变化特点，提出了理想的行政管理体制，即“官僚体制”，也称“科层制”，认为这种体制不仅是合理的，也是合法的，韦伯的理论为后来组织理论的发展提供了重要指导作用。

（四）梅奥的人际关系理论

澳大利亚著名心理学家和管理学家乔治·艾尔顿·梅奥，针对亚当·斯密的“经济人”观点和泰罗科学管理存在的不足，通过他在霍桑工厂进行的著名的“霍桑试验”，写成了《工业文明中人的问题》一书，提出了人际关系理论。梅奥认为，职工的工作效率不仅受自然的、生理的因素影响，而且受到社会环境及其心理因素的影响，因为职工并不是“经济人”而是“社会人”；同时在企业组织中，提高职工士气是提高劳动生产率的关键，由于企业组织中还存在着“非正式组织”，其对职工的士气具有重要的作用和影响。因此，管理者的任务不仅要组织好集体劳动，还必须协调好各种人际关系，才能促进职工之间发展持久的良好合作关系，不断提高劳动生产率。梅奥关于在管理中要注重人际关系的理论，使其成为现代人际关系理论的创始人，也成为现代行为科学理论的先驱，对现代行为科学理论的形成与发展具有积极的作用和影响。

三、现代管理理论发展阶段

现代管理理论的发展阶段，是管理思想和理论体系进一步多样化发展并日趋成熟和完善的阶段，大约从 20 世纪 50 年代到现在。在现代管理理论发展阶段，现代科技进步和经济社会发展的需要，使众多的管理专家和管理人员在传统管理思想、古典管理理论基础上，沿着科学管理和行为管理理论的路径，并充分汲取了现代系统科学、信息科学等新兴学科的理论方法和技术，从不同方向、不同角度采用不同分析方法进行系统研究和实践，从而提出了各种各样的管理思想和理论，形成不同的管理流派。

（一）行为管理理论

行为管理理论，是在人际关系理论基础上，进一步运用心理学、行为学、社会学等理论和方法研究管理问题，尤其是对人性假设、个体行为、群体行为、领导行为的研究一直受到管理学界的高度重视。重点分析人的本性和揭示人的行为规律，以按照客观规律进行科学的行为管理；从需要层次理论、双因素理论、期望激励理论到行为强化理论等，重点研究人的需要、动机和行为的产生和发展的客观规律性，以客观规律来满足人的需求、激发人的动机和规范人的行为；从对群体行为中的个体角色、群体动力、群体冲突、群体压力和群体沟通的分析研究，以正确理解和引导群体行为并采取合理的群体管理对策；从早期对领导者特征、领导权力和领导影响力的研究，到后来的领导方式、领导风格和权变领导模式的研究，从不同角度、不同方面对领导行为和领导有效性进行了大量研究，从而丰富和发展了行为管理的理论体系、内容和方法。

（二）管理科学理论

管理科学理论，又称数理管理理论，是在科学管理理论和运筹学基础上，运用现代系统科学的理论和方法，并充分使用各种数学方法和现代计算机技术手段，围绕如何提高管理效率的目标而形成的管理理论和方法。该理论认为：管理就是运用一定的数学模型来表示计划、组织和控制等合乎逻辑的决策程序，然后通过科学的计算求出最优解决方案，以对各种生产要素进行最佳配置和组合，使投入的要素资源发挥出最大的经济效益，有效地实现组织既定的目标。因此，管理科学理论是以系统科学理论来建立分析框架、以决策科学化为管理目标、以运筹学方法运用为基础、以计量模型为管理手段、以现代计算机技术为主要计算工具来有效解决管理中的各种问题，以全面提高管理效率和效果的管理理论体系和方法。

（三）管理职能理论

管理职能理论，又称管理过程理论、经营管理理论，其理论是把管理看作在组织中通过别人或同别人一起完成工作的过程，并以管理职能为管理理论的核心，与管理者所从事的工作紧密联系起来，通过分析管理过程中计划、组织、领导、协调和控制等管理职能的内容和方法，从而建立起一套科学的管理理论体系。管理过程理论强调要重视对管理职能的研究，从大量的管理实践中总结出管理职能的基本规律，并认为一切最新的管理思想都能够纳入某一管理职能中，通过管理职能结构分析方法，就能够不断将管理实践中积累的经验、知识进行归纳和总结，从而提炼出管理理论的原理、原则和方法，不断丰富管理理论的内容并有效指导管理的实践。美国管理学家哈罗德·孔茨是这一学派的主要代表人物之一。

（四）系统管理理论

系统管理理论的创始人为美国管理学家弗里蒙特·卡斯特、詹姆斯·罗森茨韦克、约翰逊，三人合作出版了《系统理论与管理》（1963 年）。弗里蒙特·卡斯特和詹姆斯·罗森茨韦克合写了《组织与管理——一种系统学说》（1970 年）等专著，借鉴一般系统论的理论和方法，建立起具有包容各种管理思想和理论的系统管理理论和方法。

（五）权变管理理论

权变管理理论认为，在企业管理中要根据企业所处的内外条件随机应变，没有什么一成不变、普遍适用的“最好的”管理理论和方法。弗雷德·卢桑斯、保尔·劳伦斯、杰伊·洛尔斯和莫克勒等，从如何适应环境快速变化的要求出发，在统揽包容各种管理思想和理论的基础上，探索建立起一种能够根据环境变化而变化，并灵活运用各种管理思想和理论的权变管理理论和方法。尤其是卢桑斯 1973 年出版的《权变管理理论：走出丛林的道路》和 1976 年出版的《管理导论：一种权变学说》等著作，全面系统地总结和阐述了权变管理的理论和方法，增强了现代管理理论的适用性和有效性。

（六）战略管理理论

战略管理是指对一个企业或组织在一定时期的全局的、长远的发展方向、目标、任务和政策，以及资源调配做出决策和管理。自 1972 年美国管理学家伊戈尔·安索夫正式提出了战略管理概念和相关理论后，随着企业经营管理实践的发展，战略管理理论研究重点逐步转移到竞争战略管理方面，从而有力地推动了竞争战略管理理论的发展。其中，迈克尔·波特提出以“五力竞争模型”为主的竞争结构战略理论，哈默尔和普拉哈拉德提出以“企业核心能力”为重点的核心竞争战略理论，柯林斯和蒙哥马利提出以

“战略资源”为核心的战略资源竞争理论……这些理论形成了具有较大影响的竞争战略管理理论体系，促进了将企业日常业务决策同长期发展战略相结合，从而形成较完善的战略管理理论体系和方法。

现代管理理论还包括：经验主义理论、社会系统理论、决策理论、经理角色理论、社会技术系统理论等。把管理理论运用于旅游管理中，就形成了旅游管理的科学原理、系统原理、效益原理、人本原理、创新原理等管理理论、原则和方法。

第二节　旅游管理的基本原理

一、旅游管理的科学原理

（一）科学的基本特征

科学是指反映自然、社会、思维等方面客观规律的知识体系，是对事物运动过程的客观规律性进行的理论概括和总结。因此，在现代旅游管理中坚持和运用科学原理，就必须正确理解和掌握科学的基本特征，这是认识科学、尊重科学并认真按照科学原则进行旅游管理的客观要求。

1. 定义的准确性

定义通常是指对一种事物的本质特征或一个概念的内涵与外延的确切而简要的说明。科学的定义，要求在描述事物的客观规律时必须准确，而定义的准确性则取决于所使用的方法、测定的变数和描述的事物是否准确和清楚。

2. 方法的系统性

方法是人们解决各种问题的思路、途径和程序。科学的方法是一种具有累积性、系统化的知识体系，其提供了我们解决各种管理问题的具体思路、途径和程序。在旅游管理中，科学的方法要求从系统和整体的角度来认识问题，在分析问题时必须把定性分析和定量研究相结合，在解决问题时既要考虑全局与长远的发展，又要考虑局部和近期的情况，提出措施和对策要强调可操作性和有效性，这样才符合科学方法的客观要求。

3. 资料的客观性

资料是认识、分析和解决各种管理问题的重要依据。该特征要求收集数据和说明情况时不能存在虚假或偏见，因此贯穿科学研究整个过程的客观性是科学方法的主要特征。在旅游管理理论研究和实践中，为了保证资料的客观性，要求收集的资料数据必须真实可靠，分析问题时必须实事求是，说明研究结论时必须客观科学，只有这样才能为科学的旅游管理提供正确可靠的依据。

4. 论证的科学性

论证是科学研究的重要手段，任何科学理论和方法都必须经过严密的论证和检验。旅游管理的科学理论和方法，是对旅游管理实践的理论概括和总结，但要成为普遍适用的科学理论和方法，就必须经过严密的论证、反复的实验和求证。论证的科学性就在于，任何一种旅游管理原理和方法的提出，都必须符合客观实际，并可以通过重复实验来检验其成果的合理性，同时又能科学地指导旅游管理的实践。

5. 发展的预见性

预见是科学的目标，即反映事物发展变化的方向和规律。如果在科学研究中，人们能够找出事物“为什么”和“如何变化”，并能够提供足够的论据，那么就能够预见事物发展的方向和规律性。在旅游管理中，常常需要对各种旅游活动及管理方案、管理目标进行科学分析，以预见其发展方向和变化规律，这既是旅游管理科学原理的客观要求，也是加强旅游管理的重要基础和前提。

（二）管理的科学原则

管理的科学原则，是在旅游管理过程中观察、思考和处理问题时必须遵循的行为规范和准则，普遍适用于旅游管理的科学原则主要有以下几个方面。

1. 符合客观实际原则

由于旅游活动是一种经济社会活动，其产生和发展都具有内在的客观规律性，因此旅游管理的理论、方法和实践活动都必须符合旅游活动的客观实际。随着现代经济社会的发展，旅游活动日益成为人们文化生活的重要组成部分，要求旅游管理的理论、方法也必须随着实践发展而不断丰富和完善。一方面，旅游管理必须适应人们的旅游需求变化特点和趋势，遵循旅游活动的客观实际和要求，合理组织好旅游活动，提供符合旅游者需求的旅游产品和服务。另一方面，旅游管理只有适应旅游经济发展特点和趋势，遵循旅游企业活动特点和旅游经济运行规律，科学地组织好旅游经营活动，有效调控旅游经济运行，才能不断提高旅游生产力和旅游经济效益，促进旅游经济持续健康地发展。

2. 遵循科学规律原则

旅游管理科学原理，要求一切旅游管理活动都必须遵循科学规律的要求，按照旅游活动的规律性进行管理。一方面，要求我们不断对旅游管理的实践进行理论概括和总结，不断总结提炼符合旅游活动客观实际的科学理论和方法，有效地指导旅游管理的实践。另一方面，要求我们必须按照旅游活动的规律性进行管理，既要按照旅游活动发生和发展的客观规律，合理地组织好旅游活动，有效地促进旅游生产力和旅游经济的发展，又要按照旅游活动的生产关系运动规律，统筹协调和正确处理旅游活动和管理中的各种关系，使之适应旅游经济发展的客观要求。

3. 坚持动态变化原则

旅游管理理论和方法是随着旅游管理实践和理论研究而动态发展的。科学理论和方法具有普遍适用性和一定的恒定性，但由于旅游管理是一种因人、因事、因环境而异的创造性活动，随着人和事、环境的变化，旅游管理理论和方法也会随之发生相应的变化。随着旅游活动的不断发展，不仅旅游的内容发生了根本性的变化，而且旅游管理的理论和方法也随之发生巨大的变化。因此，旅游管理必须坚持动态变化原则。一方面，旅游管理的实践应随着旅游活动发展变化而不断创新和发展；另一方面，旅游管理理论和方法也应随着旅游管理实践的创新而不断丰富、完善和发展。

（三）管理的科学方法

1. 系统工程方法

系统工程方法，是对系统进行研究、规划、设计、制造、试验和使用的科学方法，也是一种对所有系统都具有普遍意义的科学方法。旅游系统是一个综合性的复杂系统，因此在旅游管理中必须运用系统工程方法，以达到不断提高旅游管理效率和效果的目的。系统工程作为一种新兴的综合性学科，其包含了许多内容、方法和技术。从系统工程理论看，其最核心的理论就是系统论、信息论和控制论，把“三论”应用于旅游管理就形成了系统管理理论和方法。从系统工程方法看，其广泛运用概率论、数理统计、计量经济、运筹学等方法来解决复杂系统的问题，把这些方法应用于旅游管理就形成了旅游管理的科学方法。从系统工程技术看，其广泛运用运筹学、电子计算机等技术，从而形成了旅游管理信息系统理论和技术。因此，系统工程方法是旅游管理的科学方法和手段，在现代旅游管理中具有广泛的应用价值。

2. 行为科学方法

行为科学方法，是对人们行为产生和发展的规律性进行科学研究，以按照人们的行为规律来预测、引导和控制人们行为的方法。

在旅游管理中，行为科学方法主要有三种基本的方法，即实验法、调查法和案例研究方法。实验法，是运用心理学、社会学和人类学的理论和方法，通过一系列的科学试验来分析管理者和被管理者的行为的方法；调查法，是通过设计与人们需求、动机和行为相联系的各种调查问卷，通过抽样调查或特殊的测试技术等来收集、分析和掌握人们行为规律的方法；案例研究方法，是通过收集、整理或设计一些特定旅游情景和环境的事例，通过分析和研究来探测人们旅游行为规律的方法。行为科学方法在长期的实践、研究过程中，已经形成了许多科学的理论和方法，把这些理论和方法应用于旅游管理实践，能够有效地提高旅游管理的科学性和有效性。

3. 权变管理方法

权变管理方法，是一种新兴的管理方法，其认为不存在适用于一切情况的管理原则和方法，任何管理原则和方法都是因人、因时、因地、因条件变化而变化的，因此管理的科学方法应该是一种权变管理方法，即能够根据组织目标、环境、机构、人员等变化而相应变化的管理方法。

旅游活动作为一种以人为主体的经济社会活动，是一种变化快、涉及面广的综合性活动，因此对旅游活动的管理具有较大的变化性和弹性。针对旅游活动的特殊性，权变管理方法是最适应旅游管理的科学方法，能够根据旅游活动的不同变化特点，灵活地采用不同的管理原则和方法。

4. 信息技术方法

现代信息技术是指开发、收集、处理和管理信息所采用的各种技术，包括计算机技术、通信技术、网络技术及各种系统软件等。在旅游管理中充分运用现代信息技术，能够促进旅游产业信息化发展，提高旅游管理的效率。现在游客可以很方便地通过现代信息技术去购买车票机票、预订住宿、网上组团等，尤其是以互联网为标志的信息高速公路出现后，利用互联网来完成旅游查询、预订和支付等十分便利，这使得传统的旅游经营、销售、管理方法不得不改变，向高智能化、网络化、集团化转变。同时，通过利用现代信息技术，可以更好地了解人们的旅游需求和偏好，对旅游客源市场进行统计分析和细分，可以有针对性地进行旅游产品开发，不断提高管理的水平。

二、旅游管理的系统原理

（一）旅游系统的含义

系统是由若干相互联系、相互作用、相互制约的部分，在一定环境下按照一定的规则、秩序所组成具有特定功能的统一整体，系统是普遍存在的，一切事物都以系统的形式存在，组成系统的各部分称作要素或子系统。现代社会，任何经济社会活动都是由人、财、物、信息等因素组成的系统。

旅游管理系统，是为了完成旅游管理任务，将旅游业业内部相互作用、相互依存的事物组织起来所形成的一种社会系统，是系统理论在旅游管理中的应用。

（二）旅游系统的特征

1. 集合性

系统的集合性是指每个系统都由两个或两个以上的相互联系和区别的要素或子系统组成，不同的要素或子系统的集合构成不同的系统，系统的整体功能和作用通常大于各系统要素或子系统的功能和作用的总和。旅游系统由许多要素或子系统集合而成，一般包括五大子系统，即旅游活动子系统、旅游客源市场子系统、旅游目的地子系统、旅游服务子系统、旅游管理子系统。在旅游管理子系统中，又可以进一步分为旅游决策子系统、旅游组织子系统、旅游信息子系统、旅游调控子系统、旅游监督子系统，它们通过执行不同的职能来保证整个旅游系统的有效运行。

2. 相关性

系统的相关性是指系统与外部环境、系统与系统之间、系统内部各要素或子系统相互作用而又相互制约的关系。

旅游系统既是经济社会的子系统，又是一个相对独立的系统，因此具有很强的相关性特征。一方面，旅游系统的发展必须与经济社会大系统的发展相适应，经济社会发育程度和发展水平、相关经济系统的发展状况等，都会对旅游系统的发展产生促进或制约影响。另一方面，旅游系统内部各要素或子系统的发展状况也会对旅游系统产生促进和影响。

3. 有序性

系统的有序性，是指系统的结构和运行规则，前者指系统可以划分为不同层次，后者指系统必须按照一定的规则有序运行。旅游系统同样也是有序的，这种有序性主要体现在两方面。一方面，旅游系统可以划分为不同的层次结构，即旅游系统由若干旅游子系统组成，而每个旅游子系统还可以进一步划分为更小的子系统。另一方面，旅游系统必须按照一定的规则有序运行。如果旅游活动的整个运行过程中某个环节违反了运行规则或没有按程序执行，就会直接影响整个旅游系统的正常运行。

4. 目的性

任何管理系统都是为了保持各子系统的协调，维护系统的整体目的。同时，任何系统的目的都不是单一的，而是多重目的相结合的集合。

旅游系统有明确的多重目的。一是旅游系统的产生以满足人们的旅游消费需求为目的，这是旅游系统产生的前提条件；二是旅游系统的存在和发展必须以追求经济效益为目的；三是旅游系统在追求经济效益的同时，还必须考虑社会效益和环境效益，只有这样才能实现旅游可持续发展。因此，旅游系统不仅具有明确的目的性，而且其目的也是多重的，只有满足了旅游系统的多重目的，旅游系统才能够健康地运行和发展。

（三）系统分析的内容

系统分析是现代旅游管理系统原理的核心，是对旅游系统面临的问题，运用系统思想和理论进行分析和研究，以探索在确定或不确定的条件下，可能采取何种决策方案以实现旅游管理预期目标的分析方法。

1. 确定分析目的

目的是决策的出发点和目标，要求系统分析人员在进行决策分析之前，必须明确旅游管理决策的要求和系统分析的目的，只有确定正确的系统分析目的才能取得正确的分析结果。确定系统分析目的，首先要对旅游管理决策问题进行正确的分析，明确旅游管理决策问题的性质、要求和预期目标；其次要分析旅游管理决策问题构成要素之间的相互关系，把握决策的相关环境状况和约束条件；最后要明确系统分析的目的，以及确定可能采用的方法和手段等，以便围绕决策要求和预期目标提出供比较选择的可行方案。

2. 提出可行方案

系统分析就是要为决策提供多个可行方案，以便决策者能够从中选择最合理、最合适的方案。提出可行方案，一是方案要有利于达到旅游管理决策的要求和预期目标，二是方案必须具有一定的可行性。

3. 建立分析模型

各种可行方案都可以通过建立模型来分析和评价，这是系统分析的主要特征。模型是运用数学方法来描述决策问题本质属性的工具，是将复杂问题简化为容易处理、分析和评价的方法。旅游管理决策中的分析评价模型一般可以分为图形模型和计量模型，图形模型是用各种图表来表示旅游管理决策问题的状况和流程，以反映可行方案的分析过程和评价结果；计量模型是用数学方法来描述旅游管理决策变量之间的相互关系和作用，并通过计量模型来反映可行方案的分析过程和评价结果。

4. 分析方案效益

分析方案效益，就是通过对各种分析评价模型进行计算，以分析各个可行方案的综合效益。分析可行方案的效益通常包括三方面内容：一是分析可行方案的成本费用支出；二是分析可行方案的预期经济效益；三是分析可行方案的有效性，即经济效益以外的生态环境效益、社会效益指标等。

5. 进行方案评价

进行方案评价，既是系统分析的重要内容，也是旅游管理决策的重要依据。进行方案评价，首先必须确定评价标准，评价标准通常是用一组指标做基准，具体可根据旅游管理决策问题的性质或特征来确定。确定出评价标准后，就可以根据评价标准对各个可行方案进行综合评价，并确定所有可行方案的优劣顺序，然后提交旅游管理决策者进行决策。

（四）系统管理的原则

1. 内部条件与外部环境相结合原则

系统总是存在于一定客观环境中，要与周围环境不断进行物质、能量、信息的交流，才能维持系统的正常运行。旅游系统运行，不仅取决于内部各旅游要素或子系统的有机组合，而且受到外部环境的作用和影响，因此进行旅游系统分析和管理时，必须始终坚持内部条件与外部环境相结合的原则。一方面，要正确分析旅游系统运行的内部条件，分析各旅游要素或旅游子系统的相互关系和作用，使旅游管理决策方案实施后能够促使旅游系统内部结构合理、配置最优和运行有序。另一方面，必须密切联系外部环境的变化，通过分析旅游系统与外部环境的物质、能量和信息的交换，使旅游管理决策方案能够适应外部环境变化的要求，并能够根据外部环境变化特点和趋势，及时调整旅游系统内部配置和结构，以实现旅游管理决策方案结果的最优化。

2. 局部利益与整体利益相结合原则

旅游系统由许多旅游子系统组成，但系统的功能不是子系统的简单叠加，子系统组成系统后，产生总体功能，总体功能超过各子系统功能的总和。因此，在旅游系统分析和管理时，就必须坚持局部利益与整体利益相结合原则，不仅要充分考虑旅游子系统的局部利益，更要从整个旅游系统全局出发，注重旅游系统的整体利益，只有这样才能保证旅游管理决策方案的实施带来更好、更优的综合效益。

3. 坚持眼前利益与长远利益相结合原则

任何旅游管理决策方案的实施，不仅对旅游系统的眼前利益有影响，也会对长远利益产生影响。因此，在旅游管理过程中，只有坚持把眼前利益与长远利益相结合，才能保证旅游系统持续有序地运行，才能促进旅游企业有效经营和旅游经济持续发展。

4. 定量分析与定性分析相结合原则

在旅游系统运行中，影响旅游管理决策的因素既有量化因素，如经济增长率、人们收入变化、利率和汇率变化等，又有非量化因素，如政治形势变化、政策因素影响、人们价值观变化等。因此，对旅游管理决策方案进行系统分析时，既要进行定量分析又要进行定性分析，定量分析是对各种数量指标进行计量分析，以获得旅游管理决策的定量依据：定性分析是对各种非量化因素进行描述分析，以正确把握旅游管理决策的特征和方向。只有坚持把定量分析与定性分析相结合，才能提高旅游管理决策的科学性和可行性。

三、旅游管理的人本原理

（一）人本原理的含义

人本原理，是以人为本的管理思想和方法，它要求在管理活动中坚持以人为核心，以人的权力为根本，以科学的激励方法为手段，调动人的积极性、主动性和创造性，以实现人的全面发展，促进组织管理目标的高效率实现。人本原理强调人在管理中的主体地位，强调作为管理对象的整体系统中，人是其他构成要素的主宰，管理的核心和动力都来自人的作用。旅游行业离不开人的服务、人的劳动和人的管理，因此，人本原理是旅游管理的核心内容，贯穿于整个旅游管理的全过程。

（二）人本原理的特征

1. 旅游活动是以人为中心的活动

现代旅游活动，不论是旅游者的旅行和游览，旅游企业的经营服务活动，还是政府旅游部门的行政管理，都是围绕人的活动而进行的。在现代旅游活动中，各种物质技术活动，如交通运输、景点开发、旅游产品生产、住宿设施建设、旅游信息咨询等，都离不开人的主导；一切旅游活动的成果和成效都依赖于人的主动性、积极性和创造性的作用。因此，人是旅游管理的中心，是一切旅游管理活动的出发点。

2. 旅游管理的主体和客体都是人

在旅游管理中，人既是管理的主体，又是管理的客体，每个人在行使管理权力的同时又接受他人的管理，从而形成一条以人为中心的管理链。作为旅游管理的主体，管理人员通过运用各种管理权力、管理方法和手段，对旅游活动进行科学组织和管理，同时又对其他人或被管理者进行协调和管理；作为旅游管理的客体，每个人在旅游管理中又必然要接受上一级的管理，并按照上一级的指令和要求进行活动或工作。

3. 旅游管理的目的是促进人的发展

人是在一定的社会环境中，通过自身和环境的相互交流和作用而成长发展的，因此人本原理把促进人的全面发展作为旅游管理的最终目的。一方面旅游管理通过创造一种良好的社会环境，形成尊重人、关心人、爱护人和正确使用人的氛围，使人们在这种环境中能够学习更多的知识和技能，不断提高自身的素质和能力；另一方面，旅游管理通过创造良好的工作环境，使人们通过有效的工作而不断提高工作效率和产出更多劳动成果来满足自身各方面的需求，为促进人的全面发展提供更好的条件。

（三）人本管理的原则

1. 主体原则

传统管理理论把劳动者视为生产过程中的一个不可缺少的要素和管理的客体，而不注意发挥人的主观能动性。随着社会经济的发展，员工在企业生产经营中的重要作用逐渐被认识，形成了以人为中心的管理思想。

旅游业的独特性表现在：员工是旅游产品的一部分。旅游产品质量的好坏，体现在员工的服务水平上。因此，要把员工放在第一位，适当满足员工物质和精神上的需求，员工才能有顾客至上的意识。以人为本的原理体现在：培训员工，不断提高员工的业务和思想素质；激励和挖掘员工的潜能；调整劳资关系；稳定员工队伍。

2. 动力原则

动力原则是指促使旅游活动和旅游管理持续而有效进行的内在力量，这种内在力量蕴藏在组织内部，根植于员工动机，来自于人们对各种需要的追求，是组织获得效益的来源。

在旅游管理中，动力包括物质动力、精神动力和竞争动力。物质动力是由那些能够满足人们物质需要的因素所激发的动力，如良好的物质技术设备，员工的工作环境以及工资、福利等，它们是员工进行生产经营活动的物质基础和激发员工动力的必要条件。精神动力是由员工的思想、意识、精神状态和精神需求而产生的一种诱发力。在旅游管理中，精神动力包括兴趣、理想、信仰、情谊、荣誉感、成就感等。与物质动力相比，精神动力具有强烈和持久的特点。竞争动力是由外部社会发展与组织内部优胜劣汰的竞争机制所产生的一种激励作用。了解外部世界发展情况，了解市场需求以及企业内部的资源需求，是组织及员工生存与发展的动力。三种动力产生的条件和作用方式是有差别的，在现代旅游管理中必须正确运用动力原则，一方面要科学把握动力的作用大小，正确地采取合适的方法和措施来激发动力，另一方面要把三种动力结合起来运用，才能科学而有效地发挥动力的作用。

要充分发挥人的动力，一是必须使广大员工的主人翁地位在企业各项制度中得到切实的保障，使他们的劳动成果同他们的社会荣誉和物质利益密切联系。二是要满足员工的正当要求，引发员工动机。因为动力是由动机引起的，只有从员工的需求动机出发，才能调动员工的管理积极性。三是要正确运用激励因素。根据管理工作的需要，将物质激励、精神激励、目标激励、动机激励、榜样激励、环境激励、荣誉激励等各种方法结合起来，使员工的积极性和创造力得到充分发挥。

3. 能级原则

能级原则是指根据人的能力大小，赋予相应的权力和责任，使组织内的成员各司其职，以保持和发挥组织的整体效用。“能”指能量、能力。人的能量有大有小，每个人的能力发展速度也有快慢不同，人的能力差异决定了其更适合某种类型的工作或某一层次的岗位。在旅游管理中必须建立合理的能级，使每个人与能级相对应，并按照相应能级要求而活动。

现代旅游管理的任务，就是要建立一个合理的能级，使各管理层次建立在一定的秩序、规范和标准上，将具有不同能量的人组织起来，使他们的能量和工作对应、能级对应，这样才能充分挖掘员工的潜能，调动其工作积极性、主动性和创造性，促进他们的健康成长与发展，获得最佳经济效益和工作成效。

（四）人本管理的方法

1. 行为管理方法

行为管理方法，是根据人们行为产生、发展和变化的客观规律，运用各种心理的、社会的方法，以分析、预测和引导人们行为的管理方法。其包括对个体需求和动机的激励和满足，对群体行为的引导和协调，领导行为的改善和提高等。因此，在旅游管理中运用行为管理方法，一方面通过科学正确地分析掌握旅游者的需求、动机和旅游行为，指导旅游产品开发和提供个性化的旅游服务，以更好地满足旅游者的需求和消费，另一方面，通过科学正确地分析掌握旅游行业员工的心理、需求和行为，以采取有效的激励手段和管理方法，充分调动旅游行业员工的积极性、主动性和创造性，不断提高劳动生产率，有效地实现旅游企业经营和旅游经济发展的目标。

2. 人力资源开发方法

人力资源开发方法，就是通过对员工进行组织、培训、使用和管理，以提高员工的素质和能力，有效完成组织目标的方法。旅游活动是以满足人的需求为特征的经济社会活动，对旅游服务质量和经营管理水平要求很高，因此在现代旅游管理中必须高度重视人力资源开发。通过科学地对各种岗位进行分析和设计，合理配置职位与安排合适人员，加强员工职业道德和技能培训，这样才能最有效地发挥人力资源的效用，提供优质的旅游服务和进行高水平的管理。

3. 企业文化建设

企业文化是企业员工价值观、工作态度、责任心、行为规范、经营理念和管理风格的综合体现，反映了企业的精神风貌、经营特色、管理特点及其对社会的作用和影响，是一个包含物质、精神和制度的统一体。企业文化，不仅是旅游企业长久生存和发展的精神信念，也是旅游企业员工共同行为的规范和准则，对提高企业管理水平具有十分重要的作用。因此，通过努力倡导和建设具有特色的企业文化，能够全面、有效地形成企业的凝聚力和向心力，提高员工对企业的信任度和忠诚度，更好地为实现企业发展目标而努力。

4. 民主管理

民主管理是一种自主决策和管理各项工作的方法。随着人本管理的发展，通过在旅游管理中广泛实行民主管理，有利于充分调动旅游行业员工的积极性、主动性和创造性，形成一种和谐融洽的旅游管理环境氛围，既促进组织实现发展目标，又实现人的全面发展。

四、旅游管理的效益原理

（一）效益原理的含义

任何经济活动都必然有投入消耗和成果产出，对这种投入和产出进行比较就形成了效果、效益和效率。三者是既相联系、又相区别的概念，效益指有效产出和投入之间的比例关系，是从社会和经济两个角度进行考察，反映的是经济活动的成效。效果是指由投入经过转换而产出的有用成果为社会接受产生效益；效率是指单位时间内所取得的效果的数量，反映了劳动时间的利用状况，与效益有一定的联系。

旅游效益是指旅游活动的有效成果与相应的劳动消耗和劳动占用的比较，提高旅游效益就是以尽可能少的劳动消耗和劳动占用获得尽可能多的有效成果。在旅游管理活动中，不仅要重视旅游效果，更要重视旅游效率和效益，因为追求旅游效益的不断提高才是旅游管理的根本目标。

效益原理就是树立效益第一的原则，以最少的投入取得最大的成果，实现管理的目标。旅游效益一般包括经济效益、社会效益和环境效益。旅游经济效益，是指旅游企业或旅游部门通过旅游活动，以较少的劳动消耗和占用获得较多的经济产出，如企业利润扩大、政府税收增加、社区居民收入提高、旅游业和相关产业发展等。旅游社会效益，是指旅游活动参与者通过一定的投入而获得预期的社会效果，如旅游者获得身心愉悦和精神满足，旅游企业形象提升和发展壮大，旅游目的地就业增加、社区得到发展等。旅游环境效益，是指通过旅游活动使旅游目的地的生态环境得以改善，自然文化遗产得到保护，传统文化得以弘扬和发展，城镇建设得到更快发展等。

（二）旅游效益的评价

1. 旅游效益评价指标

（1）实物指标和价值指标。实物指标，是以实物形态或使用价值对旅游投入与产出进行评价的指标，如旅游饭店的客房数、床位数和接待人数，旅游景区（点）的数量与接待人数，旅游商店出售商品的数量等，其直接反映出旅游投入与产出的相互关系。价值指标，是以货币对旅游活动投入与产出进行评价的指标，如旅游目的地的旅游总收入和税收，旅游企业的收入、成本和利润等，这种评价指标可以对不同质的实物形态或使用价值进行比较，如旅游饭店的入住人数和旅游商品的出售数量是无法比较的，但可以用货币表示的旅游收入、利润等价值指标来对两者进行比较。

（2）数量指标和比率指标。数量指标是一种绝对数指标，如旅游接待人数、旅游收入、旅游消费、旅游利润等，反映的是旅游投入与产出的成果，即旅游效果的大小。比率指标是一种相对数，如旅游收入增长率、人均旅游消费支出、旅游企业利润率等，反映的是旅游投入与产出的成效，即旅游效益的高低。因此，在旅游效益评价中，既要分析旅游效果，以反映旅游投入与产出的规模和数量；又要分析旅游效益，以反映旅游投入与产出的成效和水平。

（3）个体指标和综合指标。个体指标，是从某一局部对旅游投入与产出进行评价的指标，如某个旅游企业接待的人数、收入等，是从微观个体角度反映旅游投入与产出的状况和水平。综合指标，是从宏观整体上反映旅游投入与产出的评价指标，如旅游目的地的旅游总收入、旅游就业率等，能全面地反映旅游活动的总体成果和成效。

（4）静态指标和动态指标。静态指标，是指在某一时点或时段对旅游投入与产出进行评价的指标，如以月度、季度、年度为基础来反映旅游效益的水平和状况，有利于为旅游效益评价提供科学的判断依据。动态指标，是对不同时点或时段的同一指标的变化情况进行评价的指标，如对报告期与基期的旅游收入、旅游增加值、旅游利润率指标进行比较，能够反映出不同时点或时段旅游效益的增减变化情况，在旅游效益评价中也具有十分重要的作用。

2. 旅游效益评价方法

（1）有效成果同经济社会需要的比较。通过把旅游目的地和旅游企业提供的旅游产品和服务与旅游者的旅游需求相比较，把旅游发展与经济社会发展需要相比较，把旅游开发与生态环境保护相比较，能够对旅游效益做出正确的衡量和评价。

（2）有效成果同劳动消耗和占用的比较。把旅游收入、旅游利润、上缴税收和社会就业等经济社会指标，同旅游活动中的人、财、物的消耗和资金占用等进行比较，反映出旅游投入与产出的成果和成效。

（3）有效成果同资源与环境利用的比较。资源与环境是旅游开发的重要前提和条件，没有资源就无从发展旅游。通过把旅游产出的有效成果（收入、利润、税收、就业等）同资源利用和环境保护等进行比较，能反映出在一定时期对资源与环境有效利用的成果和成效。在资源与环境利用的旅游效益评价中，必须树立资源环境保护与旅游开发并重的观念，两者是相辅相成的，通过旅游开发促进资源与环境的保护，通过资源与环境保护促进旅游的开发，实现资源与环境的可持续发展。

五、旅游管理的创新原理

（一）旅游创新的含义

旅游创新是指充分应用现代新知识、新方法、新技术等，通过对旅游活动和管理的内容、方式等进行创造、改进或更新，促进现代旅游经济快速发展的过程。创新是促进现代旅游业发展的动力，也是企业增强竞争力的核心。

（二）旅游创新的内容

1. 旅游技术创新

旅游技术创新是指各种新思想、新技术、新材料、新工艺、新产品和新服务首次投入旅游业运用和转化的过程，是指旅游业以运用新材料、新技术、新工艺、新方法为基础，重新配置生产要素和组织旅游活动过程，建立起高效能、高效率和低成本的新系统，开发旅游新产品、开辟旅游新市场和提供新的旅游服务，在市场竞争中获得竞争优势，从而实现利润最大化的综合性活动过程。

2. 旅游市场创新

旅游市场创新是现代市场经济体制下，为有效实现各种新生产要素的商品化以及生产要素新组合的市场化而进行的一系列活动的总称。因此，只有不断进行旅游市场创新，才能保持旅游市场稳定和繁荣。才能使旅游经济持续快速地发展。在旅游管理中，旅游市场创新的重点主要是旅游产品创新、需求创新、顾客创新和技术创新，其中旅游产品创新是核心基础，只有创造出富有新意，具有吸引力的旅游产品，才能吸引游客、带来经济效益和促进旅游业的发展。

3. 旅游管理创新

旅游管理创新是为适应现代市场经济条件下旅游发展的需要，对有关旅游发展的管理思想、管理理论、管理方法和管理手段的创新与实践的整个过程。旅游管理创新是推动旅游管理现代化的发展过程，具体是把自然科学、技术科学、社会科学和思维科学的最新研究成果，综合运用于旅游管理中，使旅游管理更加适应现代科学技术进步的水平，符合现代社会化大生产的客观要求，以谋求最佳的经济、社会和生态环境效益，不断促进旅游经济的繁荣与发展。因此，旅游管理创新必须推进管理思想、管理组织、管理方法、管理手段和管理人才的现代化，其核心是实现知识管理的创新。

（三）旅游创新的过程

1. 旅游创新的产生

旅游创新的产生主要包括创新构思、创新研究与创新开发。旅游创新产生的源泉是旅游创新动力，即满足新需求或应用新技术的动力作用，但在实际中旅游创新产生既离不开对市场机会的确认，也离不开对科技进步和生产水平提高的把握。因此，在旅游创新构思、创新研究与创新开发中，必须把旅游创新的技术推动与需求拉动相结合，把旅游创新的内在动力与外部（需求、技术、生产）变化相结合，才能产生更大的创新性，促进旅游创新构思的产生，以及旅游创新研究与创新开发的成功。

2. 旅游创新的实现

旅游创新产生能否有效实现，首先取决于能否转化为现实的旅游产品。因此，旅游创新的实现就是旅游创新成果通过创意投放试验、市场开发、批量销售进而实现大规模销售的整个过程。

3. 旅游创新的投放

旅游创新的有效性最终取决于旅游创新投放，即创新旅游产品进入市场消费的可能性和有效性。旅游创新投放不是简单地将创新旅游产品销售给市场，其必须借助旅游市场促销和旅游市场研究的一系列辅助作用才能取得成功。通过旅游市场促销，使旅游市场进一步了解创新旅游产品的特征，增强对创新旅游产品的接受能力；通过旅游市场研究，进一步为创新旅游产品销售提供更多、更好的方法和手段。此外，通过旅游创新投放后，还可以进一步分析研究旅游市场变化状况，以掌握投放的旅游产品引起社会和市场需求的变化，促进科技进步和生产水平提高的情况，为以后的旅游创新提供科学依据和基础。

第三节　旅游管理的基本职能

旅游管理的职能是指旅游管理的职责与功能，主要有计划、组织、领导和控制职能。

一、计划职能

（一）计划的含义

计划是根据组织所处的环境和自身的条件，确定一定时期内要达到的目标和实现目标的行动方案的过程，因此，计划涉及目标，也涉及实现目标的过程和方法。

旅游企业经营管理发展中，必须有一定的计划作指导，依照发展目标，合理有效地调配和组织人、财、物等资源，以取得社会物质文明和精神文明的迅速、协调发展。计划是促进决策实施的保证，同时，计划又关系到决策目标能否实现。计划职能运用得好，工作就有条理，系统就能正常运转并且能不断优化，能保证决策目标的顺利实现；反之，工作就会混乱，系统就会盲目运转并有可能失控，就会使决策目标难以实现。

（二）计划的类型

根据不同标准，可将计划分为不同类型。

1. 短期计划和长期计划

短期计划是指一年以内（或不超过一个运营周期）的计划，长期计划指 5 年以上的计划，介于两者之间的为中期计划。

2. 战略计划和作业计划

战略计划是指确立企业的基本长期目标，制订行动方案和配置必需的资源以实现目标的计划；作业计划是战略计划的具体实施细节和方法。

3. 指导性计划和具体计划

指导性计划是规定一定的方针，指出重点，不把管理者放在特定方案中；具体计划要有明确的目标和可操作的行动方案。

4. 高层管理计划、中层管理计划和基层管理计划

这些计划类型是处于不同管理层级的管理人员制订的不同计划。一般来说，高层管理计划要着眼于全局，有大局意识和长远眼光；中层管理计划要考虑部门在组织中的定位及相关关系；基层管理计划要具体到每个岗位、各个职工的工作安排。

5. 职能类型

根据组织内的不同职能分工，制订的特定计划，如生产计划、销售计划、财务计划、人事计划等。

（三）计划的原则

1. 目标原则

指计划的目的必须明确，要实现的目标必须清楚。

2. 数据原则

指计划要根据明确的数据与信息进行制订，要借助过去的记录、业绩、经验等制订相应的计划。

3. 协调原则

指不同部门的计划相互协调，了解并处理好一个部门计划对其他部门的影响，实现组织的总体协调。

4. 沟通原则

计划制订和执行过程中，不同层级和同一层级不同部门管理者之间的相互沟通，消除计划执行的各种障碍，保证计划的成功实施。

5. 弹性原则

计划制订后并不是一成不变的，在执行过程中需要根据实际情况不断调整，具有一定的弹性。

6. 可行性原则

计划的制订最终要实现一定的目标，因此计划要考虑其是否可行，太难则难以实现，太容易实现则失去了激励作用。

二、组织职能

（一）组织的含义

组织是为了达到特定目标，根据计划安排建立组织机构，配备相关人员、明确分工合作关系及各个层级的职权和责任制度而构成的结构，又是创造和维持这种结构，使之发挥作用的过程。

组织的概念体现组织结构和组织过程两个方面的内涵。组织结构是由部门、成员、资源、制度等要素按一定形式排列组合而成的框架体系。为了实现组织目标，必须确定组织成员、任务及各项活动之间的关系，对组织资源合理配置，实现共同活动的有效协调。

（二）组织结构的形式

组织结构详细说明任务如何分工、资源如何配置、部门间如何协调等问题。组织结构由三部分组成：一是纵向结构，即决策权在组织内部的分布及管理层级的数目；二是横向结构，即部门的划分；三是组织中用以协调各部门活动的机制。

旅游活动涉及旅行社、旅游饭店、商业、交通、园林、文物等部门，必须形成一个管理体制，建立一定组织机构，制定必要的章程、条例，规定一定的命令下达和信息反馈渠道，选择和配备好管理人员和工作人员，促使人、财、物、信息在一定时间和空间进行合理有效的组合，以最小的消耗取得最佳的经济效益，这一切都离不开科学有效的组织。组织职能运用得怎样，组织能力的大小，组织水平的高低，都直接影响旅游业的发展。

（三）组织结构设计的原则

1. 因事设职与因人设职相结合原则

组织设计要确保实现组织目标活动的每项工作落实到具体的职位和部门，所以设计组织结构首先要从实现组织目标的要求出发，根据完成任务的需要设置岗位、配备人员，组织设计要让有能力、有特长的人到合适的岗位上发挥才能，使其潜能得到发掘。通过人与组织的高度匹配，从而提升组织绩效和提高员工的工作满意度。

2. 命令统一原则

在管理工作中应实行统一领导，每个下属只有一个上级主管领导，只接受一个上级组织的命令和指挥，防止出现多头领导和政出多门现象。下级也只向一个上级部门汇报工作，不能越级请示和汇报工作。

3. 权责一致原则

职权与责任应相对应，有多大的权力就要承担多大的责任。

4. 集权与分权相结合原则

在组织中重大问题与全局性管理问题实行集权，局部和日常管理问题实行分权。

5. 稳定性与适应性相结合原则

稳定性给组织带来效率，获得竞争优势；适应性提升组织应对外部环境快速变化的反应能力，两者对于组织都是至关重要的。作为旅游企业受到外部环境影响较明显，面临的不确定性情况较多，因此，作为管理者要依据影响组织结构的随机因素，对旅游组织结构进行相应调整和变革。

三、领导职能

（一）领导的含义

领导就是在旅游业中旅游管理人员运用权力和管理艺术对各个部门、各个岗位的指挥、指导、带动、激励和影响群体或组织成员，协调他们的行为，激发他们的积极性和创造性，使他们为了实现群体或组织目标而做出努力和贡献的过程。

（二）领导的作用

1. 沟通协调作用

组织的目标是通过很多人的集体活动来实现的，每个成员知识、能力、信念等的不同，导致对组织目标的认知和理解也存在差异，在行动上就会出现步调不一致，甚至与组织目标出现偏离的现象。组织与组织之间、组织成员之间也会出现矛盾和摩擦，领导者要协调相互关系，统一思想和行为，使组织成员朝着共同目标前进。

2. 指挥引导作用

在组织的集体活动中，领导通过引导、指挥等活动，帮助组织成员最大限度地实现组织目标。领导者作为带头人，站在组织成员最前面，以自己的行动带动人们为实现组织目标而共同努力。

3. 激励鼓舞作用

领导活动要将个人目标与组织目标结合起来，最大限度地调动成员的积极性，引导组织成员为实现组织目标做出贡献。

四、控制职能

（一）控制的含义

控制是指监测各项活动以保证它们按计划进行并纠正各种重要偏差的过程。一个组织的计划可以制订得很周密，结构的建构可以很有效，员工的积极性可以通过激励调动起来，但是如果没有控制，就无法保证计划的执行和目标的实现。旅游业又是一个受外部因素影响较大的行业，控制的职能就显得尤为重要。建立严格、全面、周密的控制系统，经常把旅游经营管理活动的实际情况同原定的目标、计划、规章制度等作对比，是保证全面贯彻党和国家的方针政策，促使旅游业不断加强经营管理，提高人、财、物和信息使用效率，不断提高经营管理效益的需要。

（二）控制的过程

1. 制定标准

控制的标准实质上是特定的目标，这个目标一般来自计划，因此控制是和计划紧密相连的。如何使工作达到预定目标，必须确定明确而共同的衡量标准。衡量标准可以是定性的，也可以是定量的，可以根据标准对今后的实施情况进行监测。

2. 衡量绩效

为了确定实际工作绩效，管理者要收集必要的信息，了解各子系统和员工的工作情况，对获取的信息使用数据进行分析比较，以衡量实施情况与计划是否相吻合。

3. 纠正偏差

实际情况与计划相比较有偏差时，需要采取措施及时纠正。在有些情况下，偏差过大或是有疑问的正偏差，也需要考虑原有的计划是否存在问题，标准定得是否合适。

（三）控制的特点

1. 准确性

指控制系统产出的有关信息必须准确，管理层才能采取相应的措施，达到控制的目的。

2. 及时性

有效的控制必须及时发现偏差、及时分析原因，及时采取措施加以更正。

3. 经济性

控制过程中衡量工作绩效，分析偏差产生的原因，为纠正偏差而采取措施，都需要一定的费用。任何控制在纠正了组织中的偏差后，也会带来一定收益。一项控制只有在它带来的收益超出成本时，才值得控制。

4. 适度性

控制的程度、范围和频度都要恰到好处。具体要防止控制过多和控制不足，处理好全面控制与重点控制的关系。

5. 控制的客观性

客观性是强调实事求是的原则，在控制过程中坚持一切从实际出发认识问题，而不是凭主观经验和直觉判断来采取行动。

6. 灵活性

控制工作本身能适应主客观条件的变化，同时，控制所依据的标准和衡量工作所用的方法也应随情况变化而变化。

【延伸阅读】

龙潭的尴尬与乌镇的启示

位于四川成都市成华区的仿古特色街区龙潭水乡，总投资约20亿元，曾被誉为成都的“清明上河图”。然而，如今这座仿古小镇上的绝大多数商铺大门紧锁，游客接待中心的座椅和前台积满了厚厚一层灰尘，与刚开业时门庭若市的场面形成鲜明对比。

尽管有关管理者以“工业园区的一个配套”来解释龙潭水乡的现状，但当初成都“周庄”“西南唯一的江南风格特色文旅产业化项目”等定位，能明显地看出当地以建设仿古小镇来发展旅游业的野心。如今，龙潭水乡游客寥寥无几，当地依然坚守的商户在经营上举步维艰，难掩大写的尴尬。

放眼全国各地，龙潭水乡的命运恐怕并非个例。自从江苏周庄、湖南凤凰、云南丽江等地先后带动古镇游这一国内文旅业的特殊形式以来，各地相继投放巨资开发古镇项目。有现实古镇遗产的自然要大上、快上，没有古镇的也要人为创造一个仿古小镇。如今，随着游客对粗糙的古镇游产生审美疲劳，再加上国人旅游目的地日趋多元化，那些历史积淀欠缺、定位不清、服务品质低劣的仿古小镇自然最早被市场淘汰。

同质化发展是古镇文旅开发的一大弊病。经常出门旅行的人很容易发现，不管是参观江南的古镇，还是北方的古镇，哪怕是民族地区的古镇，似乎都有相同的模式。无非是老街两边若干家餐馆，以及不同档次的民宿和酒店，而所谓景点的衙署、学堂、作坊也遵循类似的格局，甚至连纪念品也如出一辙，仿佛都有“义乌小商品”的影子。从前到古镇旅游是仿古追思，而现在古镇游已无法给人带来新鲜感。

旅游业天然带有商业属性，但要维系一个景区的旅游价值，常常需要与商业保持距离。世界上知名的历史街区，通常兼顾旅游和原住民日常生活，游客可以从中真切地感受到当地民俗。然而，很多国内古镇景区的一大特点就是原住民的消失。哪怕提供旅游服务的依然是本地人，只因为旅游开发破坏了当地的生活场景，古镇最淳朴的一面不可避免地远离了游客。不管是真古镇还是仿古小镇，都仿佛是戏中“楚门的世界”。

实事求是地说，由于历史上因战乱、自然灾害的毁损，以及过去大拆大建的落后发展观造成的破坏，国内具备良好开发基础的古镇并不算多。而且，一个古镇想要在激烈竞争中维持对游客的吸引力，总要有点不可替代的元素——要么诞生了一批历史名人，要么保留有精美的建筑，要么留存有独特的文化。总而言之，古镇文旅不是搭几座仿古建筑、开几家小吃摊就能维系长久的。

随着古镇开发热退烧，存量古镇如何在维系传统的基础上推陈出新，才是摆在古镇文旅业面前最为迫切的问题。除了淘汰一批规划不当的仿古小镇，对于那些真正有保存价值的古镇，也不能因为旅游市场的变动而灰心丧气，甚至因此疏于保护。兑现当初保护文化遗产的诺言，是如今经受市场洗礼的古镇的责任与使命。

挖掘古镇“再开发”价值，已成为一些古镇景区重焕生机的绝招。其中，近年来最有代表性的无疑是位于浙江省嘉兴市的乌镇。从开发基础上看，乌镇诞生过茅盾、木心等文化名人，再加上江南水乡的独特建筑格局，本身就具有较强优势。更为难能可贵的是，乌镇没有满足于吃祖先的老本，通过举办戏剧节、当代艺术展等品牌文化活动，再加上世界互联网大会永久会址的传播效应，探索出一条独特的文旅开发路线，吸引了不少一来再来的“回头客”。

古镇基于建筑，但古镇的魅力不止于建筑。只有建筑，没有文化根基和人情味的古镇是冷冰冰的，也注定无法长久地吸引游客。那些追逐短期利益回报，将古镇模式化开发的做法，丢掉了传统文化的魂，名为保护，实际上毁了古镇和绵亘千百年的古镇文化。

一些地方更应该反思的是，本地挖掘出什么文化遗产以后，第一反应就是想搞旅游，就急急忙忙变现。发展旅游当然没有问题，毕竟旅游业是文化遗产保护的得力助手。但归根结底，文化遗产保护的目标是文化的鲜活性和可传承性。为发展旅游而无限度地滥用资源，如不想方设法把一门民间工艺传承下去，而只是面向游客搞脱离实际的表演，无异于竭泽而渔。如此，不仅旅游开发丢掉了文化的根，古镇也会最终沦为没有精神的空架子。

（资料来源：王钟的. 龙潭水乡的尴尬现状，国人厌倦了“楚门的古镇”，光明网，2019-02-12.）

【本章小结】

如何更好地进行管理，从古至今人类进行了孜孜不倦的探索，并留下了丰富的思想和理论。旅游管理原理涉及管理学的一些基本规律和方法，只有掌握了它们，才会在具体的管理实践中少走弯路，使得管理活动变得务实、有效，充分调动人的积极性，实现经济效益和社会效益的最大化。

【复习思考题】

1. 简述中外古代管理思想的主要内容。
2. 西方现代管理理论发展进程有哪些代表性的观点？
3. 旅游管理的基本原理是什么？
4. 旅游管理的四大职能是什么？

第三章

旅游管理体制

【导言】

旅游管理体制是指对旅游经济运行中所产生的各种经济关系的有效协调和管理，以及其所形成的组织形式和管理制度。不同的历史文化、不同的政治体制、不同的社会状况，每个国家会选择适合本国的管理体制。管理体制对旅游管理活动会形成多方面的影响，甚至会直接决定管理原理的选择和应用。

【教学目标】

通过本章的学习，了解我国旅游管理体制的发展历程、世界旅游管理体制模式及各国旅游管理体制差异形成的原因；识记旅游管理体制相关概念，掌握我国的政府主导型旅游发展模式。

【关键术语】

管理体制、管理组织、发展模式

【导入案例】

香港“优质旅游服务协会”助消费者辨识优质商户

为保障访港游客对品质游的需求，香港“优质旅游服务协会”推出“优质旅游服务”计划，截至2017年4月，“优质旅游服务”计划已经有接近1300家认证商户，逾8000间分店获准加入，囊括餐饮、零售、住宿等领域。在认证商户的门店上都会有一个繁体的“优”字，方便游客辨识。

香港“优质旅游服务”计划（简称QTS）于1999年由香港旅游发展局推出。它的成立是为了让旅客能够轻松了解和识别香港当地值得信赖的零售商户、餐馆和住宿服务，在放心消费之余，保障访港游客对品质游的需求。“优质旅游服务协会”（简称QTSA）已成为香港最具规模的商会之一，通过为业界制定高水平的会员作业守则，维持高素质的服务操守及客户服务水平。

高质量、性价比高的商品和优质的旅游体验，是许多消费者决定是否在旅途中消费的重要因素。“优质旅游服务”计划顺应消费者追求生活质量的趋势，以明码实价、资料清晰和优质服务为准则，帮助消费者能够轻易辨识优质的商户。香港旅游发展局公开招聘一家第三方独立的机构进行考察，商户要通过严谨的评分机制，符合标准的品牌与门店才能获得认证。

香港旅游发展局为确保“优质旅游服务”计划认证商户在服务素质方面有一定保证，在审核新商户认证方面，采用第三方独立机构，以明访加上暗访的评审形式对商家产品质量、服务品质及售后服务等范畴进行考察，力求公平公正，实至名归。此外，对于已获认证商户，香港旅游发展局每年仍会进行评审，务求让认证商户的服务水平得以继续保持。如果商家遭到投诉或者提供不符合标准的服务，香港旅游发展局会通过第三方独立机构进行调查，并根据调查结果提供适当的跟进及协调工作。

所有“优质旅游服务”计划的认证商户都是“优质旅游服务协会”的成员，包含了香港本土品牌、老字号及国际知名品牌，此外，一些大的购物商场也是协会成员。此外，为支援认证商户维持高质量服务，针对认证商户，“优质旅游服务协会”每年都会举办很多不同的培训，包括前线员工培训、管理阶层培训、成功理念分享会以及针对各种不同热门话题的研讨会来提升商家的服务素质。例如，先前市面上曾出现假钞问题，“优质旅游服务协会”就立即做出回应，举办讲座，教导会员们的前线员工如何鉴别钞票。同时“优质旅游服务协会”也通过市场推广和宣传网络增加会员的商机。

（资料来源：编者根据2017年6月6日Travel Weekly旅讯的推送内容整理而成。）

第一节　旅游管理体制概述

一、旅游管理体制的概念

旅游管理体制是指对旅游经济运行中所产生的各种经济关系的有效协调和管理及其所形成的组织形式和管理制度。其主要内容包括：多种经济形式和经营方式，中央和地方的关系，政府、旅游企业和旅游从业人员之间的关系，对旅游企业的管理方式与手段等。具体来讲包括旅游业的组织机构、组织形式、调节机制和监督方式，各种机构或组织的责任、权限和利益问题等。

二、世界旅游管理的模式

世界各国或地区旅游管理体制模式，主要有以下三种类型。

（一）市场主导型

市场主导型旅游管理体制模式强调市场机制对旅游发展的基础性作用。让市场经济发挥最大的作用，国家一般不设专门的政府主管部门，海外市场促销、行业利益协调、信息交流、旅游市场管理都由旅游协会这样半官方的组织机构承担。

（二）政府主导型

政府主导型旅游管理体制模式是将政府与市场有机地结合起来，通过政府的干预，促使本国旅游业实现快速增长。它主要适应于市场经济有一定发展，但还不够完善的国家和地区，政府通过制定、补充、修改、解释相关政策法规，对旅游企业的经济活动予以规范。国家设立专门的政府主管部门，如旅游局或旅游委员会，承担包括旅游规划、市场促销等行业管理基本职能，并对地方旅游主管部门实行垂直领导，行业协会的作用被限制在较小范围。实行政府主导型的旅游业管理模式可以使得旅游活动发展得到政府更有力的支持，形成较强竞争力；不足之处是，存在管理过程中不够灵活，如果主管部门工作不到位，忽视市场的实际情况，容易脱离实际，制约旅游业的发展。

（三）政府干预型

政府干预型旅游管理体制模式一定程度上结合了市场主导型和政府主导型的优势，弥补了两者的不足。该模式强调市场竞争与政府管理并存，在最大限度地发挥市场机制作用的基础上，政府积极进行旅游市场规划与管理；在充分运用各种经济杠杆调节旅游市场的同时，政府加强对旅游业长远发展的规划与指导，以避免市场经济产生的盲目性，发展规划通过旅游产业政策来保证。

第二节　中国的旅游管理体制

一、中国旅游管理体制的发展历程

中国旅游体制的发展主要经历了初步建立、曲折发展、改革创新三个阶段。

（一）中国旅游管理体制的初步建立阶段

从1949年中华人民共和国成立到1965年，是我国旅游管理体制从无到有、初步建立的阶段。1949年中华人民共和国成立之后，为了促进国际社会对新中国的了解和友谊，扩大我国的对外影响，加快与世界各国的交流和合作，1954年，中国国际旅行社正式成立，在公安部代管下，负责国家外宾的食、住、行事务的统一接待和管理。1957年，由于中国国际旅行社接待任务日益繁重，国务院决定将中国国际旅行社直接划归国务院领导，并批准各地建立中国国际旅行社的分社和支社。1960年以后，随着社会主义建设的发展，中国在国际上的地位不断提高，对外交往日益扩大，与越来越多的国家建立了外交关系，外事活动日渐频繁，海外华侨和港澳台同胞探亲与旅游的人数也不断增加。为了适应外事工作和旅游发展的需要，1964年，成立中国旅行游览事业管理局，对外仍然保留中国国际旅行社的名称，实行局、社合署办公。同时成立了中南、华东两个旅游事业管理局，分别负责领导和管理本区域旅游事业的各项工作。

中国旅行游览事业管理局的成立，一是标志着中国旅游管理体制的正式建立，国家对旅游事业的管理也从此进入了正规化和专业化的轨道。二是明确了旅游管理组织机构的职责权限。旅行游览事业管理局成立后，通过制订全国旅游发展的计划和外事接待计划，大量进行对外宣传和联络工作，加强了对全国旅游工作的指导、协调和统筹工作。三是建立了局社（政企）合一的旅游管理组织形式，适应了当时我国经济社会发展的实际情况和需要，从而在短时间内有力地促进了我国旅游事业的快速发展。

（二）中国旅游管理体制的曲折发展阶段

从1966年到1977年，是我国旅游管理体制曲折发展阶段。1966年开始的“文化大革命”，使我国刚刚起步的旅游事业和初步形成的旅游管理体制遭受严重的打击和破坏，大多数旅行社被合并或撤销，大批旅游行业工作人员被“批斗”，大量的旅游接待工作不得不停止。1970年下半年，根据周恩来总理关于“中国旅游局的机构还要保留”的指示精神，中国旅行游览事业管理局上报了《关于旅游工作体制改革的指导意见》，明确提出中国旅行游览事业管理局是国家管理全国旅游事务的机关，中国国际旅行社为对外办理国际旅行业务的具体组织，并建议取消中南、华东两个旅游事业管理局。同时，各省区市的主要城市恢复中国国际旅行社的分社和支社，行政上隶属于各省区市政府外事办公室，业务上接受中国旅行游览事业管理局的指导和任务安排，促进了我国旅游管理体制的恢复。

1971年，我国旅游业的恢复和发展，尤其是中国在联合国合法席位的恢复，使我国国际影响日益扩大，来华旅行的外国人数不断增长。为了适应新形势的需要，国务院于1972年批转了外交部《关于加强地方旅游机构的请示报告》。报告中明确规定：一是根据各地实际情况，逐步恢复和健全各地主要城市的旅游机构；二是各地旅游机构的设置、人员编制等由各省区市政府结合本地情况而确定；三是各地的中国国际旅行社分社和支社，在各地党委和外事部门的统一领导下开展工作。从而明确了我国旅游管理体制的组织形式、机构设置、职责权限等，促进了旅游管理体制的全面恢复和旅游业的迅速发展。

（三）中国旅游管理体制的改革创新阶段

从1978年开始，我国旅游管理体制根据改革的内容和改革的成果可分为三个发展阶段。

1. 我国旅游管理体制改革的起步阶段（1978—1985年）

从1978年至1985年，主要进行了由政治接待型向经济事业型转变的改革。1978年之前，我国的旅游管理机构主要任务是从事从中央到地方的外事性、政治性的接待工作，1964年成立的“中国旅行游览事业管理局”是外交部的外事行政管理部门。1978年中国旅行游览事业管理局改为中国旅行游览事业管理总局，各地相应成立旅游局，负责地方旅游业的发展。1981年10月10日，国务院发布了《关于加强旅游工作的决定》。1982年，中国旅行游览事业总局和国旅总社分家，同年，中国旅行游览事业总局更名为国家旅游局。从1982年9月起，为适应旅游业发展，开始将外联权下放给各省、自治区、直辖市，调动了各地的积极性。这个阶段我国旅游管理体制改革创新有一定突破，逐步形成了较为完整的旅游管理体系。

2. 我国旅游体制改革的稳步推进阶段（1986—1992年中共十四大召开之前）

随着改革开放的进行，中国旅游业发展迅速，但是在发展过程中出现了一些问题：一是旅游需求急速增长和旅游供给严重短缺的矛盾，二是其他部门进入旅游业的热情和旅游业壁垒的矛盾，三是旅游业大发展和集权制管理的矛盾。

针对这些问题，1985年1月，国务院批准国家旅游局《关于当前旅游体制改革几个问题的报告》。按照“国家调控市场，市场引导企业”的原则，转变旅游管理职能，旅游管理由行政管理向行业管理转变，由直接管理企业转向市场间接调节。1988年5月成立了国家旅游事业委员会，作为常设议事协调机构。这个阶段我国旅游业开始告别传统管理体制，进入一个新的发展阶段。旅游发展规划列入国家和地方社会经济发展计划，旅游业进一步转到经济管理的轨道上来。

3. 我国旅游体制改革的深化完善阶段（20世纪90年代至今）

1992年以来，按照社会主义市场经济的要求，不断推进旅游业的各项改革。国家旅游局和各地旅游部门，在贯彻落实中共十四大精神和贯彻落实国务院《全民所有制企业转换经营机制条例》过程中，不断加快改革步伐。

20世纪90年代末以来，我国许多地方出现了将旅游业作为支柱产业、重点产业和龙头产业优先发展的战略，将旅游业列为本地区新的支柱产业和新的经济增长点。以市场为基础配置旅游资源，实施政府主导型旅游发展战略，以优化的制度安排、更强化的政府管理职能，形成部门联动、社会参与的旅游发展格局，扩大了旅游业的规模，走出了一条独特的适合我国旅游业发展的改革创新之路：一是创建中国优秀旅游城市，二是政府部门加大对旅游业的投资和支持力度，三是创造节假日旅游黄金周，四是加强政策法规建设和旅游基础设施建设。

2018 年 3 月 13 日，根据国务院总理李克强提请第十三届全国人民代表大会第一次会议审议的国务院机构改革方案的议案，拟组建中华人民共和国文化和旅游部。2018 年 3 月 17 日，十三届全国人大一次会议批准了国务院机构改革方案，正式组建了文化和旅游部。

二、中国旅游管理体制的模式

在多年的实践中，中国的政府主导型旅游发展模式已经产生了很大的作用。这些年以来，从中央到各地，在实行政府主导型的旅游发展上，有了丰富的实践，积累了很多可供借鉴的经验。

（一）中央模式

这些年以来，中央对旅游的重视大大加强。在历年的政府工作报告及其他中央文件中，旅游的地位不断提高。为适应旅游体制改革的步伐，20 世纪 80 年代以来，国家旅游局颁布实施一系列条例和规定，使得旅游主管部门的职能得到加强，促进了中国旅游业的快速发展。

（二）地方模式

从各地来说，政府主导型的旅游发展模式主要在地方落实。中国旅游业经过几十年的快速发展，一些地区不断探索创新，取得了显著的成就，积累了丰富的经验，它们的发展模式值得借鉴。

1. 北京模式

北京市的旅游业一直保持着持续发展的势头，但是北京市的旅游业也受到政企不分、条块分割、部门所有等顽疾的困扰。1998 年 2 月，北京市政府决定改革原有的旅游管理体制，按照小政府、大社会的思路，实行政企分开，将北京市旅游局的直属企业全部划出，组建北京旅游集团，直接隶属北京市政府领导。改制后的北京市旅游事业管理局作为市政府的职能部门，对全市旅游业实施统一的行业管理，研究、制定北京市的旅游发展规划及有关政策，会同有关部门审批旅游开发和建设项目，指导、协调各区县旅游业的发展。北京旅游集团作为大型国有旅游集团公司，集合下属的众多企业，开发更新旅游产品，积极开展资本运营，实施整体发展战略，充分发挥了系统化、网络化的优势。

2. 上海模式

1997年年初，上海市政府对上海市原有的旅游管理体制进行改革，组建了中共上海市旅游事业工作委员会和上海市旅游事业管理委员会（简称旅管会），统筹协调和全面领导上海市的旅游业。上海市旅管会作为市政府的直属部门，对全市旅游行业行使管理职能，市政府下辖的旅游局、商业局、交通办、园林局和新亚集团等单位为旅管会的成员，锦江、华亭、衡山三大旅游集团公司和佘山国家旅游度假区也由旅管会领导，上海市副市长兼任旅管会主任，旅游局和各相关局的负责人任副主任或委员。由此，形成了旅游、商业、交通、园林等部门共同组成的旅游管理机构。上海模式体现了政府部门的管理权威，两个委员会具有明确的职责和权利，确定了旅游与商业、交通、园林等部门的行政及业务关系，使旅游管理由单一变为综合、由部分转向全局，为上海市大力发展都市旅游产品提供了制度保障。“上海模式”的成功，在于上海市确定的“以大集团为骨干，以区县为主体，以产业规模和经济效益为目标，协调各行业部门”的方针，符合上海市旅游产业基础较好、区位优势明显、都市旅游的产业形象定位明确等特点。

3. 陕西模式

1998年12月，陕西省对原有的旅游管理体制进行了重大的改革。第一，成立了陕西省旅游工作领导小组，负责制定陕西省的旅游法规、发展战略和区域规划，对陕西旅游业发展的重大问题进行决策，协调旅游经济活动中各部门、各地区之间的相互关系。陕西省省长兼任领导小组的组长，旅游局、文物局、园林局、交通局、城建局、文化局、商业局和市容委的负责人任小组成员，下设办公室等职能机构，具体贯彻执行领导小组的各项决定。第二，成立陕西省旅游集团公司，将陕西省主要的国有旅游企业、主要的旅游景区和部分文博事业单位集合在一起，共同组建了陕西省政府直接领导下的大型旅游企业集团，该集团公司冲破了条块分割的樊篱，将旅游与文化结合在一起，融食、住、行、游、购、娱为一体，极大地提高了陕西旅游业的整体规模和综合实力。

第三节　旅游管理组织机构

一、旅游管理国际组织

（一）世界旅游组织

世界旅游组织（UNWTO）成立于1975年1月2日，是一个旅游领域政府间的领导性国际组织。前身是国际官方旅游组织联合会，总部设在西班牙马德里。

世界旅游组织章程规定，世界旅游组织的宗旨是促进和发展旅游事业，使之有利于经济发展、国际相互了解、和平与繁荣，以及不分种族、性别、语言或宗教信仰，尊重人权和人的基本自由，并强调在贯彻这一宗旨时要特别注意发展中国家在旅游事业方面的利益。

世界旅游组织的组织机构包括全体大会、执行委员会、秘书处及地区委员会。世界旅游组织的最高权力机构是世界旅游组织大会，每两年举行一次。世界旅游组织的领导机构是执行委员会，负责处理日常行政和技术问题。秘书处负责日常工作，秘书长是世界旅游组织的主要负责人，由执委会推荐，大会选举产生，任期四年，可连任两次。为了有利于大会的决议和建议付诸实施，大会决定组织下设 6 个地区委员会，即非洲委员会、美洲委员会、东亚和太平洋地区委员会、欧洲委员会、中东地区委员会和南亚地区委员会。各地区委员会也设主席和两个副主席，由选举产生，两年一届。地区委员会为非常设机构，负责协调、组织本地区的研讨会、工作项目和地区性活动。每年召开一次会议。世界旅游组织成员分为正式成员（主权国家政府旅游部门）、联系成员（无外交实权的领地）和附属成员（直接从事旅游业或与旅游业有关的组织、企业和机构）。联系成员和附属成员对世界旅游组织事务无决策权。

（二）世界旅行社协会联合会

世界旅行社协会联合会（UFTAA）于 1966 年 11 月 22 日在罗马成立，由国际旅行社联合会和世界旅行社协会组织合并而成。该组织是最大的非政府间国际旅游组织之一，已根据法国和比利时的法律注册登记，目前会址在比利时的布鲁塞尔。

世界旅行社协会联合会的宗旨是对国家级的旅游协会以及其他旅游局、旅行社联合会或旅游联盟，给予职业上的指导和技术上的援助，尽一切努力联合、巩固和发展这些组织，团结和加强各国全国性旅行社协会和组织，协助解决会员在专业问题上可能发生的纠纷；在国际上代表旅行社行业同有关的各种旅游组织和企业（运输业、旅馆业和官方机构等）建立联系，进行合作；确保旅行社业务在经济、法律和社会领域里最大限度地得到协调、赢得信誉、受到保护和发展；向会员提供必要的物质上、业务上、技术上的指导和帮助，使其在世界旅游业中占有适当的地位。

世界旅行社协会联合会的领导机关是大会理事会和执行委员会。其工作任务是：同其他国际组织建立联络和发展合作关系，就旅行社活动的有关问题达成协议和签订公约；就自动化、旅馆经营、航空运输、海洋运输、铁路和公路运输等问题协调工作组的活动；向联合会会员提供所有专业方面的有关信息；向已注册的旅行社提供服务，帮助旅行社运用法律手段解决一些重大问题；根据世界旅行社协会联合会会员的要求，提供有关旅行社支付能力的机密信息，组织学习班，为旅行社培训干部和积极开展保险业务活动。

（三）国际旅馆协会

国际旅馆协会（IHA）于 1946 年 3 月 18 日在伦敦成立。该协会是在国际旅馆工作人员协会和国际旅馆联合会合并的基础上创建的，1949 年 9 月在法国登记注册，会址在法国巴黎。

国际旅馆协会的宗旨是：联络各国旅馆协会，并研究国际旅馆业和国际旅游者交往的有关问题；促进会员间的交流和技术合作；协调旅馆业和有关行业的关系；维护本行业的利益。

国际旅馆协会每两年举行一次会员大会，商讨旅游业发展中的重大问题，修改和制定有关的政策和法规，选举下届主席、副主席和秘书长。国际旅馆协会设有 9 个委员会：财务委员会、法律委员会、经济政策研究委员会、出版发行委员会、宣传推销委员会、旅行社事务委员会、旅馆专业培训委员会、季节性旅馆和旅游胜地旅馆事务委员会、会员联系事务委员会。

二、旅游管理国内组织

（一）中国旅游协会

中国旅游协会（CTA）是由中国旅游行业的有关社团组织和企事业单位在平等自愿基础上组成的全国综合性旅游行业协会，具有独立的社团法人资格。它是 1986 年 1 月 30 日经国务院批准正式宣布成立的第一个旅游全行业组织，1999 年 3 月 24 日经民政部核准重新登记。协会接受文化和旅游部的领导、民政部的业务指导和监督管理。

中国旅游协会的宗旨是遵照国家的宪法、法律、法规和有关政策，代表和维护全行业的共同利益和会员的合法权益，开展活动，为会员服务，为行业服务，为政府服务，在政府和会员之间发挥桥梁纽带作用，促进我国旅游业的持续、快速、健康发展。

中国旅游协会主要职责是：对旅游发展战略、旅游管理体制、国内外旅游市场的发展态势等进行调研，向国家旅游行政主管部门提出意见和建议；向业务主管部门反映会员的愿望和要求，向会员宣传政府的有关政策、法律、法规并协助贯彻执行；组织会员订立行规行约并监督遵守，维护旅游市场秩序；协助业务主管部门建立旅游信息网络，搞好质量管理工作，并接受委托，开展规划咨询、职工培训，组织技术交流、举办展览、抽样调查、安全检查，以及对旅游专业协会进行业务指导；开展对外交流与合作；编辑出版有关资料、刊物，传播旅游信息和研究成果；承办业务主管部门委托的其他工作。

中国旅游协会的最高权力机构是会员代表大会。会员代表大会每四年召开一次会议。会员代表大会的执行机构是理事会。理事会由会员代表大会选举产生。理事会每届任期四年，每年召开一次会议。在理事会闭会期间，由常务理事会行使其职权。常务理事会由理事会选举产生，每年召开两次会议，常务理事会由会长、副会长、常务理事和秘书长组成。常务理事会设办公室作为办事机构，负责日常具体工作。

中国旅游协会根据工作需要设立了五个分会和专业委员会，分别进行有关的专业活动：旅游城市分会、旅游区（点）分会、旅游教育分会、妇女旅游委员会和旅游商品及装备专业委员会。在中国旅游协会指导下，有四个相对独立开展工作的专业协会：中国旅行社协会、中国旅游饭店协会、中国旅游车船协会和中国旅游报刊协会。中国旅游协会成立以来，根据章程规定的任务，积极开展了有关旅游体制改革、加强旅游行业管理、提高旅游经济效益和服务质量等方面的调研工作；支持地方建立了旅游行业组织，提供咨询服务；与一些国家和地区的旅游行业机构建立了友好关系，同时还先后加入了世界旅行社协会联合会（UFTAA）及其所属亚太地区联盟（UAPA）、美国旅行商协会（ASTA），发展与国际民间旅游组织的联系与合作，扩大了对外影响。

（二）中国旅行社协会

中国旅行社协会（CATS）成立于 1997 年 10 月，是由中国境内的旅行社、各地区性旅行社协会或其他同类协会等单位，按照平等自愿的原则结成的全国旅行社行业的专业性协会，是经中华人民共和国民政部正式登记注册的全国性社团组织，具有独立的社团法人资格。

协会宗旨：遵守国家的宪法、法律、法规和有关政策，遵守社会道德风尚，代表和维护旅行社行业的共同利益和会员的合法权益，努力为会员服务，为行业服务，在政府和会员之间发挥桥梁和纽带作用，为中国旅行社行业的健康发展做出积极贡献。

中国旅行社协会的主要任务是：宣传贯彻国家旅游业的发展方针和旅行社行业的政策法规；总结交流旅行社的工作经验，开展与旅行社行业相关的调研，为旅行社行业的发展提出积极并切实可行的建议；向主管单位及有关单位反映会员的愿望和要求，为会员提供法律咨询服务，保护会员的共同利益，维护会员的合法权益；制定行规行约，发挥行业自律作用，督促会员单位提高经营管理水平和接待服务质量，维护旅游行业的市场经营秩序；加强会员之间的交流与合作，组织开展各项培训、学习、研讨、交流和考察等活动；加强与行业内外的有关组织、社团的联系、协调与合作；开展与海外旅行社协会及相关行业组织之间的交流与合作；编印会刊和信息资料，为会员提供信息服务。

协会的最高权力机构是会员代表大会，每四年举行一次。协会设立理事会和常务理事会，理事会对会员代表大会负责，是会员代表大会的执行机构，在会员代表大会闭会期间领导协会开展日常工作；常务理事会对理事会负责，在理事会闭会期间，行使其职权。

（三）中国旅游饭店业协会

中国旅游饭店业协会（CTHA）于 1986 年 2 月 25 日成立，是一个由旅游饭店及与其密切相关的单位组成的行业性组织，具有社会团体法人资格，主管单位是文化和旅游部。于 1994 年正式加入国际饭店与餐馆协会（IH&RA），并进入其董事会成为五位常务董事之一。

协会宗旨：遵守国家法律法规，遵守社会道德风尚，代表中国旅游饭店业的共同利益，维护会员的合法权益，倡导诚信经营，引导行业自律，规范市场秩序。在主管单位的指导下，为会员服务，为行业服务，在政府与企业之间发挥桥梁和纽带作用，为促进中国旅游饭店业的健康发展做出积极贡献。

中国旅游饭店业协会的具体任务：协调会员饭店之间的关系，维护会员饭店的合法权益；研究总结交流饭店经营管理的经验；组织业务培训提高会员饭店人员的业务水平；提供饭店经营管理和设施信息诸方面的咨询服务；组织与国外饭店业之间的经验交流与合作；向政府有关部门提出建议，承办政府部门委托办理的事宜；组织出版协会刊物。

（四）中国旅游车船协会

中国旅游车船协会（CTACA）成立于1988年10月，是由中国境内的旅游汽车、游船企业和旅游客车及配件生产企业、汽车租赁、汽车救援等单位，在平等自愿基础上组成的全国性的行业专业协会，是非营利性的社会组织，具有独立的社团法人资格，会址设在北京。协会接受民政部和文化和旅游部的业务指导和监督管理。

协会宗旨：遵守国家的宪法、法律、法规和有关政策，遵守社会道德风尚，广泛团结联系旅游车船业界人士，代表并维护会员的共同利益和合法权益，努力为会员、为政府、为行业服务，在政府和会员之间发挥桥梁和纽带作用，为把我国建设成为世界旅游强国，促进国民经济和社会发展做出积极贡献。

中国旅游车船协会的主要活动和任务：传达贯彻党和政府关于旅游车船行业的方针、政策，向政府反映企业的愿望要求，成为政府与企业沟通的纽带与桥梁；研究和探讨在改革开放搞活的新形势下旅游车船行业的经济体制改革理论、途径和方法，提高企业经营管理水平和社会经济效益，增强企业自我生存、自我发展、自我约束的能力；开展企业间的信息交流和咨询服务，组织职工培训，学习和引进国内外先进的管理思想和技术，增强全行业的联系，提高全行业的素质。代表企业会同有关部门同国内外车船制造厂商和车船配件厂商磋商，组织有关配件的供应和调剂，同时发展旅游行业自己的车船配件生产，酝酿组织旅游城市之间的联运网络。在促成企业之间的投资、开办一些为全行业所需要的多种经营的经济实体等方面起到组织和协调作用，促进企业逐步走向经济上的相互协调和联合。

【延伸阅读】

组建文化和旅游部，机构合并打通文化与旅游的“任督二脉”

2018年3月17日，十三届全国人大一次会议批准了国务院机构改革方案，业界高度关注的文化和旅游部正式组建，不再保留文化部、国家旅游局，3月19日，国务院总理李克强提名雒树刚为文化和旅游部部长，成为新成立部门的首任部长。文化系统的部委改革确定，也标志着有36年工龄的“国家旅游局”正式成为历史。

旧牌子即将撤去，新时代的改革大门正在开启。国务院机构改革方案中提到，组建文化和旅游部，将增强和彰显文化自信，统筹文化事业、文化产业发展和旅游资源开发，提高国家文化软实力和中华文化影响力。新的部门，承担新的职能，承载新的希望，利好文化治理能力的提升，利好文化产业的大发展。

一、文旅联姻——融合发展已是大势所趋

文化产业是一种与其他产业关联度较高的产业类型。文化与相关产业的跨界融合、新技术应用、消费市场的活跃需求，推动关联产业的转型升级，催生文化新业态的发展。其中，尤以文化与旅游的关联度更高、渗透性更强。

文化是旅游的重要内涵，旅游是文化的一种传播载体。一部《少林寺》火了登封武术，一篇《养在深闺人未识》让张家界走向世界。越来越多的案例表明，打好“文化牌”是助推地方旅游产业发展的重要策略。《2016—2022年中国文化旅游市场分析及发展趋势研究报告》显示，2015年我国全年接待国内外旅游人数为41.2亿人次，偏好文化体验游的人群已经达到50.7%。“文化+旅游”成为人们旅游的新方式，享受文化的新方法，文化旅游正在成为行业风口。

文化与旅游的融合体现在文化对旅游食、住、行、游、购、娱各个方面的渗透。以食、住、行为例，城市文化、地方特色与旅游的结合愈加紧密。近几年民宿成为旅游市场一股风潮，作为一种旧乡愁与新乡土相结合的产物，民宿除了解决基本住宿外，更重要的是对“当地人生活方式”的体验，是地方文化与旅游住宿的结合。

以游、购、娱为例，旅游内容和形式多样化的消费诉求和经营需要催生了各类文化业态与旅游的融合。以实景演出为代表的旅游演艺市场，使消费者得以从传统的“上车睡觉，下车拍照”式游览转变成对文化的深度体验，更重要的是推动当地过夜消费比重的提升。据《2016年中国旅游演出市场报告》显示，2016年全国共有旅游演出剧目232台，中国旅游演出票房收入为43.03亿元，同比增长20%，保持较快增长。此外，影视、动漫、音乐等文化业态与旅游的融合也更加广泛和深入，有效丰富了旅游产品，创新了旅游营销模式。

从文化产业自身来看，各个城市的文化遗产大多已成为当地的重要旅游景点。除此之外，文化产业园区、公共文化空间、文化消费场所本身具有文化内涵、地方特色，具有一定的艺术性和观赏性，已经或正在成为有别于自然风光、物质文化遗产的新型旅游项目。旅游聚集的消费群体，正在成为地方文化消费市场的重要客群。2016年2月，国家旅游局正式启动“全域旅游示范区”创建工作。全域旅游是一种系统思维，强调“旅游+”，整个区域、整个城市特色和文化，都成为旅游的空间和体验的场所。

文化产业的介入，有助于促进旅游产业内涵式、创新型、特色化、体验式的发展，这不仅有利于满足当下旅游市场日益提升的多样化、差异化消费需求，也是旅游产业自身转型升级，实现高质量发展的需要。利用文化创意激活旅游资源，赋予传统旅游业新的活力，将是未来文化旅游发展的新动能。文化和旅游部的组建，未来工作重点不是只抓“文”或者重视“旅”，而是融合发展，实现资源和载体、内容与形式、休闲与体验的结合，推动业态创新，实现产业升级与消费升级。

二、理顺体制——发展旅游不再“小马拉大车”

改革方案提出，文化和旅游部的主要职责是“贯彻落实党的宣传文化工作方针政策，研究拟定文化和旅游工作政策措施，统筹规划文化事业、文化产业、旅游业发展，深入实施文化惠民工程，组织实施文化资源普查、挖掘和保护工作，维护各类文化市场包括旅游市场秩序，加强对外文化交流，推动中华文化走出去等”。

文化旅游作为一个综合性、融合性很强的产业，一方面是靠“老天爷”的自然资源，另一方面是靠“老祖宗”的文化资源。如上文提到，文化产业、公共文化服务、文物保护和利用、旅游产业的发展是密不可分的。然而从现实的管理体制来看，以上这些交叉融合领域归属不同管理机构，势必会形成“多管一”的局面。因此，近年来很多地方的文化旅游相关机构调整与合并，也正是基于管理内容日益交叉重叠的现实，以统筹协调管理职能，提升政府服务效能。

2017 年，全国 24 个省的旅游“局升委”，将旅游局升格成省级地方政府的组成部门。改革，是为了适应新时代发展的新要求。此次国家层面将文化与旅游合并成立国务院的组成部门，成为正部级单位，说明文化和旅游的融合现状和趋势越来越受到政府的重视。文化与旅游相关管理部门合并为正部级单位，有助于产业、事业、文物、旅游管理的优化协同高效，有助于文化产业资源、公共服务资源、可开发利用的文物资源和旅游资源的统筹，这不是简单的“1+1=2”的问题。期待在理顺管理机制的基础上，资源优势、人才优势、资本优势能够得到更有效的整合与放大，促进文化旅游的可持续发展。

三、不破不立——创新发展增强文化自信

我国很多城市在文旅融合发展上有成功的实践经验。据统计，全国各个城市已经组建了 100 多个文旅集团以及各类文旅基金，以适应当前旅游产业转型升级的需求。例如，南京文投集团在进行大报恩寺遗址公园修复的同时，在内容的设置上通过声光电技术和新媒体投影技术展现历史文化、佛家文化和报恩文化，通过文化和旅游业的结合取得了不错的效果。我国有大量的文化古迹需要进行有效保护与活化，这种保护需要巨大的资金支持，单单依靠国家财政往往难以支撑。除此之外，旅游的升级需要打造 IP，拓展产业链，集合影视、广告、文学、艺术、新媒体等多种文化形式，仅凭政府一家之力难以实现，文化旅游集团（或文化投资集团）通过制定科学合理的旅游发展战略和产业布局，将文化产业化与旅游深度结合，针对性地进行重点旅游资源和项目的建设开发，统筹协调，促进文旅做大做强。

促进文旅产业发展如何扩大中华文化影响力，增强文化自信？这体现在文化和旅游部设置的国际性上。这一点国外已有可以借鉴的经验，如澳大利亚设立了贸易、旅游和投资部门，韩国设置文化体育观光部，将包含旅游在内的与文化密切相关的产业归并一口，方便统筹管理。

据统计，2017 年全年，我国入境旅游人数达到 13948 万人次，比上年同期增长 0.8%，继续保持着全球第四大入境旅游接待国的地位。文化和旅游结合，让文化输出有了载体。美国的电影、韩国的游戏、日本的动漫、英国的戏剧，都是本国文化输出的载体，而人们更是对这些文化欣然接受，从这一层面来说，文化搭乘旅游工具输出，效果明显且更加柔化，易于接受。

（来源：中广艺术网，http：//www.zggdysw.cn/res/18/03/27_4.html.）

【本章小结】

旅游管理体制是由不同国情所决定的。不同国家根据其实际情况选择适合本国的相应体制，有成功的经验，也有不足之处需要不断学习调整，而非墨守成规、一成不变。旅游组织的成立对于加强行业内的相互联系、规范行为、形成有秩序的竞争、促进整个行业的协调发展起到积极作用。

【复习思考题】

1. 简要说明旅游管理体制含义。
2. 世界旅游组织主要有哪些，各自发挥着怎样的作用？
3. 中国旅游组织主要有哪些，各自发挥着怎样的作用？
4. 中国旅游体制的发展历程。

第四章

旅游危机管理

【导言】

灾害和危机事件一直伴随着人类文明发展的脚步。自古以来，人类文明就一直遭遇着形态多样的危机事件的冲击。全球一体化的快速发展，加之政治、经济、社会和文化等诸多方面因素的共同作用，人类社会所面临的风险因素在数量、频率和类型上快速增加，整个社会面临着形式多样的危机事件的侵袭。

当今世界，旅游业已经成为推动全球经济社会持续发展的重要力量。然而，自然灾害、金融危机、恐怖事件等却成为影响人们外出旅游的因素。旅游危机以其突发性、高度不确定性、全球性等特征，使旅游业的脆弱性暴露无遗。近年来，旅游危机事件呈多元化和上升趋势，对区域旅游业产生不同时期、不同层次、不同程度的影响，旅游业如何应对突发性危机事件成为学界讨论的焦点，了解旅游危机的形成原因、特征和应对措施，将为我国旅游业的健康发展提供理论支撑和保障。

【教学目标】

本章要求学生了解旅游危机的相关概念，熟悉旅游危机的特征及影响，熟悉旅游业危机的主要类型，掌握旅游危机的管理模型和预防措施，掌握旅游舆情的传播途径与危机管理对策。

【关键术语】

危机、旅游危机管理、旅游舆情

【导入案例】

九寨沟的危机

清秀的海子，缤纷的森林，奔泻的瀑布，连绵的雪山，复杂的地质条件，频繁的构造运动造就了九寨沟迷人的童话世界。这个位于四川省阿坝藏族羌族自治州九寨沟县漳扎镇的景区，以九个藏族村寨而得名，因大自然的力量闻名世界，也因大自然的力量暂时蒙尘。2017 年 8 月 8 日晚 21 时 19 分，四川省九寨沟县发生 7.0 级地震。截至 8 月 22 日 10 时统计，地震造成 25 人死亡、5 人失踪。九寨沟景区内火花海、诺日朗瀑布等景观受到破坏，为保证游客游览安全，九寨沟景区自 2017 年 8 月 9 日起停止接待游客。2018 年 3 月 8 日，部分景观对外开放，接待对象为旅行社组织的团队游客，且日接待量由前期的 10000 人下调至 5000 人。“8・8”地震给九寨沟地区带来了前所未有的危机，给当地经济发展和人民生活水平带来了巨大的影响。截至 2017 年 8 月 13 日零时，“8・8”地震共造成四川绵阳市平武县 11 个乡镇不同程度受灾，经济损失约 1.1446 亿元。

此外，2018 年 6 月九寨沟县辖区内出现持续强降雨天气，九寨沟景区暴发严重山洪泥石流灾害。为确保广大游客的生命财产安全，经九寨沟县人民政府、九寨沟风景名胜区管理局、阿坝大九旅集团公司会商并经阿坝州人民政府同意，九寨沟景区从 2018 年 7 月 1 日起采取临时性闭园措施，暂停接待游客，直到 2019 年 9 月再次开园。

（资料来源：笔者根据九寨沟景区官网相关内容整理而得。）

第一节 旅游危机

一、危机

（一）危机的定义

危机到底是什么？迄今为止，各国学者一直都在试图寻找一个比较全面和确切的定义来描述，但是由于危机的复杂多变，很难一言以蔽之。有人认为，只有中国的汉字能圆满地表达出危机的内涵，即“危险与机遇”，是组织命运“转机与恶化”的分水岭。诸位学者从不同角度对危机的解释如下。

美国著名危机管理专家劳伦斯・巴顿博士将危机定义为：一个会引起潜在负面影响的具有不确定性的大事件，这种事件及其后果可能对组织及其员工、产品、服务、资产和声誉造成巨大的损伤。

美国著名学者罗森塔尔则将危机定义为：具有严重威胁、不确定性和有危机感的情境。

美国学者赫尔曼对危机的定义是：威胁到决策集团优先目标的一种形势，在这种形势下，其决策主体的根本目标受到威胁且做出决策的反应时间有限，其发生也出乎决策主体的意料之外。

美国学者福斯特则从危机的基本特征角度对危机做了界定，即危机有四个显著特征：亟须快速做出决策，并且严重缺乏必要的训练有素的员工、物资资源和时间来完成紧迫的任务。

《韦伯词典》将危机定义为：危机是有可能变好或变坏的转折点或关键时刻。

从不同的角度看，以上的定义或多或少都有些偏颇。我们可以把危机定义为一种使企业遭受严重损失或面临严重损失威胁的突发事件。这种突发事件在很短时间内波及很广的社会层面，对企业或品牌会产生恶劣影响。而且这种突发的紧急事件由于其不确定的前景造成高度的紧张和压力，为使企业在危机中生存，并将危机所造成的损害降至最低限度，决策者必须在有限的时间内，做出关键性决策和具体的危机应对措施。

（二）危机的属性

根据以上的定义及分析，所有危机都具备以下三个基本属性。

1. 客观性①

危机的客观性首先指明的是任何一个社会组织其实都是在危机中生存与发展的，危机本身就是一个社会组织的天然组成部分。只要人的活动存在，危机现象就会存在。同时，危机现象和它的客观规律又是可以被人们所认识和把握的。危机的客观性意味着防范危机既是一种必要的工作，同时也是为了让我们在危机到来时更加从容，做好我们能够做到的一切准备工作。

2. 相对性

危机不可能是抽象的，它不仅是客观地存在同时也是有针对性地存在，即对于谁来说它是一次危机，危机指向的是一种伤害的事实。在国际关系中，一国的危机可能是别国的机会。区域危机也是如此——一个利益集团的危机可能是它的对立面的机会，一个阶级的危机可能是它对立的阶级的机会，其他的社会组织甚至个人的危机也是如此。

3. 周期性②

危机有一个演化的过程，尽管很多危机带有突发性，但是危机绝不是无缘无故产生，更不是永续存在、不可消亡的。危机从产生到消亡的过程就是危机的生命周期。危机好与坏的转化是可管理的，任何一个社会组织在生存及发展全过程中都会将危机作为

① 李峰．目的地旅游危机管理机制、评估与控制［M］．北京：中国经济出版社，2010.

② 孙志明．对危机概念和危机属性的哲学思考［J］．国际关系学院学报，2012（2）：25-35.

一个管理的资源，并且也是组织生存与发展方向及前景的重要资源。

二、旅游危机

（一）旅游危机的定义

旅游的本质是审美和愉悦[①]。这种本质使得旅游消费具有较大的弹性，对各种外在因素具有较高的敏感性。因此危机事件的发生，会影响到旅游者对旅游目的地的感知和出游愿望，从而影响到区域旅游业的正常运转[②]。旅游危机是危机的重要组成部分，任何对区域旅游业造成影响的危机都可以被称为旅游危机。被较多人接受的是世界旅游组织在2003年给出的定义，即“影响旅游者对一个目的地的信心并扰乱旅游业继续正常经营的非预期性事件”。

（二）旅游危机的分类

根据旅游危机的成因，可以从自然、社会、经济、突发公共卫生、旅游行业自身的危机等方面对旅游危机进行划分。

1. 自然危机

自然危机是宇宙运行状态下，因自然气候、地质变化、人为因素等引发的具有危害性的事件。主要有洪水、地震、海啸、泥石流、火山爆发、台风、山体崩塌、土地沙漠化、水体污染、酸雨等。自然危机难以控制、危害性大，但只要人们认识了自然灾害的规律，掌握了其变化特征，就容易回避和防范，并能够有效加以利用。相比其他危机类型，旅游者对此类危机的宽容度较高，危机过后旅游者的心理恢复较快。

2. 社会危机

社会危机是指社会发展过程中，因政治、文化、利益、情感、宗教、设施等矛盾或其他人为因素所引发的具有危害性的事件，如民族利益、文化和信仰冲突等所引发的种族冲突、骚乱、政变、内外战争，公路、铁路、民航、水运等方面的旅游交通事故、设施设备安全事故等，如泰国翻船事件、马航失联事件等。

3. 经济危机

经济危机主要是由于宏观经济发生波动，对旅游需求和旅游供给产生巨大冲击，影响旅游业正常运转。包括经济停滞或下降、股市下跌、汇率的大幅度波动、国际的经济贸易摩擦等。

4. 突发公共卫生危机

突发公共卫生危机是指各种对人类健康带来巨大危害的突发性疾病引发的旅游危机。包括突然发生，造成或可能造成游客健康严重损害的重大传染病（如传染性非典型

① 谢彦君 . 基础旅游学［M］. 4 版 . 北京：商务印书馆，2017.

② 王姿 . 旅游危机、目的地形象和游客行为意向的关系研究［D］. 长沙：湖南师范大学，2017.

肺炎、禽流感、鼠疫、霍乱等）、群体性不明原因疾病、重大食物和职业中毒、重大动物疫情，以及其他严重影响游客健康的事件引发的危机。

5. 旅游管理危机

旅游管理危机是指由于旅游管理能力低下或旅游管理技能落后所造成的，发生在旅游运营的范围内，直接对旅游企业或旅游从业人员发生威胁的事件。例如，旅游规划或开发不当造成的对旅游资源的毁坏，旅游市场管理的不到位造成的形象危机、安全事故造成的信誉危机等。

三、旅游危机的特征

旅游危机产生的原因多种多样，影响范围和持续时间长短不同，但各类危机都有共同处，即共同的特征。

（一）突发性

旅游业是一种敏感度很高的产业，自然、经济、社会环境中出现的任一“非常态”都可能成为引发旅游业危机的诱因。因此，旅游业危机往往是在人们意想不到、没有做好充分准备的情况下突然爆发的，表现为在短时间内给旅游业及相关行业造成措手不及的一系列的、连锁性破坏。

（二）危害性

旅游危机的危害性是指危机发生后会在短时间内对旅游业造成致命的打击。同时，由于旅游产业关联度高，涉及食、住、行、游、购、娱等多个行业，因此旅游危机有“蔓延效应”，即在引发危机的同时，往往会导致其他类型危机的爆发，从而使旅游危机的破坏性进一步扩大和延续。

（三）紧迫性

20 世纪 70 年代以来，随着现代旅游经济通信技术的发展，旅游危机在爆发后会以迅雷不及掩耳之势的速度快速蔓延。在此状况下，要求旅游企业或政府在尽可能短的时间内做出决策，否则不仅会错过解决危机的最佳时刻，还会导致一系列短时间内难以彻底根除的消极影响。

（四）双重性

旅游危机的双重性表现为“危险”与“契机”并存，危机在对旅游业造成各种影响的同时也蕴含着前所未有的发展机遇。例如，华山景区滞留事件后，景区加强了游客引流和实时信息反馈系统。2017 年九寨沟地震后诞生了新的景点——双龙海瀑布。

（五）周期性

旅游危机作为危机类型中的一种行业危机，也具有危机的普遍属性即客观性、相对性和周期性。旅游危机从生成到消失就是一个生命周期，可以划分为五个阶段——潜伏期、爆发期、持续演进期、消退期和解除消失期，如图 4–1 所示。在不同阶段，旅游危机对旅游系统的影响方式、影响程度和表现特征都是不同的，那么也就要求旅游企业在旅游危机管理的过程中，根据危机所处的阶段，采取有针对性的预防和治理措施。

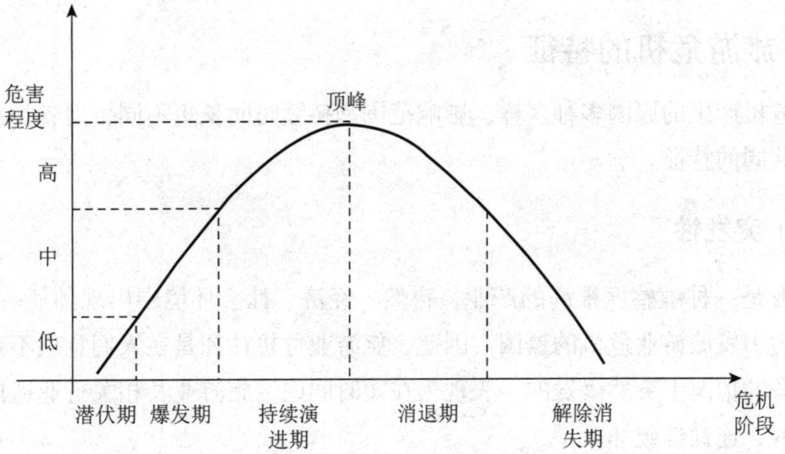

图 4–1　旅游危机生命周期

1. 潜伏期

旅游危机的潜伏期是危机的酝酿与形成时期，即从第一个前兆出现到开始造成可感知的损失这一阶段。在这一过程中，与旅游危机诱因相关的各种要素相互作用，它们之间的矛盾、冲突在不断地形成和化解，并逐步积累，直到旅游危机的爆发，这是一个从量变到质变的发展过程。在量变过程中，旅游危机已经开始产生危害，只是危害还处于较低的水平，不易被人们察觉，因此旅游危机在潜伏期有一定的隐蔽性。

2. 爆发期

当危机潜伏到一定阶段，受任一诱因的诱导，便会引起危机爆发。旅游危机的爆发是危机由隐性转为显性并快速扩展的时期，也是对旅游系统造成明显损害的时期，并且这种损害还会迅速地加深、积累和扩散。这一时期旅游危机的危害性、紧迫性会表现得十分明显。

3. 持续演进期

旅游危机的持续演进期是指旅游危机仍在恶化，但增长速度已经放慢，并逐渐达到危害程度的顶峰时期。这一阶段，旅游危机的危害程度继续加深，危害范围不断扩大，对旅游组织的生存能力造成直接威胁，对旅游系统形成全面打击。

4. 消退期

当某一旅游危机的损害达到顶峰时，在没有其他因素的影响下，该危机的损害程度开始下降，即为危机消退期。这一时期旅游危机已经得到了有效的控制，旅游系统开始逐渐恢复。

5. 解除消失期

旅游危机的解除消失期是指引起旅游危机的因素已经解除，旅游系统恢复到原有或正常状态的时期。

四、旅游危机的影响

旅游危机的爆发会对旅游业不同层面带来影响，主要表现为对旅游者的影响、对旅游企业的影响和对旅游目的地的影响。

（一）旅游危机对旅游者的影响

旅游者作为旅游活动的主体，对旅游危机的反应最为敏感、最为直接。因为旅游活动的异地性，旅游信息传播的不对称性，使得旅游者对危机发生地产生不安全的感觉而不愿意前往。旅游危机对旅游者的影响主要表现为旅游需求的下降和旅游信心的损害。

（二）旅游危机对旅游企业的影响

旅游企业是旅游产品和旅游服务的供给者。旅游危机对旅游企业的影响主要表现为旅游者减少而带来的营业额下降或停顿、旅游企业信誉危机、品牌危机。由于旅游产品具有生产与消费的同一性、不可储存性，旅游设施和供给能力的大量闲置，使旅游企业面临较大的经营风险，如果旅游危机持续时间较长且没有扶持政策，旅游企业将面临生存危机。

（三）旅游危机对旅游目的地的影响

旅游目的地发生旅游危机，如洪水、霍乱、战争等，会影响旅游者对旅游目的地的认知和旅游者的旅游决策，从而导致旅游吸引力和旅游人数的下降、竞争力的衰弱。在一定程度上影响旅游目的地的经济和当地居民的生活水平。如 2008 年和 2009 年，拉萨和新疆先后发生了打砸抢烧暴恐事件，不仅使新疆、西藏两地蒙受巨大的人员伤亡和经济损失，且严重影响了边疆地区的旅游安全形象，如新疆事件发生半个月内，全区旅行社退团 4625 个，直接经济损失 200 亿元，新疆也从旅游旺季进入到旅游冰冻期[①]。

① 杜艳，海米提·依米提. 旅游危机事件研究——以新疆“7·5”事件为例［J］. 河北旅游职业学院学报，2011，16（1）：13–19.

第二节 旅游危机管理

一、旅游危机管理的定义

所谓危机管理，是对危机进行控制和管理，以防止和回避危机，使组织或个人在危机中得以生存下来，并将危机所造成的损害限制到最低限度。旅游业危机管理是指为避免和减轻危机事件给旅游业所带来的严重威胁，通过研究危机、危机预警和危机救治达到恢复旅游经营环境、恢复旅游消费信心的目的，进行的非程序化的决策过程。危机的发生涉及社会的各个方面，危机管理的主体应包括中央和地方各级政府；国家和地方各级旅游主管部门；其他相关部门，如民航、卫生、交通、公安、消防等部门；旅游行业组织；相关行业组织和旅游企业。其中，政府是危机管理的核心。

二、旅游危机管理的原则

旅游危机管理作为一种非常态的管理，其与常态管理相比较而言无论是从管理者的心理素质还是管理要素的运用上都有其特殊性，在危机管理中，管理者需遵循“黄金时间”原则、保护弱者原则、及时反馈原则和协同救治原则。

（一）“黄金时间”原则

“黄金时间”原则包括了两个方面含义：一是以最快的速度提出应对措施。因为旅游危机本身的突发性和危害性容易使危机产生连锁反应。如果管理者反应不够及时，就有可能使危机的发展轨迹产生出乎预料的变故，因此快速地把握时间是危机管理的基本准则。二是管理者掌握“第一时间”的话语权。因为危机的第一时间内所说的话、做的事情往往会成为危机的基本格调或定位，如果一个组织任由工作人员在旅游危机的第一时间以个人的方式去应对和处理，那么旅游危机后续的管理难度会不断增加。

（二）保护弱者的准则

一个人在遇到危险的时候本能的反应往往是自我保护，但是处于旅游危机状态的管理者从进入危机的第一时间时就应当放下自己的利益诉求，要将弱者的利益诉求放在管理的第一位。

（三）及时反馈原则

及时反馈原则的主要体现就是真诚坦率与公开透明。在一个媒体监督与司法审判并列的时代，任何的危机不仅要承受法律的约束同时也要承受舆论的监督，如果在危机最初疏忽了对媒体及舆论的重视则会引发人们的猜测，一旦产生猜测就会产生不信任，而不信任是一般管理者很难驾驭的。危机状态下的沉默和谎言是比危机还要可怕的灾难。

（四）协同救治原则

协同救治原则是指在旅游危机发生时，各级政府、企业、社会公众等一切资源合理、协调配置与使用的原则。因为在全球化的今天，人类共处一个世界，是相互关联的"命运共同体"。政府在危机中需要得到企业及其他社会的帮助，同样的企业在危机中也需要得到政府资源的帮助，只要我们承认政府与企业都不是万能的，有些危机不是一个国家能解决的，需要各界资源的共同努力，如 2018 年泰国翻船事件。

2018 年 7 月 5 日 17 时 45 分左右，两艘共载有 127 名中国游客的船只返回普吉岛途中，突遇特大暴风雨发生倾覆，47 名中国游客遇难。危机发生后，经协调泰国海军、水警和旅游警察等相关部门紧急出动数艘救援船、直升机持续进行海上联合搜救，海事局、防灾减灾中心、游客协助中心及各大医院均参与救援工作，并组织志愿者教师和留学生赶赴医院为游客及家属提供协助。7 月 6 日，习近平总书记等中央领导做出重要指示和批示，外交部第一时间牵头成立多部委联合工作组赶赴泰国协助工作。从泰国翻船事件可以看出，政府在危机管理中需要整合各类社会资源。因为仅依靠一方力量是无法控制危机事件的扩散及危害的，需要整个社会的政治力量、经济力量和社会力量的支持。社会力量的参与一方面可以缓解危机在公众中产生的副作用，使公众了解真相，消除因为危机而引发的流言蜚语及恐慌等副产品，起到稳定社会、恢复秩序的作用，同时可以降低危机管理的成本。由于社会力量的介入，信息通道不再受阻，大大提高了政府决策的可信度及可行度，降低了政府政策制定及执行的成本。

三、旅游危机管理过程（7R 模式[①]）

根据危机发展和演化的生命周期规律，危机管理过程大致分为监测和预警、控制和预防、应急处理、评估和恢复共四个大的阶段。每个阶段危机的表现特征都不同，危机管理所需要解决的主要矛盾也不同。以旅游危机的生命周期和危机管理的四个阶段为主线，结合旅游危机管理自身特征，李锋（2010）提出旅游危机管理的 7R 模式。

（一）侦测（Reconnoitre）

收集、分析和传播信息是危机管理的首要和直接任务。信息是旅游危机管理中的重要资源，信息管理是旅游危机管理的基础管理。因此，旅游危机管理也是从危机信息的侦测开始的，同时信息管理贯穿危机管理的全过程，危机管理也是以危机信息的反馈和利用作为终点的。在信息侦测阶段，可能没有发现危机相关信息，但一旦发现危机信

① 李锋．目的地旅游危机管理机制、评估与控制［M］．北京：中国经济出版社，2010.

息，那么危机管理工作也就开始启动了。

（二）缩减（Reduction）

危机缩减是相对于危机生命周期中的潜伏期而言的，这个阶段危机还未完全形成，管理的重点和目的是提高危机意识、化解危机根源，尽量避免危机生成因素的恶化和危机的形成。对于通常的旅游管理来说，许多旅游危机的前兆是十分模糊的，因此即使在危机侦测阶段没有发现危机信息，但可能危机已经处于酝酿状态了。基于此，在平常的旅游管理工作中，就要求我们在加强危机信息搜集能力的同时要做好员工和公众的危机教育和技能培训。

（三）预备（Readiness）

有一定的先兆和苗头表明危机已经形成，这时就应该做好应对危机的准备，尽量科学应对危机，减少危机带来的损失。这时危机管理的首要任务是成立危机管理小组，选取危机应急预案、修订预案、明确预案实施要求，从而保障危机应对工作的效率。危机应急预案一般分为两个层次：旅游目的地的应急预案和旅游企业的应急预案。

（四）反应（Response）

危机反应相对的是危机生命周期中的爆发期，此时危机冲击形成的物质损失和精神影响已经显现，此阶段危机管理的首要任务就是危机救援。这时的主要工作就是做好危机沟通管理、协调各方力量、实施高效率的救援、保证危机预案在一定程度上的灵活执行。

（五）恢复（Recovery）

当旅游危机的危害力度达到顶峰后，旅游危机进入消退期，危机的影响范围和损害力呈下降趋势。此时对于旅游危机管理来说，一方面是阻止危机的蔓延和遏制危机的发展，另一方面就是开始旅游的恢复工作。可以说，此阶段的危机管理重点就是评估旅游危机的影响和发展趋势，采取合理的措施恢复旅游业。例如，调整业务目标、制订短期运营方案等。

（六）重振（Rejuvenate）

旅游危机经过治理，局面已经基本控制，旅游活动的开展逐步趋向正常化。但是旅游目的地或旅游企业经过危机的袭击，旅游形象和品牌信任度都受到了一定的损害，旅游业要恢复到危机前的本底状态，还有一定的距离。此时旅游危机管理的重点应该是旅游形象的恢复与提升，可采取有针对性的营销策略，力求旅游业的振兴。

（七）提升（Raise）

旅游危机具有双重性，在给区域旅游业带来损害的同时也带来发展机遇，如旅游市场向高层次转化、旅游结构的优化和管理水平的提高等。所以，在危机后期可以通过发散性思维和逆向思维对危机影响的结果进行思考，从危机中寻求机遇，促进区域旅游产业的升级。

结合旅游危机的发展演化过程和旅游危机的应对过程，旅游危机管理的“7R 模式”可以用图 4-2 表示，从侦测到提升是一个循环的过程，且旅游危机管理中的侦测需要常态化。

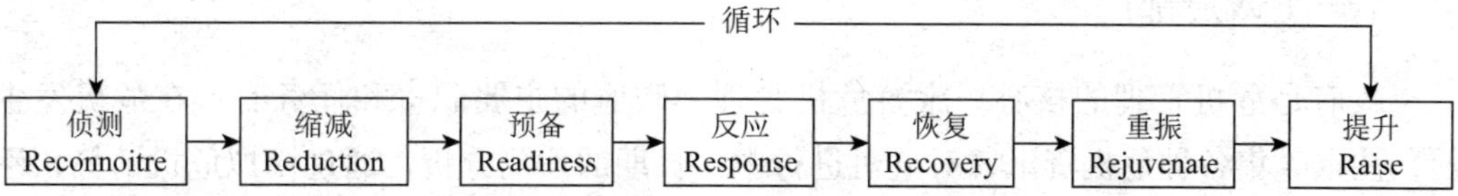

图 4-2 旅游危机管理“7R”模型

第三节 旅游危机管理策略

一、旅游危机管理系统

旅游危机在发展过程中表现出一定的无序性，但对于旅游危机的管理来说，是在危机管理方案的指导下有序进行的，危机管理中涉及的许多部门和人员，他们为了一定的目标，按照危机的演化情况，建立了一个动态的危机管理综合组织，形成了一个复合管理系统，这个系统包括管理主体、管理策略和保障措施，如图 4-3 所示。

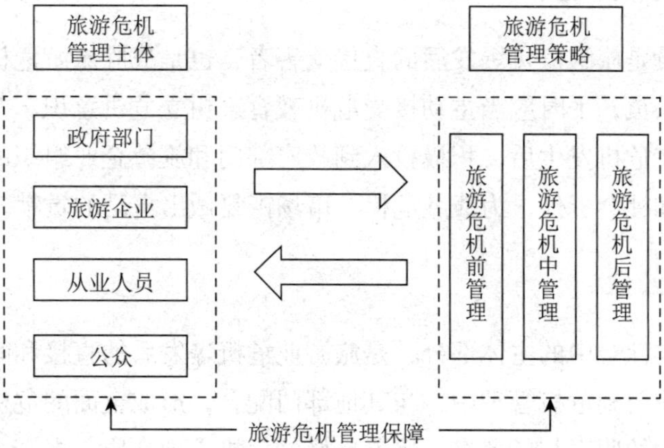

图 4-3 旅游危机管理系统

从图 4–3 中可以看出，旅游危机管理的主体是一个由政府、旅游企业、公众、旅游从业人员构成的全方位网络体系。他们在相互协调、配合的基础上，凭借沟通、宣传、安全保障和市场研究等途径，通过对旅游危机前、危机期间、危机后的管理，实现减轻旅游危机所造成的或可能带来的严重损失。

二、旅游危机管理主体的职责

旅游危机管理涉及方方面面，需要全社会共同参与与努力，明确旅游业危机管理职责可以使社会各方各司其职，有效应对并化解旅游危机。

（一）政府部门

政府是危机管理的核心。旅游危机管理中政府的主要职责和任务有：在危机发生前，注重收集各种危机资讯，对危机进行中、长期的预测分析；通过模拟危机情势，不断完善危机发生的预警与监控系统；制定危机管理战略和对策。在危机发生后，动员全社会致力于危机的解除；进行及时的信息发布；协调各部门、组织应对危机；正确解决旅游业危机与旅游业发展以及各种行为主体的利益关系。在危机化解阶段，一方面要调动一切可以调动的积极因素，帮助城市尽快恢复旅游业常态，另一方面要突破常规加大城市宣传力度，恢复和提升城市的美誉度及吸引力。

（二）旅游企业

旅游企业在旅游危机中受到的冲击最大，所以旅游企业尤其要重视旅游危机管理。旅游企业在危机管理中的主要职责和内容有：成立危机管理组织，建立危机管理系统，培养员工的危机意识和战胜危机的信心，建立与媒体、合作伙伴、政府部门以及公众的信息沟通渠道，开展公关营销，调整产品结构及提升服务质量。

（三）旅游从业人员

旅游从业人员是旅游危机爆发后的直接受害者，也是战胜旅游危机的主要力量。作为旅游行业从业人员，平时应当主动接受危机教育、树立危机意识，并在工作实际中关注和防范危机。在危机发生后，积极投入到政府部门和旅游企业组织的各项工作中，主动承担岗位职责和社会责任，为战胜危机、市场恢复做出自己的贡献。

（四）社会公众

公众作为人类社会中的主体部分，是旅游业危机爆发后的直接和间接受害者，因此社会公众也应该参与到危机管理中，与其他部门配合，形成全面的危机应对网络。社会公众在危机管理中的职责与任务有：培养良好的危机心理素质，提高个人应对危机的能力；积极参与危机公关义务宣传；积极配合政府部门落实应对危机的相关措施。

三、旅游危机管理策略

2003 年，世界旅游组织发布了《旅游业危机管理指南》(以下简称《指南》)，用以指导成员的危机应对和管理工作。世界旅游组织认为，旅游业危机管理的主要途径有四个：沟通、宣传、安全保障和市场研究。其中，基于诚实和透明之上的良好沟通是危机管理成功的关键。《指南》针对危机之前、危机期间和危机过后三个阶段提出了行动建议。

(一) 危机前管理策略

世界旅游组织告诫：永远不要低估危机对旅游业的可能危害，它们是极端危险的。把危机影响最小化的最佳途径就是充分做好准备。

1. 沟通方面

在沟通方面，要制订危机管理计划，任命专门的发言人，设立一个沟通部门，与媒体经常沟通，沟通的原则是诚实和透明。在制订危机管理计划过程中，要把公共服务机构和私营旅游企业都包含进来，良好的合作是有效危机管理的一个关键。要定期对危机管理计划进行预演排练，并不断修正和完善。

2. 宣传方面

在宣传方面，要开发一个旅游贸易伙伴数据库，建立一个在危机时能及时联络数据库中贸易伙伴的沟通系统。树立和保持可信度是旅游宣传的基础。应预留出特别状况基金，应尽力获得支出这笔基金的提前允诺，而不必经过一个冗长复杂的行动程序，以在危急情况时做出迅速、灵活的反应。

3. 安全保障方面

在安全保障方面，要建立和保持与其他负责安全保障部门的工作联系。旅游部门应任命专人负责与其他政府部门、专业服务机构、旅游行业和世界旅游组织在安全保障方面的联络。旅游部门要制定旅游行业的安全保障措施，并在改进安全保障方面担当积极的角色，发起成立面向当地旅游从业人员的安全工作组，鼓励在旅游行业的公共安全和私人安全机构之间建立合作伙伴关系。应组建能用多种语言提供服务的旅游警察队伍和紧急电话中心。

4. 市场研究方面

在市场研究方面，旅游部门要与主要的饭店、航空公司和旅游经营商设立双向协定，交换关于过夜停留、出租率、价格等方面的最新数据信息。

(二) 危机中管理策略

世界旅游组织强调：危机发生的第一个 24 小时至关重要。不专业的反应，只会把目的地陷入更坏的处境。

1. 沟通方面

在沟通方面，要坚持诚实和透明，不要施加新闻管制。要建立一个媒体中心，并迅速通过媒体发布危机方面的信息。信息需要被理解得尽可能准确和可靠，不能因试图鼓励人们旅游而受到歪曲。其他组织也在向媒体提供关于危机的信息，如警察机构、防灾减灾组织、航空公司、饭店协会、旅行经营商团体和世界旅游组织，要及时向它们通告目的地的有关行动，将它们纳入对外沟通中。

2. 宣传方面

在宣传方面，要直接向贸易伙伴提供关于灾害程度、受难者救助行动、结束危机的安全保障服务以及防止灾害不再发生的举措等方面的详细信息。危机通常引起政府对旅游业给予比正常环境下更大的关注，要利用这个机会寻求在宣传预算上的增长，这将用来帮助产业恢复和吸引旅游者返回。要实施金融救助或财税措施支持旅游企业。在困难时期，政府需要与企业紧密合作，可以用临时性的税收优惠、补贴、削减机场收费和免费签证等措施来激励旅游经营者、航空公司、游船公司等企业在危机后迅速恢复运营。

3. 安全保障方面

在安全保障方面，要充分发挥应急电话中心的作用，要通过跨机构的接触和联络，采取安全保障措施来结束危机和提升安全水平，并加强内部沟通，防止错误信息的传播。

4. 市场研究方面

在市场研究方面，要派出调研队伍，调查哪些人在危机期间旅行，他们来自哪里以及原因所在，同时回溯在危机期间媒体关于目的地都报道了些什么，然后迅速向宣传部门反馈信息。

（三）危机后管理策略

世界旅游组织认为，即使危机结束，危机带来的负面影响仍然会在潜在旅游者心中保持一段时间，因此需要加倍地努力，尤其是在沟通和宣传领域。

1. 沟通方面

在沟通方面，要积极准备反映旅游活动正常的新闻信息，目的是证明目的地已经正常开展业务。邀请媒体重返目的地，向其展示所取得的成绩。要集中精力做正面的报道，以抵消危机在旅游者心目中形成的不利形象。

2. 宣传方面

在宣传方面，要向新的市场群体和特殊的市场群体进行有针对性的宣传，要提供特殊的报价。要把宣传促销转向那些最有活力的市场，通常它们是距离东道国最近的客源市场，因为其旅游者对目的地更加熟悉。要开展国内市场宣传，国内旅游在危机恢复时期可以弥补外国旅游需求的减少。要增加旅游考察旅行和专门活动，组织专门的活动和会议，创造与贸易伙伴和国际社会沟通的机会。

3. 安全保障方面

在安全保障方面，需要重新审视安全保障系统，以保证其在危机结束后依然到位。通过旅游接待调查结果反馈，奖励先进，鞭策后进，提高安全保障服务的质量。

4. 市场研究方面

在市场研究方面，要调研客源市场对目的地的感知。要针对主要客源市场，通过研究潜在的旅游者和调查贸易伙伴，确定他们是否做好旅行的准备，并了解他们对目的地的感知和理解。把这些信息反馈给宣传促销部门，量体裁衣、对症下药，采取行动纠正不良的印象。

第四节　旅游网络舆情危机管理

网络的发展以及人民生活水平的提高，大众旅游已成为趋势，网络舆论对旅游的影响也越来越大，甚至成为旅游地兴衰的关键点。所以，熟悉旅游网络舆情的特点、传播媒介和管理对策是每一位旅游行业从业人员的基本素养。

一、旅游网络舆情

（一）舆论与舆情

1. 舆论

舆论，也称民意、公众意见、公共意见、民众意见和群众意见等，该词汇在我国古代文献中也有出现，基本意思是公众的意见或言论。然而随着社会的发展，舆论的产生总是有特定对象的，所以舆论是社会公众对有争议的事件，通过报纸、广播、电视和网络等媒介平台，表达出来的各种意见和态度不同强度的集合。舆论根据主体的不同，可分为官方舆论和民间舆论；根据媒介载体不同，可分为传统媒体舆论和网络舆论；根据地域范围不同，可分为国内舆论和国际舆论[①②]。

2. 舆情

舆情是社会大众和表达公共意见的新闻媒体，以各种媒介手段为载体，对包括热点事件、与自身利益相关的问题、感兴趣的话题在内的各方面问题，认知、情绪、态度、意愿诉求和行为倾向等的总和。舆情是舆情主体对社会进行能动反映的过程。

舆情的定义包括三方面的要点：①舆情是民众认知、情绪、态度、意愿诉求、行为倾向等的总和。②舆情是公众意见的简单集合，在现实操作中，这些散落在民间的社情民意和公众意见往往通过新闻媒体加以采访报道、集中反映。③舆情由某一社会热点事

① 崔蕴芳．网络舆论形成机制研究［M］．北京：中国传媒大学出版社，2012.

② 邹军．试论网络舆论的概念澄清和研究取向［J］．新闻大学，2008（2）：135-139.

件引发，围绕着这一事件发展、演化和终结。

3. 舆论与舆情的异同

（1）舆情与舆论的联系：都是公众的意见和情绪，具有政治、文化和心理等方面内涵；都不是个体的行为或状态，而是群体的意愿和心声；都以反映社会热点事件和与民众利益相关的问题为主；舆论是舆情的公开表露，在舆情的基础上形成。

（2）舆情与舆论的区别：①主体差异。舆情的主体是民众，没有所谓的“官方舆情”；舆论的主体既可以是民众，也可以是官方，由此形成不同的舆论场。②范围差异。舆情范围较广，是大众情绪、态度、意见和意愿的总和，这当中趋于一致、共同、主流的意见是舆论，即舆情包含舆论。③内涵差异。舆情是民意的写照，是客观存在的社会群体意识；舆论受主体行为的影响，可被制造、引导或压制。④形态差异。舆论是公开的意见表达，通常由官方媒体展现；舆情并非都能公开表达，网络新媒体给舆情表达提供了平台。⑤程度差异。舆情是人们认知、态度、情感和行为倾向的原初表露，是不同意见的简单集合，零散、非体系和易变，不需要多数民众认同。当舆情聚集、被多数人认同时，就可能转换成舆论，变得集中稳定，对负面舆情的应对和引导，就是尽量使舆情不转化为有悖公众利益和社会稳定的负面舆论。⑥时间差异。舆情的出现在先，与此相对应的舆论形成在后。

（二）旅游网络舆情

随着网络新媒体的兴起，我国进入网络舆论空前活跃的“大众麦克风时代”，网络舆情不断引发或推动社会热点事件进入公众视野。舆情鹰眼 2012 年将网络舆情界定为以网络为载体、以事件为核心，广大网民情感、态度、意见与观点的表达、传播与互动，以及后续影响力的集合，具有主观性、未经媒体验证和包装，直接在网上呈现。网络舆情的要素包括：网络、事件、网民、情感、传播互动和影响力。

旅游网络舆情是网民和媒体在一定的时期和互联网空间内，对与旅游现象有关或由旅游现象直接产生的危机事件，表达的各种认知、情绪、态度、意见、意愿和行为倾向等的总和。简言之，旅游网络舆情是与旅游业内危机事件、涉旅危机事件有关的社情民意在网络世界的直观反映。吸引眼球的危机事件、当事各方的情绪宣泄、围观民众的猎奇心理、高度发达的网络传媒、尚不健全的法制环境、危机频发的社会氛围等因素，共同促成网络舆情危机，经网络传媒迅速扩散，刺激大规模网络舆情的产生。

（三）旅游网络舆情的特征

1. 多元性

旅游网络舆情的多元性主要从以下四方面理解：①舆情议题多元。由于网络信息的大数据特征，网络舆情涉及旅游交通、旅游购物及旅游地政治、经济、文化、民生等各方面。②舆情载体丰富。新闻跟帖、网站留言、网络调查、网上签名、搜索引擎、问答社区、社交网站、论坛、博客、播客、微博、快手和微信等，都是网络舆情信息的传播载体，给网民提供了多元化、操作简便的意见发表平台。③传播形式多样。网络舆情可采用文本、图片、音频、视频等形式表达。④主体范围广阔。随着互联网普及率的不断提升，作为舆情主体的网民范围日益广泛，网络舆情主体越来越接近现实社会的行为主体，网络舆情很大程度上可代表社情民意。

2. 开放性

旅游网络舆情的开放性主要表现在：①网络空间的开放性，网民可超越地域、阶层和文化程度等方面的限制自由交流，给信息传受双方平等互动的地位，有利于网络舆情的反映和会集。②网络使用的匿名性，现实生活中识别身份的姓名、性别、年龄、职业、住址、所属单位、行为方式等要素可以不同程度地隐匿，更容易让网民真实表达，暴露社会矛盾和问题。网络的开放性为民众意见表达和舆情传播提供了前所未有的空间与自由，网络舆情的容量与能量也不断扩大。

3. 即时性

随着移动互联网普及率不断提升，事件发生时当事人和目击者可利用移动设备即时传播。媒体出于竞争需要也争相报道、深度挖掘。

4. 扩散性

旅游网络舆情的扩散性主要包括以下三方面：①从传播路径看，网络舆情可由政府网站、新闻网站扩散到论坛、博客贴吧，由地方性网站扩散至全国甚至境外，可由网络媒体扩散到传统媒体，由非主流媒体扩散到主流媒体。②从传播范围看，网络舆情可以使地方性的议题扩散为全国性乃至全球关注的焦点问题，将某领域的议题演变为全社会的共同话题。③从传播走向看，网络舆情常常由小及大、由点及面、由表及里，从议题本身的领域向其他领域蔓延、从网上扩散到现实社会，使对个别现象和个别案例的关注演变为更广领域、更深层次的讨论，直至上升到社会和国家制度的层面。

5. 互动性

旅游网络舆情虽产生于网络，却是区域旅游发展现实的真实反映，又通过网民的围观、网络举报、施加压力、舆论审判、人肉搜索等途径影响事件发展。旅游网络舆情虽有大量情绪化言论，但不乏建设性意见，对危机应对、企业和区域旅游管理都有警示和反馈作用，若及时干预、正本清源，有助于企业持续发展和旅游业可持续发展。

6. 情绪性

由于网络开放性，网民能够将对现实的种种不满，借助某一事件，使用各种情绪化和非理性的表达方式和语言在网上发泄，网络已成为民意的晴雨表和减压阀。随着事件的发展、媒体的不断渲染和炒作、网民之间的互相传染等，网民的情绪性会进一步发展，舆情热度也不断升温。

7. 极化性

由于网络的匿名性、相对自由、传播快速，志趣相投的网友容易集结。加之网民对真相的求知欲、正义感、自我实现和求偿心理，网络舆情群体极化现象比在现实世界更容易出现。网民通过评论、转发、分享造成同一观点井喷，形成巨大压力。网络舆情的极化性虽然在一定程度上能够促进事件的解决，但也存在形成网络暴力、舆情操控和引发群体性事件等问题。

8. 片面性

在旅游舆情的传播过程中由于当事者隐瞒、信息传播失真、网民刻板印象等因素影响，一些网络舆情危机事件往往出现零散显现、某些情节过分放大、变异失真等情况，导致网络舆情的片面化呈现，造成网络舆情的非理性，影响事件解决。

9. 系列性

在旅游网络舆情的演化过程中，有某种关联的多个网络舆情危机事件会被刻意关联，呈批量化、系列化出现，形成舆论风暴。主要有两种类型：①同标签系列事件，不同地区或特征的事件被贴上同类标签；②同主体系列事件，事件诱因、过程、结果及特征不同，但涉及同类主体，由于频发性、关联性和同质性引发社会关注。

10. 可控性

旅游网络舆情在形成过程中虽有匿名性、传播性等特点，但舆情传播中的意见领袖、网络共同体和网络意见环境所形成的“言论自由市场”具有一定的纠错机制，网站编辑、管理员和网络评论员会对舆情进行控制引导。同时，网络爬取、信息索引、主题抽取、情感分析、神经网络和计算机仿真等技术，也为网络舆情管理提供条件。

二、旅游网络舆情的传播媒介

网络新媒体兴起以来，我国旅游事件引发的网络舆情热点不胜枚举。根据新媒体时代网络技术、信息传播方式和旅游事件的特征，旅游事件网络舆情的传播媒介主要有：新闻网站的新闻报道信息，网民对新闻的跟帖评论，网民在论坛社区的发帖跟帖，博客空间文章及跟帖评论，微博发帖和跟帖评论，社交网站的发帖跟帖，视频网站的视频信息，电子商务网站的游客点评信息，境内外网络百科全书对旅游地、旅游企业和旅游危机事件的介绍词条，微博、搜索引擎、视频、电商网站等基于大数据技术提取的用户搜索关键词的热议度排行榜和研究报告，网络新闻媒体、商业机构和学术机构发布的舆情检测报告，问答社区的问答信息、微信信息等，都是重要的旅游事件网络舆情信息源、信息类型和传播媒介。

通过对旅游事件网络舆情的主要传播媒介和信息类型等进行归纳总结（见表 4-1）。舆情信息传播方式以普通网民是否可以发布信息、进行互动为标准，分为“一对多”“多对多”两种。“一对多”是以新闻媒体机构等新闻生产者为核心、单向地向受众进行传播；“多对多”则是除了原有的新闻媒体机构外，广大受众网民也是内容的生产者，形成的一个新闻机构和受众共同互动的复杂传播过程。

舆情媒介的功能主要包括“事件爆料”“网民评论”“事件报道”和“热点指示”4

种。“事件爆料”主要是指普通网民通过网络新媒体进行危机事件的爆料活动；“网民评论”是普通网民对危机事件进行的讨论，是网络舆情信息的主要来源；“事件报道”主要是新闻媒体对危机事件进行的详细报道和相关新闻信息的发布，也包括网络百科词条和舆情报告对危机事件的介绍和评论；“热点指示”是危机事件成为舆情热点的主要标志，包括成为新闻网站头条、网络指数排行榜的上榜词汇、网络百科词条以及舆情报告的研究对象等。

表 4–1　旅游网络舆情的媒介概貌

媒介类型	信息类型	传播方式	媒介功能	典型代表
新闻网站	文字、图片、音频、视频	一对多	事件报道、热点提示	新浪、网易、Yahoo
新闻跟帖	文字	多对多	事件爆料、网民评论	新浪新闻、网易新闻
论坛社区	文字、图片、音频、视频	多对多	事件爆料、网民评论	天涯社区、百度贴吧
博客日志	文字、图片、音频、视频	多对多	事件爆料、网民评论	新浪博客、博客大巴
微型博客	文字、图片、音频、视频	多对多	事件爆料、事件报道、网民评论	新浪微博、Twitter
社交网站	文字、图片、音频、视频	多对多	事件爆料、网民评论	人人网、Facebook
视频网站	音频、视频	多对多	事件爆料、网民评论	优酷、YouTube
旅游电商	文字、图片	多对多	事件爆料、网民评论	驴评网、到到网
网络百科	文字、图片	多对多	热点指示、事件报道	百度百科、维基百科
网站指数	文字	一对多	热点指示	新浪、百度、优酷
舆情报告	文字、图片	一对多	热点指示、事件报道	人民网、上海交大
问答社区	文字	多对多	网民评论	百度知道、知乎
即时通信	文字、图片、音频、视频	多对多	网民评论	QQ、微信、MSN
移动社交	文字、图片、音频、视频	多对多	事件爆料、事件报道、网民评论	陌陌、快手
网络文库	文字、图片	多对多	网民评论	百度文库、道客巴巴
轻微博	文字、图片、音频、视频	多对多	网民评论	点点、Tunblr

（资料来源：付业勤 . 旅游危机事件网络舆情研究：构成、机理与管控［D］. 泉州：华侨大学，2014.）

三、旅游网络舆情危机管理对策

（一）建立区域旅游舆情危机管理机制

身处全球化浪潮、经济社会全面转型的中国，每天都有大量的网络舆情危机发生，而现代旅游活动的综合性、空间流动性、涉外性，更增加了旅游网络舆情危机发生和扩大的可能性。我国旅游发展以政府主导为主，越来越多的地区把旅游产业作为支柱产业、战略性产业或先导产业，政府也成为旅游网络舆情危机事件管理的首要主体。总体上，对旅游网络舆情危机的积极响应、快速行动、信息公开、依法问责、妥善解决、完善制度，是政府保障游客游览和旅游接待活动正常进行、维护旅游地整体形象的主要手段。

具体来讲，政府需要设置网络舆情管理专门机构，建立包括舆情监测、社会协调、预案执行、事件处置、舆情引导、新闻发布、舆情反馈和善后恢复在内的区域舆情管理系统，以发挥媒体、网民的监督职能，更好地了解游客的意见诉求，帮助管理者及时有效地了解舆情发展变化，采取有效措施应对舆情危机事件，实现科学决策、有效管理，更好地为旅游者和本地居民服务，维护区域旅游形象。

（二）提升公众的信息素养

信息素养是个人利用信息技术，识别、获取、处理和利用信息解决问题的综合素养。信息素养决定了个人获取和利用信息的效率，是现代公民素质的重要构成。旅游危机的新形态需要信息素养良好的从业人员，具备信息素养的游客也更容易消除信息不对称，进行理性决策，合理维权。通过媒体宣传、家庭养成、学校教育、商业培训等途径，切实提高旅游从业人员、管理者和游客的信息素养①。

（三）规范和合理利用新闻媒体

新闻媒体在网络舆情危机产生和传播过程中发挥了引发爆料、媒体监督、议程设置、话题搬运、推动发展和平息事态等作用，是网络舆情的重要舆情主体和传播媒介。因此，在旅游网络舆情管理中应注重新闻媒体网络的构架和媒体职业素养的提升。

在新媒体网络构建方面，目前人民网、新华网和正义网等网络新闻媒体，上海交通大学、华中科技大学、天津社会科学院等高等院校和科研机构分别利用各自专业背景优势，建立起网络舆情研究与服务团队。因此，新闻门户网站旅游频道和专业旅游媒体等旅游新闻媒体，从事旅游研究的高等院校和科研机构也可利用自身优势，为旅游企业、目的地政府提供旅游网络舆情监测、预警、汇报和咨询的全方位服务。

在媒体职业素养方面，对于媒体来讲在采访报道时，要避免新闻炒作；注意信息的真实性，报道内容有据可查、不犯常识性错误；群体性事件报道注意措辞，避免带有主观性和倾向性；突发事件报道做到信息准确。

（四）调动社会资源，共同救治

旅游网络舆情的开放性、扩散性、极化性和系列性，促成了旅游舆情危机的复杂性。旅游网络舆情危机管理也是跨行业、跨部门的公共问题，需要企业、行业组织和社会公众的共同参与。

---

① 付业勤．新媒体环境下旅游舆情危机的形态、传播与标本兼治［J］．旅游研究，2018，10（5）：12-15.

在舆情管理中，旅游企业应坚持承担责任、真诚沟通、速度第一、系统运作、权威证实的舆情危机处理原则，及时发布信息，配合政府调查、媒体报道，如是自身过错，及时采取道歉、赔偿、处理肇事者等措施平息事态，争取受害者和大众谅解，并改进问题、提高服务质量，此为网络舆情危机应对的治本之策。同时旅游企业应该构建网络舆情危机监测与应对系统，将网络舆情危机监测与信息搜集作为企业公关营销的重要内容。

旅游行业协会作为协助政府管理、维护企业权益、提高行业素质的社团法人组织，也承担了旅游网络舆情危机应对与管理的职能。旅游行业协会要进行网络舆情沟通协调，建立与党委、政府的信息沟通平台，与新闻媒体、旅游企业的宣传信息渠道。做好针对本地旅游接待活动、旅游资源开发和项目建设、旅游行业动态、旅游行业管理工作的新闻报道和网民评论爆料的舆情监测调查工作，协助政府进行会员企业舆情危机监测与应对的绩效考评。

【延伸阅读】

杭州出租车宰客的旅游舆情危机管理策略

一、杭州出租车宰客引发的舆情影响和形象破坏

2016 年 G20 峰会过后杭州游客大增，部分出租车司机由于生意好转、心态转变，加之网约车被限制之后，宰客、挑客、拒载等陋习频频出现。有乘客反映，西湖景区出租车拒载、挑客、议价、宰客等行为时有发生，孤山路上的问题尤其集中，甚至出现了“运管局工作人员在场也打不到车的情况”。据杭州市运管部门获悉，10 月以来，该部门已接到针对出租车的投诉 100 多起。现在网上对杭州出租车乱象评价为“杭州出租车市场很丑”。媒体暗访发现，出租车拒载与乱收费现象很严重，“运管帮忙都拦不下”。这样的“杀猪”现象不仅引起了市民的反感，也在给杭州市的旅游形象抹黑。在网络媒体高速发展的时代，网络媒介的突出特点是便利、低成本和低门槛。游客在杭州遇到出租车宰客时更乐于在网络上发表自己的看法来表达自己的不满，将问题公布于众。但是舆情如果不能被合理控制，现代日益壮大的媒体和新网络社交工具利用这个空隙将出租车宰客事件进行炒作，事态将会越发严重。在没有官方说法之前，会引得旅游者的猜忌，让游客对出租车宰客感到恐惧。若杭州出租车宰客未得到相关部门的重视，在今后的发展中势必会威胁旅游的正常有序开展。在旅游同质化竞争日益加大的背景下，游客会选择更让人放心的旅游景区出游。那些发生旅游危机的城市若没有积极妥善处理问题并站出来明确表示自己的态度，就很难让旅游者有信任感。若不能及时遏制舆论的发展，当地的旅游业肯定会受到影响，当地的旅游形象也会被拉低。

二、杭州出租车宰客现象原因分析

通过对杭州出租车宰客现象的深入调查分析发现，导致宰客现象的原因有：第一，网约车新政出台，对网约车的限制过严。第二，在游客频频投诉出租车宰客、拒客、挑客等陋习后，相关部门重视不足。第三，杭州出租车司机素质太差，只注重眼前的利益，而忽视了对杭州旅游形象的影响。第四，相关部门的监督和管理力度不够。第五，在舆情危机发生后，政府响应不及时，既没有第一时间与旅游者沟通，更没有就此事件明确表态、说明事实。

三、杭州出租车宰客舆情危机应对策略

（一）适当放宽对网约车的限制

新政的出台，很大程度上限制了网约车，也改善了网约车存在的不安全问题。在合理规范后，能在很大程度上改善整个杭州打车难的问题。但是过度的限制反而会导致网约车行业一蹶不振。如果地方交通管理部门能在新政基础上适当放宽对网约车的限制，如降低对网约车运营车辆的总行驶里程数及使用年限的限制，使更多的网约车上路经营，一方面可以与出租车形成竞争，另一方面可以增加乘客的选择，方便其出行。除此之外，在孤山路可以增设定点的公交点，来方便人们的出行，缓解交通压力。

（二）建立红黑名单制度

很多出租车司机因为没有被运管部门实抓而心存侥幸。乘客通过网络反映出租车存在的问题，媒体的暗访也将出租车的陋习曝光。对于那些没有达到每月规定学习时间的出租车一律不准正常运营，对于那种宰客、挑客、拒载和服务态度恶劣的出租车司机一定要采取严打的态度。在景区、火车站“不打表，乱叫价”的出租车司机，一经乘客举报，在证据确凿的情况下应一律拉至黑名单，吊销经营许可，终身不得再从事出租车的行业。同样，对那些表现好的司机应给予奖励。政府应将红黑名单制度和其他实时的准确信息向公众发布，争取在“黄金时间”内应对旅游舆情危机事件。

（三）培养旅游危机意识，加强管理培训

提高旅游危机意识，加强管理培训是很有必要的。相关部门在平时就应该树立旅游危机意识，充分了解旅游危机的特征、发生时间和应对方法。出租车行业管理人员在内的整体从业队伍应该进行必要的考核和整肃。相关部门应定期对出租车公司的运营情况进行考察，加强从业人员素质管理的培训，保证每一个从业人员都能有良好的素质和服务态度，将日常工作和培训联系在一起，为乘客提供良好的服务。

（四）加强监督，合理利用网络投诉系统

政府和相关部门应该加强监督管理，督促出租车行业规范市场。一方面，应建立一定的奖励机制，将举报宰客的出租车司机作为每一个游客和市民理所应当、给予鼓励的事来提倡，让杭州出租车的运营环境和谐美好，服务质量能有较大的提升，服务态度能有较大的改善。另一方面，游客可以通过网络投诉系统来进行投诉。相关部门在收到游客的投诉消息后，要采取相应措施进行及时处理。

（五）积极响应，掌握宣传报道的主动权

在旅游危机爆发期间，相关部门一定要掌握宣传报道的主动权。旅游舆情危机管理重视反应速度，应秉持公正公平的态度，将信息透明化、公开化，以最快的速度向公众传达最新的消息，安抚公众的情绪，维持政府的公信力。公民有知情权和发言权，政府应在旅游舆情危机失控前疏导民意。选择合适的发言人、合适的发言地点，准备好如何合适地回答公众的问题，解开他们心中的疑惑，正确引导旅游舆情危机的发展走向。除此之外，还应该建立一定的旅游舆情危机发布信息的机制，力求信息发布的及时。总之，在面对旅游舆情危机管理时，要做好旅游危机信息的新闻发布、微博发布等，将信息及时准确地传递给社会公众。

（六）建立旅游舆情危机的反馈平台

当地政府在杭州出租车宰客这样的舆论背景下，应该与被宰的旅游者进行及时的沟通，给予适当的补偿。应通过建立一个有效旅游舆情危机的反馈平台在第一时间搜集网络民意，在力所能及的范围内先做出一个内部的调整，尽可能去缓解旅游者的情绪，再做出相应的对策去解决他们所反映的问题。这个平台的重要性主要体现在旅游者能够得到官方部门的关注，并能得到满意的答复。在这种情况下，旅游者一般不会通过网络社交媒体去表达自己的不满来引起社会的关注，而是在政府建立的有效反馈平台上得到满意答复之后，再去向社会大众宣传这个旅游舆情危机的反馈平台的有效性和实时性，从而大大提升了相关部门在旅游者心中的地位。危机管理是一门艺术，政府最应该做的是不断地总结分析旅游者反馈的信息、总结经验，提高处理旅游舆情危机管理的水平。

四、旅游地的形象修复

若杭州出租车的“顽疾”未得到及时处理，政府和相关部门未及时发布准确的官方消息，舆论的走向已经失控，那么在旅游舆情危机事件发生后，相关部门应在分析自身不足的同时，努力去解决后续的问题，必要时要站出来向公众致歉，表示失职之处，求得更多旅游者的谅解和认可。不仅如此，相关部门应在吸取教训后，完善一套旅游舆情危机管理措施，争取在下一次的旅游危机事件中以全新的姿态去及时解决。在网络舆论被有效控制的情况下，网络舆论甚至可以为旅游业服务。社会大众在了解相关部门的实施措施和应对态度后，当地的旅游业也会回暖。

（资料来源：张跃西 . 旅游危机管理［M］. 北京：中国旅游出版社，2017.）

【本章小结】

旅游业已经成为推动全球经济社会持续发展的重要力量，然而自然灾害、金融危机等危机使旅游业的脆弱性暴露无遗，目的地旅游业发展受到严重冲击。为了使危机的损害降到最低，甚至规避危机，本章主要探讨了旅游危机的概念、分类、特征与影响，旅游危机管理的原则、过程与策略。最后探讨了新时代旅游网络舆情的概念、特征、传播媒介和管理对策。本章的重点是旅游危机的分类、管理策略和旅游网络舆情危机管理，难点是旅游网络舆情危机管理。

【复习思考题】

1. 简述舆论与舆情的联系与区别。

2. 什么是旅游网络舆情？旅游网络舆情具有哪些特点？

3. 2016 年 7 月 19 日，一辆载有大陆旅行团的旅游大巴在前往台湾桃园机场的路上起火焚毁，事故造成车上 26 人全部遇难。截至 2016 年 11 月 1 日，大陆游客赴台人数持续减少，给台湾省旅游业带来了很大的冲击。请以小组形式，通过资料搜集，讨论该危机发生后台湾省采取了哪些措施，有何不足？

4. 案例分析

"四两拨千斤"的危机营销

2011 年 6 月 26 日，有网友爆料称，凉山州会理县政府网站发布的一则新闻中使用了合成痕迹明显的领导视察照片。随后，该图片在网上引发了 PS 狂潮。网民对图片进行了新的合成，原图中的三位领导走出会理县、走出国门，甚至离开地球，背景包括车上、太空、草原、南方水灾现场等多个场景。

危机事件发生当天，会理县政府就接受了《天府早报》等媒体采访，做出正面回应，并在政府网站上发表致歉声明，贴出了 PS 前的原图。与一般危机回应不同的是，会理县还向前多走了一步：当天下午，会理县政府及 PS 事件的当事人孙正东开通实名认证微博，向网友说明情况并致歉。随后，网友发现会理县微博和孙正东微博积极和网友互动，以同样轻松诙谐的语气回应网友的 PS 恶搞，并借机推介会理旅游。之后，一些团购网站和旅行社则已开始推介会理旅游套票。此前名不见经传的会理县一"图"成名。会理石榴、会理古城都开始走进网民的视野，成为微博上热传的旅游信息。不少网民表示，在 PS 欢乐之余，对会理产生了浓厚兴趣，很想去旅游。

一个危机事件华丽转身为成功的旅游营销，堪称危机营销的经典案例。这场危机营销不仅化解了会理县的危机，也让这个名不见经传的小地方一夜成名，带动了会理县旅游业的发展，提高了会理县的旅游知名度。

案例问题：

（1）结合案例分析会理县危机管理成功的原因有哪些。

（2）为凸显此次危机带来的机遇，会理县还可以做什么？

第五章

旅游资源管理

【导言】

旅游资源是旅游业赖以发展的基础，旅游资源的品位、规模、类型组合等特性，是目的地旅游竞争力的重要组成部分。旅游资源的管理首先要正确认识旅游资源，包括它的概念、特点、类型等，这样才能卓有成效地开发。旅游资源的开发水平是决定目的地旅游业发展水平的关键。旅游资源开发和规划是两个既有区别又有联系的概念，旅游资源开发规划先行。在旅游规划的内容上因规划的类型不同而有所区别，但越来越强调对资源尤其是遗产资源的保护和管理。旅游资源和旅游环境保护的相关理论，以及在旅游活动中设计环境教育等措施，都有助于实现旅游开发和资源环境保护的平衡。

【教学目标】

通过本章的学习，了解旅游资源的概念、特点及类型，掌握旅游资源的评价与开发，掌握旅游资源的保护。

【关键术语】

旅游资源的概念、旅游资源的分类、旅游资源的特点、旅游资源的评价、旅游资源的开发、旅游资源的保护

【导入案例】

桂林为何还没有世界遗产

尽一切可能避免破坏历史性城市和地区。

——《威尼斯宪章》

如果必须建造新建筑物，它们的特点和尺度必须与它们周围建筑物协调。

——《威尼斯宪章》

构成历史园林整体组成部分的永久性的或可移动的建筑、雕塑或装饰特征，只有在其保护或修复之必要范围内方可予以移动或替代。任何具有这种危险性质的替代和修复必要根据威尼斯宪章的原则予以实施，并且必须说明任何全部替代的日期。

——《佛罗伦萨宪章》

历史园林必须保存在适当的环境之中，任何危及生态平衡的自然环境变化必须加以禁止。所有这些适用于基础设施的任何方面（排水系统、灌溉系统、道路、停车场、栅栏、看守设施以及游客舒畅的环境等）。

——《佛罗伦萨宪章》

桂林是我国著名的山水城市，它追求的是整个城市的生态和谐。城市穿插分布在山水之中，青山、秀水、奇洞、美石以及众多的文物古迹与城市融合在一起，山水绮丽，景色与城市建筑互为因借，城市处处可见奇峰碧水，到处是景，到处是园。这样的城市不仅国内绝无仅有，即使在世界上也是罕见的。桂林这个城市，是以山水扬其名，以自然之美甲天下，而又有名胜古迹增其色。如果说苏州是“城中园”，杭州是“半壁江山半壁城市”的话，桂林则是“山水中的城市”。但是桂林这样一座绝无仅有的山水城市，至今没有一处世界遗产。

现在每年的节假日都有大批的游客涌入桂林的各大风景区，使得风景区极易患“节假日综合征”，导致风景区内的植被、水、大气和土壤超负荷使用，很容易造成破坏。比如，著名的芦笛岩风景区因游客的大量涌入，人群呼出大量的二氧化碳而影响了岩洞的发育。还有一个例子是漓江的机动船对河岸的破坏，可能再过几年，美丽的漓江就会被掏空。

此外，漓江沿岸盖饭店、挤占城市绿地建宾馆、征用良田作高尔夫球场、耗费巨资建人造景点（美食城、四美园等），毁坏古迹修马路、让商家经营阳朔风景道、在市场出售钟乳石工艺品，以及要在漓江景区筑大坝、在七星山上建索道……这些都是违反上述原则规定的，都属于破坏性建设，应当进行清理整顿。

桂林自然环境的破坏根源可能不仅仅是旅游带来的，更多的是桂林人自己带来的。最明显的就是漓江河段上的挖沙问题和森林砍伐问题。

（资料来源：根据相关资料整理而成。）

第一节　认识旅游资源

一、旅游资源的概念

旅游资源的概念是随着旅游活动的发展而出现和变化的，它是旅游活动的客体，是旅游业发展的基础。

西方学者常使用旅游吸引物的概念，在大多数情况下，它是旅游资源的代名词，霍洛韦这样定义旅游吸引物：那些给旅游者以积极的效益或特征的东西，它们可以是海滨或湖滨、山岳风景、狩猎公园、有趣的历史纪念物或文化活动、体育运动，以及令人愉悦舒适的会议环境。西方学者有时也将休闲活动所利用的资源包括进来。

随着我国旅游业的发展，旅游资源的研究受到许多学者的重视，然而到目前为止，国内尚未形成一个学界公认的旅游资源的定义。由于认识角度的不同，出现了不同的旅游资源的定义。

旅游资源是一个内涵非常广泛的概念，其表现形式可以是有具体形态的物质实体，如风景文物；也可以是不具有具体物质形态的文化因素，如民族风俗。资源只有具备以下三个必需的条件才能称为旅游资源：第一，对旅游者具有一定的吸引力。在旅游资源中最核心的就是吸引力。旅游者之所以选择去某地旅游就是因为其吸引力，构成这种吸引力的可能是自然因素，可能是社会因素、文化因素或者其他因素[①]。第二，绝大多数旅游资源是与旅游业直接相联系的，能为旅游业所开发利用，并具有一定的经济、社会、文化效益。第三，旅游资源是与旅游者直接相联系的，它们能激起旅游者的旅游动机，是旅游者旅游活动的对象物，能满足旅游者的特定需求。总之，对旅游者不具有吸引力，又不能被旅游业所利用的资源不能归属于旅游资源的范畴。

随着社会的发展，现代旅游资源的范畴已经大大超出了传统自然风景名胜、历史文化等，出现了科考、主题公园、节庆活动等资源。甚至在将来，现在很多不可能被旅游业开发利用的事物也有可能成为旅游资源，如现在人们还没能普遍实现的漫步深海、遨游太空、去南北极探险等[②]。所以，在借鉴中外学者定义的基础上，本书尝试对旅游资源做如下界定：凡能够吸引旅游者产生旅游动机，并能为旅游业所利用来开展旅游活动的一切自然、人文社会和其他因素，都可称为旅游资源。

① 刘振礼，王兵．新编中国旅游地理［M］．天津：南开大学出版社，1996.
② 吴必虎，宋子千．旅游学概论［M］．北京：中国人民大学出版社，2011.

二、旅游资源的重要性

（一）旅游资源是旅游活动的客体

旅游资源是诱发旅游动机和旅游行为的事和物的总和，对旅游者来说，它是旅游活动的对象，是旅游活动的客体。旅游活动具有异地性，即以人们的地域移动为主要特征，而诱发人们地域移动的主要动力应是旅游资源的内容。旅游资源是刺激旅游者旅游需求的内在动因，如果没有旅游资源，旅游活动中“游”的核心内容就没有实现的可能，也就无所谓什么旅游活动的进行，更不会有旅游者①。可以说，旅游资源是人类旅游活动的基础和前提，旅游资源吸引力的大小决定着旅游需求量的多少。但当其他条件都具备时，有效地扩大旅游资源的吸引力，也能有效地刺激旅游需求的增长。

（二）旅游资源是旅游产品的物质基础

旅游资源是产生旅游活动的物质基础，是客观因素之一，旅游资源不仅是实现旅游活动的必备条件，也是设计旅游产品、规划旅游项目、组合旅游路线的必要前提，是旅游产品的重要核心组成部分。旅游资源数量的多少和质量的高低，决定着旅游产品在旅游市场上的竞争能力。旅游资源是旅游生产活动的劳动对象，是旅游产品的物质基础，人们的旅游开发活动是围绕着旅游资源进行的。没有旅游资源，人类的旅游开发活动也就没有了作用对象，旅游业成了无本之木、无源之水。因此，要提高旅游产品在旅游市场上的竞争力，就必须首先提高旅游资源在旅游市场上的吸引力。

（三）旅游资源是旅游业发展的重要基础

旅游业的产生和发展是以旅游活动的出现为基础的，在旅游活动的“食、住、行、游、购、娱”六大要素中，“食、住、行”是旅游活动的必备条件，“游、购、娱”是旅游活动的主要内容，“游”则是旅游活动的核心内容。而旅游资源作为旅游活动的对象与客体，是吸引旅游者产生旅游动机的根本原因。旅游业正是利用旅游资源，通过加工、生产、组织、销售旅游产品而获得发展的。因此，没有旅游资源，就不会有旅游活动，更无法谈及旅游业。旅游活动的异地性，使得旅游地的许多行业纳入旅游业之中，如餐饮、住宿、商业、交通、洗浴、医疗、文化演艺等。随着旅游业的发展，旅游业的范畴将进一步扩大，旅游业的行业界线也将变得更加模糊，影响旅游业发展的因素将会越来越多，但无论如何，旅游资源是发展旅游业的凭借物和依据，是旅游业赖以生存和发展的基本条件。

---

① 陆林．旅游的区域环境效应研究——安徽黄山市实证分析［J］．中国环境科学，1996，16（6）：418-420.

（四）旅游资源质量影响旅游业发展水平

旅游资源的赋存情况影响区域旅游业的发展水平。这是因为旅游资源的质量直接影响到旅游需求的形成和增长，影响着旅游客源市场规模的大小[①]。旅游资源质量主要是指旅游资源所具有的旅游价值的高低，包括旅游资源的美学特征、稀有程度、休闲康乐价值、文化价值、历史价值、科学研究价值以及资源数量、丰度、分布和组合性等。一般来说，旅游资源质量越高，对旅游者的吸引力越大，越能刺激旅游需求的增长，对旅游业发展也会起到重要的促进作用。虽然影响旅游业发展的因素很多，但在其他条件相似的情况下，旅游资源本身质量的高低具有重要的意义。北京、西安、杭州、桂林等城市之所以能够成为旅游热点城市，就是因为这些地方有知名度高、吸引力大的特色旅游资源。

（五）旅游资源的开发可以促进旅游地区的经济发展

以旅游资源为物质基础的旅游业是一个带动力很强的产业，它的发展能够带动很多相关产业的发展，从而促进所在地区的经济发展和社会进步。旅游资源与大多数其他资源的不同之处是，只要保护和开发得当，旅游资源具有“永续性”特点：旅游者前往旅游目的地参观、游览，被旅游者带走的仅是对旅游资源的美好印象与感受，旅游资源本身是带不走的，仍然可以重复利用。虽然因受到季节和气候的影响，旅游会呈现出明显的淡季、旺季之分，但如果对地区旅游资源进行深度开发，如通过举办一些重大的节庆赛事活动等，不仅能使旅游的淡季缩短，甚至可能变旅游淡季为旅游旺季。

第二节　旅游资源的分类与特点

一、旅游资源的分类

旅游资源的分类是旅游资源调查和资源开发的基础，根据不同的目的，有不同的分类标准和方法。

（一）按资源特性及组成要素分类

根据资源特性及组成要素可将旅游资源分为自然旅游资源和人文旅游资源两大类。

1. 自然旅游资源

自然旅游资源是依照自然发展规律天然形成的，吸引游人前往旅游的自然景观与自然环境。

---

① 马耀峰，宋保平，赵振斌．旅游资源开发［M］．北京：科学出版社，2004.

（1）地质地貌类。主要包括典型的地质结构、古人类遗址、古生物化石遗迹、矿物、岩石及其产地、典型的地质灾害遗迹、山岳、峡谷、火山、沙滩、岛屿、喀斯特景观、丹霞景观等。例如，山东泰山、桂林山水、周口店北京猿人遗址、长江三峡地质奇观、黄山奇峰、丹霞山地质地貌景观区等，都是我国著名的旅游资源。

（2）水体类。主要包括江河、湖泊、泉、瀑布、海洋及冰川等旅游资源。例如，黄果树瀑布、滇池以及众多的海滨风景区。

（3）生物类。主要包括珍稀动植物、古树名木、花卉及特色物候景观，这类旅游资源主要以自然保护区的形式加以开发。例如，四川卧龙大熊猫保护区、武夷山风景区等。

（4）气象气候类。主要包括云海、雾凇、雪景、蜃景以及避暑胜地、避寒胜地等旅游资源。例如，我国著名的吉林市松花江雾凇景观、山东蓬莱地区的“海市蜃楼”、黄山云海、承德避暑山庄等。

（5）太空天象胜景类。例如，极光、日出（落）、日（月）食、流星雨等奇观。著名的日出观景点有泰山的日观峰、华山的东峰、庐山的汉阳峰、峨眉山的金顶、钱塘江的初阳台和北戴河的鹰角亭。

2. 人文旅游资源

人文旅游资源是指人类历史发展中人为因素形成的具有旅游吸引力的物质形态和精神形态旅游资源。人文旅游资源所涉及的内容非常丰富，依据不同的性质、内容和形式，可分为以下五大类。

（1）历史类。包括人类历史遗址、古建筑、古园林、古陵墓等。例如，北京故宫、陕西秦始皇兵马俑、万里长城。

（2）民俗风情类。包括有地方特色和民族特色的建筑、服饰、歌舞、节庆等风俗。陕西和山西的窑洞、傣族的竹楼、藏族的牛皮船、云南纳西族和云南泸沽湖摩梭人的“走婚”、汉族的春节、傣族的泼水节等都属于民俗风情类旅游资源。

（3）宗教类。包括宗教文化、宗教建筑、宗教艺术、宗教活动等。例如，五台山、普陀山、峨眉山和九华山是中国著名的四大佛教圣地。寺庙、道观、经堂是建筑艺术的精华，而造像、壁画、碑碣等也极富文化价值。

（4）休憩服务与文化娱乐类。包括疗养设施、特殊医疗、现代园林、各种文化娱乐设施和活动。

（5）近现代人文景观类。包括近现代革命活动遗址、纪念馆以及体育、商务与会议旅游资源。

（二）按综合资源的特性与游客体验分类

按照综合资源的特性与游客体验作为分类标准，将旅游资源分为以下三种类型。

1. 市场导向型游憩资源

以利用者需求为导向，靠近利用者集中的人口中心（城镇），通常满足的主要是人们的日常休闲需求，如球场、动物园、一般性公园。一般面积在 40~100 公顷，通常由地方政府或私人经营管理，海拔一般不超过 1000 米，距离城市在 60 千米的范围内。

2. 资源基础型游憩资源

这类资源可以使游客获得近于自然的体验。资源相对于客源地的距离不确定，主要在旅游者的中长期度假中得以利用。例如，历史遗迹及远足、露营、垂钓用资源，一般面积在 1000 公顷以上，主要是国家公园、国家森林公园、州立公园及某些私人领地。

3. 中间型游憩资源

介于上述两者之间，主要为短期（1 日游或周末度假）游憩活动所利用，游客在此的体验比市场导向型更接近自然，但又比资源基础型要次一级。

（三）按旅游资源的级别分类

1. 世界级旅游资源

世界级旅游资源包括经联合国教科文组织批准被列入《世界遗产名录》的名胜古迹和列入联合国“人与生物圈”计划的旅游资源。此类资源是世界上知名度高的旅游资源，具有全球性的艺术观赏、历史文化和科学研究价值。例如，我国的长城、北京故宫等。

2. 国家级旅游资源

这类旅游资源在国内外拥有很高的知名度，具有极高的观赏、科学和历史价值。主要包括国家重点风景名胜区、国家历史文化名城、国家级重点文物保护单位。

3. 省级旅游资源

此类旅游资源在省内拥有很高的知名度，具有较高的观赏、历史和科学价值及地方特色，主要针对国内、省内及地区的游客。

4. 市（县）级旅游资源

此类旅游资源主要以当地人为主要客源，具有一定的观赏性和科学价值。例如，成都乡村农家乐旅游就主要是针对成都市及其周边地区的居民。

（四）其他分类

旅游资源的分类还有其他的方法，如按照旅游者的旅游动机不同可划分为心理、精神、健身、经济方面的旅游资源，按照利用和开发状况可分为已开发、待开发、未开发旅游资源，根据旅游吸引物的吸引性质分为场所吸引物和事件吸引物，按照游客的体验性质将旅游资源分为原始地区、近原始地区、乡村地区、人类利用集中地区、城市化地区。

二、旅游资源的特点

旅游资源同世界上其他各种资源一样，既有共性的一面，又有其自身所独有的特点。

（一）多样性

旅游资源所具有的广泛多样性，是其他资源所不能比的。不仅包括秀美的山川，还包括源远流长灿烂的历史文化等。旅游资源的客观存在极为广泛：既有自然的，也有人文的；既有景观性的，也有文化性的；既有古代遗存的，也有现代兴建的；既有实物性向，也有体察性的。随着社会经济文化的发展和科技的进步，旅游者社会组成和心理特点的多样性决定了旅游需求的多样化、个性化，旅游资源的范围还在不断扩大，内容日益丰富。旅游者的足迹已从世界最高峰到了海底，从繁华的城市到了渺无人烟的沙漠和严寒的极地，甚至已跨入了太空。从某种程度上来说，旅游资源的范畴已几乎无所不包。

（二）可观赏性

旅游资源同其他资源的最大的区别在于它具有一定的可观赏性，即旅游资源有形象化的可目睹、可感觉的吸引性特征。人们常常将旅游资源的价值分为观赏价值、科学价值和文化价值。其中，观赏价值是旅游资源的核心成分，而科学价值和文化价值只是旅游资源的附加成分，并非每一种旅游资源都拥有科学价值和文化价值，但任何一种旅游资源都必须具有可观赏性，能给人带来审美和愉悦感受。只有人们感觉到某种事物能够满足其好奇心和心理享受的需要，这种事物又具有一定的观赏性，才能吸引旅游者开展旅游活动①。不管是哪一种旅游资源，无论是名山大川、奇石异洞、海湖泉瀑、风花雪月，还是文物古迹、民族风情等都具有美感，从而使旅游者获得愉悦的心理体验。旅游资源的美学特征越突出，其观赏性就越强。

（三）区域性

旅游资源总是分布于一定的地理空间，其形成受特定区域的地理环境各要素的制约，又反过来反映着区域环境的特色，这就是旅游资源的区域性。区域性是旅游资源最本质的特征，是由于地理环境和社会文化在地域上的差异形成的，这种差异会导致同类事物由于所处的地区和地域的不同而形成不同的特色与风格，使旅游资源具有不同的地方性和民族性。例如，我国北方与南方地理环境的差异，造成自然景观、人文景观南北特色迥然不同。北方具有深厚的古都文化，如北京、西安等历史文化名城都有悠久的历史，古代建筑、古城遗址、帝都王陵，特色鲜明。南方山清水秀，自然旅游资源多以海

① 马勇，李玺．旅游规划与开发［M］．北京：高等教育出版社，2002.

滨、山地、高原为主。也正是不同区域的旅游资源之间存在差异性，导致一地的旅游资源对另一地旅游者形成吸引力，才形成了旅游者的空间流动，区域性越突出的旅游资源对旅游者的吸引力越强。

（四）不可转移性

旅游资源的不可转移性包括两层意思：一是指旅游资源本身的不可迁移性，如风景名胜区、名山名水、海洋湖泊等自然景观是不可移动的；二是指各种旅游资源都分布在与之相适应的地理环境和区域环境中，都带有强烈的地方色彩和区域特征[①]。一旦将其移开，资源的吸引力就会大大降低甚至消失。例如，把秦始皇兵马俑迁移到外地，就失去了它所具有的独特的历史文化内涵，很难让人们由此感受到2000年前秦军兵强马壮、气势磅礴的阵容。如果把少数民族的建筑和各种民族节日都搬到城市中，也许形式上可以复制得很好，但是却失去了民族原汁原味、丰富多彩的民风民情和民俗文化。旅游是旅游者移动到旅游资源地的活动，而不是像其他资源一样将其运到其他地方进行再加工利用，因此旅游资源的开发利用一般都在当地进行。

（五）吸引力的定向性

旅游活动以旅游者在空间上的移动为前提，而旅游资源所具有的吸引力，是引发这一空间行为的重要动因。无论是令人陶醉的自然风景和风格独特的古今建筑，还是特色浓郁的民族风情与各具千秋的美味佳肴，都因对旅游者有极强的吸引力而成为重要的旅游资源[②]。必须指出，旅游资源的吸引力在某种程度上涉及旅游者主观效用评价。就某项具体的旅游资源而言，它可能对某些旅游者吸引力颇大，却对另一些旅游者无多大吸引力，甚至根本没有吸引力。所以，任何一项旅游资源都具有吸引力定向的特点，只能吸引某些特定的市场，而很少能对整个旅游市场都具有同样大的吸引力。

（六）开发利用的永续性和不可再生性

永续性指旅游资源利用的重复性。在旅游资源中，除了小部分内容在旅游活动中会被旅游者消耗，需要自然繁殖、人工饲养、栽培和再生产来补充外，绝大多数旅游资源具有长期重复使用的价值。

虽然旅游资源具有开发利用的永续性，但同时也具有不可再生性，尤其是在管理和使用不当的情况下，旅游资源也很容易因遭受各种形式的损害而失去对旅游者的吸引力。自然旅游资源如此，人文旅游资源也有同样的问题。自然风景和文物古迹，一旦因为利用不当致使其遭到破坏，就将不能再生。因此，在开发利用过程中，要非常重视资源的保护，以实现其永续的利用。

---

① 罗佳明．旅游管理导论［M］．上海：复旦大学出版社，2010．

② 郑向敏．旅游对风情民俗资源的消极影响及对策研究［J］．旅游学刊，1996（3）：44–47．

第三节　旅游资源的评价与开发

一、旅游资源评价的目的与原则

（一）旅游资源评价的目的

旅游资源评价是对区域旅游发展的前期性研究，评价的科学性和实践性直接影响到区域旅游资源的开发和发展程度，如旅游资源的吸引力评价影响到旅游地客流量和旅游开发规模。旅游资源评价的主要目的在于以下几个方面。

1. 统一对旅游资源的认识

通过旅游资源评价，选择科学的评价模式和评价方法，可以帮助人们统一对旅游资源的认识，遵循客观规律和旅游需求合理地开发旅游资源。通过对旅游资源的规模水平、类型数量密度和承载容量鉴定，明确旅游资源的类别、数量、构成与丰度，为进行分级规划和管理提供系列资料和判断标准。通过对旅游资源的种类、组合、结构、功能和性质的评价，确定旅游资源的质量，论证其独有的魅力，评估其在旅游地开发建设中的地位。

2. 为旅游规划和开发提供理论依据

通过对旅游资源的特色、类型结构、旅游功能和性质的评价，为旅游项目建设提供论证依据。通过对旅游资源及其环境的开发性综合评价，直接为区域旅游资源的开发重点、开发方向、开发规模等提供科学依据。

3. 帮助制订旅游资源开发时间进度计划

着眼于评估旅游资源的数量、类型、规模、品位、丰度、分布、区域组合性和文化内涵，对旅游资源的美学价值、历史文化价值和开发价值进行综合评估，同时对旅游资源的区位条件、自然条件、社会经济、文化条件、投资施工和客源市场等开发利用环境条件进行评估①。目的是对区域内不同地域的旅游资源进行开发价值比较，做规划与管理意义上的重要度排序。

（二）旅游资源评价的原则

1. 符合科学的原则

在针对旅游资源的形成、本质、属性、价值等核心问题进行评价时，应采取科学的

① 高峻 . 旅游资源规划与开发［M］. 北京：清华大学出版社，2008.

态度予以正确的解释，不能全部贯以神话传说，更不能相信和宣传迷信。这个要求是旅游资源评价、开发的前提和基础。

2. 客观实际的原则

旅游资源本身是客观存在的事物，因此在评价时，要从客观实际出发，实事求是地评价它的价值高低、大小以及功能状况，不能夸大，也不能缩小。

3. 全面系统的原则

旅游资源是丰富多样的，因此在进行旅游资源评价时，要综合衡量、全面完整地进行系统评价。不仅要对资源本身的质量、特色、规模、知名度、功能等方面的因素进行评价，还要对所在的区位、交通、经济、社会、环境等外部条件进行全面完整的评价。

4. 动态发展的原则

旅游资源特征以及开发的社会经济条件本身是在不断变化和发展的，这就要求旅游资源评价工作不能局限于现状，必须具有动态发展观点，用发展的眼光看待变化趋势，对旅游资源及其开发利用前景做积极、全面、正确的评价。

5. 效益估算的原则

旅游资源评价的最终目的是开发利用，而开发的首要目的是取得经济、社会和生态综合效益，因此，评价时要对旅游资源开发的前景予以适当的评估。

6. 力求定量的原则

在评价旅游资源时，应尽量减少和避免带有强烈主观色彩的定性评价，要实际、系统、科学地全面评价，所以要求定量、半定量地评价，通过一定数据来评价以及与其他地区比较。要求不同调查区尽量采用统一的评价模式和标准对旅游资源进行评价，使得资源的评价具有可比性。

二、旅游资源评价的内容、方法

（一）旅游资源评价的内容

旅游资源综合评价的内容主要包括三个部分，即对旅游资源特色和结构的评价、对旅游资源环境的评价以及对旅游资源开发条件的评价。

1. 对旅游资源特色和结构的评价

（1）旅游资源的特性和特色。旅游资源的特性和特色是衡量其对游客吸引力大小的重要因素，它对旅游资源的利用功能、开发方向、开发程度及其经济和社会效益起着决定作用[①]。通常个性化程度越高的旅游资源的开发前景相对较好，那些“新、奇、特、绝”的旅游资源往往能够成为区域旅游发展的重要支柱。

① 苏勤，等．旅游学概论［M］．北京：高等教育出版社，2001.

（2）旅游资源的价值和功能。旅游资源的价值包括旅游资源的艺术欣赏价值、文化价值、科学价值、经济价值和美学价值，是旅游资源质量水平的反映。而旅游资源的功能则是与价值相对应的，指经过开发后能够满足旅游者某方面需求的能力。一般的，艺术和美学价值高的旅游资源，观光的功能较为突出；文学和科学价值高的旅游资源，其科学考察和文化体验的功能占据主要位置。此外，旅游资源经过开发还可具备娱乐、休憩、健身、疗养和商务等多重功能。旅游资源的价值和功能对于其开发内容和开发形式具有重要的影响。

（3）旅游资源的数量、密度和布局。旅游资源的数量是指区域内旅游资源单体的数量，而密度则是指单位面积内旅游资源的数量多少，它可以表示区域内旅游资源的聚集程度①。旅游资源的布局则是指旅游资源的空间分布和结构组合特征。一般情况下，景观数量大、相对集中并且布局合理的区域资源赋存状况较为理想。因此，旅游资源的数量、密度和布局是判断区域旅游开发的规模和可行性的重要因素。

2. 对旅游资源环境的评价

（1）旅游资源的自然环境。旅游资源所处的自然环境是指区域内的地质、地貌、气象、水文、生物等环境要素。作为旅游资源开发地，其环境应以能让游客从视觉、听觉、嗅觉、触觉以及味觉等全方位感受舒适怡人为宜。自然环境较为恶劣的区域在开发旅游时往往会遇到一定的阻碍。

（2）旅游资源的社会环境。旅游资源所处的社会环境指旅游资源所在区域的政治局势、社会治安、医疗保健和当地居民对旅游者的态度等内容。良好的外部社会环境能够促进旅游的快速发展，如欧盟国家间实行互免签制度，这些国家的居民出国旅游十分方便。而当政治局势不稳定或爆发战争和恐怖事件时，当地的旅游资源开发及旅游业发展会受到伤害，如近年来的印度尼西亚巴厘岛爆炸事件、美国“9·11”恐怖事件等都对当地旅游业造成了较大的负面影响。

（3）旅游资源的经济环境。旅游资源的经济环境是指资源所在区域在经济发展上的发达程度。通常经济越发达的地区在旅游资源开发上的投资实力越强，且本地居民对旅游产品的消费需求也相应较高，这为当地发展旅游业提供了良好的保障。同时，经济发达的区域在人力资源的供给上也具有较大的优势，对旅游资源的开发具有较大的推动作用。

（4）旅游资源的环境容量和承载力。旅游资源的环境容量，是指旅游资源自身或所处区域在一定时间条件下旅游活动的容纳能力，包括容人量和容时量两个方面。所谓容人量是指单位面积所能容纳游客的数量。容时量则指旅游者在该区域内游览时所需要的基本时间。旅游资源越复杂、越丰富则容时量就越大；相反，那些类型单一、数量较少的区域，其容时量就小。旅游资源所处环境的容量和承载力对于旅游资源的开发规模具

① 李天元. 旅游学概论［M］. 北京：高等教育出版社，2011.

有决定性的作用。为了保证旅游资源的有序开发和永续利用，规划者往往选择环境容量指标中数值最小的指标作为开发规模的限值。

3. 对旅游资源开发条件的评价

（1）区位条件。旅游资源的区位条件是影响资源开发可行性、开发规模和效益度的重要外部条件，包括旅游资源所在地的地理位置、交通条件以及与周围旅游区之间的相互关系等[①]。

（2）客源条件。客源数量直接关系到旅游开发的经济效益。而客源数量通常又与旅游开发地的腹地大小、腹地经济发展程度关系较大。例如，在华侨城系列主题公园和迪士尼乐园的选址上，就将腹地规模和经济实力作为重要的考虑依据。深圳和香港所拥有的腹地泛珠三角区域人口密集且经济实力十分雄厚，因此，在旅游客源方面能够提供保障。

（3）投资条件。与投资条件相关的要素主要包括资源所在区域投资渠道的畅通程度和政府对于旅游投资的政策。投资渠道畅通、旅游投资主体较多、政府对于旅游投资制定优惠政策的区域，其投资条件相对较为优越。这类区域在旅游资源开发的资金筹集方面往往能够获得有效的保证。

（4）建设施工条件。旅游资源的开发会涉及系列工程项目的建设，如各种游览、娱乐设施和道路交通、供水供电、停车场地等基础设施，因此，对于区域内的地址、地形、土质、供水等有较高的要求。上述开发建设条件的好坏与旅游资源的开发可行性间有密切的关联，需要在资源评价时加以关注。

（二）旅游资源评价的方法

1. 定性评价法

旅游资源评价尽管类型很多，但常用的评价方法一般有定性法和定量法两种。定性评价方法使用范围广泛，形式多种多样，包含的内容丰富，是评价者在考察旅游资源后根据自己的印象所做的主观评价，一般多采用定性描述的方法，也叫经验性评价法。该方法简单易行、见效快，对数据资料和精确度要求不高，但不可避免地存在结论的非精确性和推理过程的相对不确定性。由于评价方法很多，在此仅选择一些具有代表性的方法来介绍。

（1）卢云亭的“三三六”评价体系。即“三大价值、三大效益、六大开发条件”评价体系。“三大价值”指旅游资源的历史文化价值、艺术观赏价值、科学考察价值，“三大效益”指旅游资源开发之后的经济效益、社会效益、环境效益，“六大开发条件”指旅游资源所在地的地理位置和交通条件、景象地域组合条件、旅游环境容量、旅游客源市场、投资能力、施工难易程度六个方面。

① 马勇，周霄．旅游学概论［M］．北京：旅游教育出版社，2008.

（2）黄辉实的“六字七标准”评价法。主要是从旅游资源本身和资源所处环境两个方面加以考虑。从旅游资源本身，采用了六个评价标准：美、古、名、特、奇、用。在评价资源所处环境时，有季节性、污染状况、联系性、可进入性、基础结构、社会经济环境、市场七个标准。

（3）一般体验性评价。一般体验性评价是评价者根据自己的亲身体验，对某一个或某一系列的旅游资源就其整体质量进行定性评估①。常用方式是旅游者在问卷上回答有关旅游资源的优劣顺序，或由各方面专家讨论评价，或统计在常见报刊或旅游书籍、旅行指南上出现的频率等。这种评价多由传播媒介或行政管理机构发起，如我国曾评选的“中国十大名胜”和“中国旅游胜地四十佳”，就是运用这种方法得出的。评价的结果可以提高某些旅游地的知名度，客观上会对旅游需求流向产生诱导作用。一般体验性评价的项目很简单，只要求就旅游资源进行整体质量评价，或在问卷上按序号（表示质量优劣的顺序）填上评价者认定的旅游地（旅游资源）即可。这种方法常局限于少数知名度较高的旅游资源开发地，无法用于一般类型或尚未开发的旅游资源。

（4）美感质量评价。一般是基于对旅游者或专家体验的深入分析，建立规范化的评价模型，评价的结果多具有可比性定性尺度或数量值。其中对自然风景质量的视觉美评估技术已经比较成熟，目前较为公认的有四大学派。

①专家学派，代表人物是林顿（R. B. H. Litori）。即以受过专业训练的观察者或专家为主体，以艺术设计生态学以及资源管理为理论基础对景观进行评价。如美国土地管理局风景资源管理系统（visual resources management），美国林务局的风景管理系统（visual management system）。

②心理物理学派，代表人物有丹尼尔（T. C. Daniel）和布雅夫（G. J. Buhyoff）等。该学派主要研究如何建立环境刺激与人类的反应之间的相互关系，应用较成熟的风景类型是森林风景。

③认知学派（心理学派），代表人物有卡普兰（S. Kaplan）、金布利特（Gimblett）、布朗（T. Brown）等。该学派把风景作为人的生存空间、认知空间来评价，强调风景对人的认识及情感反映上的意义，试图用人的进化过程及功能需要去解释人对风景的审美过程。

④经验学派（现象学派），代表人物是洛温撒尔（Lowenthal）。该学派认为人对景观的评价看作人的个性及其文化和历史背景、志向与情趣的表现，将人在景观评价中的主观作用提到绝对高度。

2. 定量评价法

定量分析是根据一定的评价标准和评价模型，以全面系统的方法，将有关旅游资源的各评价因子予以客观量化，其结果具有可比性。较之定性评价，结果更直观、更准

① 高峻 . 旅游资源规划与开发［M］. 北京：清华大学出版社，2008.

确。但是定量评价难以动态地反映旅游资源的变化，对一些无法量化的因素难以表达，且评价过程较为复杂，因此在实际工作中，还必须与定性评价法密切配合，才能较好地达到预期目的。

（1）地形的适宜性评价。一般来说，地形因素对于运动型的旅游活动至关重要，是关键的旅游资源因子。地形对于风景观赏存在影响，崎岖、陡峭的地形会给旅游者空间移动带来困难，但常能借助人工设施加以解决，如缆车、索道。而地形的这种特性本身却具有风景美感。各种参与型的旅游活动对地形的倾斜程度（坡度）都有较严格的要求，如滑雪要求的坡度，必须在350°以下，但滑雪区缓坡（100°以下）所占面积太大，又会影响滑雪者的体验水准，难以吸引大量滑雪者。各种旅游活动特别是参与性旅游活动对于地形的要求，成为评估地形适宜性的重要衡量标准。

（2）海滩及海水浴场评价。乔戈拉斯在研究旅游地的一般特征时，提出了一级浴用海滩的评价标准：第一，用于阳光浴等消极活动，要求海滩沙质细洁，至少长300ft（$1ft=3.048\times10^{-1}m$），宽50ft，沙滩在全年中应有80%以上的时间免于暴晒；后腹地有遮掩、树木，而且环境幽雅，无人工废物和自然灾害物，坡度小于150°，具开发潜力。第二，用于游泳等积极活动，要求水底没有或很少有淤泥，水质无色无味，大肠菌群数含量小于100个／100ml，无生物垃圾，高潮时深8ft的海底无珊瑚和尖石，无危险激流，海滩性质同上，但要求更长、更宽。一年中应有9个月的时间适于游泳。对于海水浴场评价，可用日本东急设计咨询公司为我国台湾南部垦丁风景特定区制定的海水浴场评价技术指标（见表5–1）和美国土地管理局制定的海水浴场适宜性评估（见表5–2）标准。

表5–1 海水浴场评价标准（日本）

序号	资源项目	符合要求的条件	附注
1	海滨宽度	30~60m	实际总利用宽度50~100m
2	海底倾斜	1/60~1/10	倾斜度越低越好
3	海滩倾斜	1/50~1/10	倾斜度越低越好
4	流速	游泳对流速要求在0.2~0.3m/s，极限流速0.5m/s	无离岸流之类局部性海流
5	波高	0.6m以下	符合旅游要求的波高为0.3m以下
6	水温	23℃以上	不超过30℃，但越接近30℃越好
7	气温	23℃以上	—
8	风速	5m/s以下	—
9	水质	透明度0.3m以上，COD2ug/g以下，油膜肉眼难以辨明	—
10	地质粒径	没有泥和岩石	越细越好
11	有害生物	不能辨认程度	—

续表

序号	资源项目	符合要求的条件	附注
12	藻类	在游泳区域中不接触身体	—
13	危险物	无	—
14	浮游物	无	—

表 5-2　海水浴场适宜性评估（美国）

决定因素	评估标准及记分（分）		
水质	清澈（5）	浑浊（4）	污染（1）
危险性	无（5）	有一点（4）	有一些（1）
水温	>22.2℃（5）	19.4~22.2℃（4）	<19.4℃（1）
颜色与浑浊度	清明（3）	稍浑浊（2）	浑浊（1）
风	全季适宜（3）	>1/2季节适宜（2）	<1/2季适宜（1）
1.5m深海域（距海岸线）	>30.5m（3）	15.25~30.5m（2）	9.15~15.25m（1）
海滩状况	良好（5）	一般（4）	差（1）

注：分等，A=26 ~29 分，B=21~25 分，C=13 ~20 分。良好级：坡度低于 10%，海岸平滑，稳定性好，障碍物少且易于移除；一般级与差级，依次类推。海滩状况包括坡度、平滑、稳定性、障碍性。

（3）层次分析法。层次分析法最早是由美国运筹学家萨蒂（A. L. Saaty）提出的，在国内应用这一研究方法的领域很广泛。层次分析法是将复杂的问题分解成若干层次，在比原问题简单得多的层次上逐步分析，将人的主观判断用数量形式表达出来。主要步骤如下：

第一步，将旅游资源的评价进行层次划分，划分出大类、类和层等，构成旅游资源评价模型树。

第二步，给出评价因子的大类、类、层的权重。对决策树中各层次分别建立反映其影响关系的判断矩阵，通常是应用德尔菲法，即专家咨询法，获得评价因子排序权重及位次。

第三步，根据权重排序，以 100 分为总分，按权重赋予各个因素分值，就得到旅游资源定量评价参数表。

第四步，根据各评价因子的权重，确定基本评价因子的指标分，亦可采用德尔菲法。

如楚义芳建立的中国观赏型旅游地评价模型共分为三个部分：①旅游资源评价；②旅游地区域条件评价；③旅游地区位特性评价。

评价的数量模型采用菲什拜因 · 罗森伯格关于旅游地综合性评估模型，即

$$E = \sum_{i=1}^{n} Q_i P_i \tag{5.1}$$

式中，E 为旅游地综合性评估结果值，Q_i 为第 i 个评价因子权重，P_i 为第 i 个评价因子评价值，n 为评价因子的数目。

评价因子的权重来源于用层次分析法处理专家咨询的结果，根据上述方法获得的中国观赏型旅游地评价因子权重值。研究表明，旅游资源在旅游地评价因子中处于最重要的地位，区域条件和区位特性的重要程度基本相同。运用此模型时，只要取得评价因子权重和评估的方法适当，其结果往往具有很高的应用价值。

（4）综合价值评价模型。杭州大学在对旅游地进行综合价值评估时，主要针对旅游资源各要素进行评估。其中以要素种类、优美度、特殊度、规模度、历史文化与科学价值、景象组合六大参数进行景观价值特征评价（见表 5–3）；以环境容量、绿化覆盖率、安全稳定性、舒适度和卫生健康标准五个参数进行环境氛围评价（见表 5–4）；以市场区位、产业经济基础、可进入交通条件、距基地距离、基础设施条件和景点散离程度参数进行开发利用条件评价（见表 5–5）。

表 5–3　景观价值特征评价

参数	权重（%）	记分等级（分）				
		10~8	8~6	6~4	4~2	2~0
要素种类	10	非常全	比较全	比较多	还算多	不全
优美度	25	非常美	很美	比较美	一般	不美
特殊度	15	罕见	少见	较少	较普遍	很普遍
规模度	15	宏大	很大	较大	较小	很小
历史文化与科学价值	25	极高	很高	较高	一般	不高
景象组合	10	极佳	很好	较好	一般	不好

表 5–4　环境氛围评价

参数	权重（%）	记分等级（分）				
		10~8	8~6	6~4	4~2	2~0
环境容量	40	很大	大	较大	较小	小
绿化覆盖率	20	很高（>90%）	高（>75%）	较高（>50%）	较低（<30%）	很低<10%）
安全稳定性	10	很好	好	较好	较差	很差
舒适度	20	极佳	优良	中等	较差	较劣
卫生健康标准	10	较优	很高	较好	较差	很差

表 5–5 开发利用条件评价

参数	权重%	记分等级（分）				
		10~8	8~6	6~4	4~2	2~0
市场区位	20	极优	优良	中等	较差	很差
产业经济基础	10	雄厚强大	好	中等	较差	很差
可进入交通条件	20	枢纽齐全，快速，方便	直快通过，交通方便	支线通过，单一，中转	靠近支线，慢，不方便	交通线无法进入
距基地距离	15	<20km	20~60km	60~100km	100~200km	>200km
基础设施条件	15	优良，齐备，充沛	配套良好	中等	不配套，较差	很差，缺乏
景点散离程度	20	<2km	1~2km	2~5km	5~10km	>10km

经过景观价值特征、环境氛围和开发条件评价后，即可进行综合评价系数的运算，其方法为确定各分项公式权重，按模型评分的基本运算，即

$$F\sum i=\sum_{P=1}^{P}X_P FPi \tag{5.2}$$

式中，X_p 为每个项目的百分比，F 为各项目总平均分，P 为被评价项目数，i 为被评价游览地数目。根据以上权重，综合评价系数的计算公式为：

$$F\sum i=\frac{1}{10}\left(4.5I+2Q+3.5K\right) \tag{5.3}$$

式中，I 为景观价值特征，Q 为环境氛围，K 为开发利用条件。经过计算，风景地综合评价得分最多者开发价值最大，得分最少者开发价值最小。

（5）指数评价法。旅游资源的指数评价法分为以下三步：

第一步，调查分析旅游资源的开发利用现状、吸引力及外部区域环境，要求有准确的定量统计资料。

第二步，调查分析旅游需求，主要内容有游客数量、旅游者构成、逗留时间、旅游花费趋向、需求结构及节律性等。

第三步，拟订总体评价式，建立表达旅游资源特质、旅游需求与旅游资源之间关系的若干量化模型。公式为

$$E=\sum_{i=1}^{n}F_iM_iV_i \tag{5.4}$$

式中，E 为旅游资源评价指数，F_i 为第 i 项旅游资源在全部旅游资源中的权重，M_i 为第 i 项旅游资源的特质与规模指数，V_i 为旅游者对第 i 项旅游资源的需求指数，n 为旅游资源总项数。

最后，可以应用调查结果和评价指数确定旅游资源的旅游容量、密度，需求规律性

和开发顺序。

三、旅游资源的开发

（一）旅游资源开发的概念

旅游资源开发是指以发展旅游业为前提，以市场需求为导向，以旅游资源为核心，以发挥、改善和提高旅游资源对游客的吸引力为着力点，有组织、有计划地通过适当的方式，把旅游资源建造成为能为旅游业所利用的旅游吸引物的经济技术工程[①]。旅游资源开发主要有以下三个类型：一是对尚未被旅游业所利用的潜在旅游资源进行开发，使之产生经济、社会、环境效益；二是对现实的、正在被利用的旅游资源进行挖掘、整合、提升，延长其生命周期，提高综合效益；三是凭借经济实力和技术条件，人为地创造旅游资源和创新旅游项目，如建立主题公园等。

（二）旅游资源开发的原则

1. 保护性原则

开发旅游资源的目的就是利用。在开发利用旅游资源时，不可避免地要对资源和环境产生一定的影响，因此，必须正确处理好开发和保护的关系，在开发时必须着眼于生态环境的保护，不能单纯地片面强调开发而不顾对环境的破坏。保护好旅游资源及其生态环境应注意两个方面：一是保护旅游资源本身在开发过程中不被破坏，正确处理好开发与保护的关系；二是要控制开发后旅游区的游客接待量在旅游环境容量之内，以维持生态平衡。

2. 特色性原则

特色是旅游之魂，而旅游资源的特色是发展特色旅游的基础，是构成旅游吸引力的关键因素[②]。特色性原则要求在开发过程中不仅要保护好旅游资源的特色，而且要充分揭示、挖掘、发展旅游资源独有的、异质资源的特色。特色越鲜明，吸引力越强。

特色性原则要求在开发建设中必须尽量保持自然和历史形成的原始风貌；尽量开发利用具有特色的旅游资源项目；努力反映当地文化，突出民族特色和地方特色。此外，特色性并不是单一性，在突出特色的基础上，还应围绕重点项目，不断增添新项目，丰富旅游活动内容，满足旅游者多样化的需求。

3. 市场导向原则

市场导向性原则就是根据旅游市场的需求内容和变化规律，确定旅游资源开发的主题、规模和层次[③]，这是市场经济体制下的一条基本原则。市场导向性原则要求旅游资

① 罗佳明 . 旅游管理导论［M］. 上海：复旦大学出版社，2010.
② 李天元 . 旅游学概论［M］. 北京：高等教育出版社，2011：274–275.
③ 丁季华 . 旅游资源学［M］. 上海：上海三联书店，1999.

源开发一定要进行市场调查和市场研究，准确把握市场需求和变化规律，结合资源特色，寻求资源条件与市场需求之间的最佳结合点，确定开发主题、规模和层次。

市场导向原则要求根据旅游者需求来开发旅游资源，但是并不意味着凡是旅旅游者需求的都可以开发。例如，国家法律所不允许的，对旅游者会有危险或有害于旅游者身心健康的旅游资源，就应该受到限制或禁止开发。

4. 综合效益原则

旅游开发应注重提高它的使用价值和吸引能力，以较少的投资和较短的建设周期产生较大的经济效益。旅游资源的开发效益与其吸引旅游者数量多少和质量高低成正比。因此，旅游资源的开发必须做到：优先开发那些地理位置优越、易于旅游者前往的旅游资源，以使其较快地产生出效益；充分利用现有资源，提高它的利用率；密切关注供求关系，循序渐进地开发，开发中还要随时根据市场情况进行调整。

5. 系统开发原则

系统开发是指围绕重点项目挖掘潜力，逐步形成系列产品和配套服务。为了丰富旅游活动内容，延长游客旅游停留时间，提高旅游经济效益，应在保证重点项目开发的基础上，不断增添新项目、新特色；以旅游资源开发为核心，并逐步建立健全食、住、行、游、购、娱等旅游服务和配套设施，形成完善的旅游服务体系。这是旅游开发向深度和广度发展、降低成本、形成规模经济、增加收入的重要途径。

（三）旅游资源开发的内容

结合旅游开发的具体特点和要求，可进一步将旅游资源开发的主要内容概括为以下5个方面。

1. 规划设计旅游景区、景点

旅游资源只有经过开发才能变为旅游产品，被旅游业所利用，因此，设计旅游景区、景点是旅游资源开发最重要的内容。旅游景区、景点所形成的旅游产品，是旅游业最核心的旅游吸引物，其成败决定着旅游目的地吸引力的大小，故旅游资源开发的重点就是旅游景区、景点的规划设计。

2. 建设和完善旅游基础设施

旅游基础设施是旅游者在旅游地停留期间必须依赖和利用的设施，包括饭店、商店、娱乐设施、餐饮场所、银行、医院、机场、车站、码头、停车场、通信、供水、供电等。旅游基础设施涉及旅游的食、住、行、游、购、娱等方面。这些基础设施的修建和改善有助于提高旅游服务质量，从而提高旅游资源的吸引力。

3. 规划旅游交通

旅游活动是以旅游者位移到达旅游目的地为前提的，因此，合理安排旅游者从居住地到目的地的往返通道，以及在旅游地内部的交通网络是旅游资源开发中的重要内容之一[①]。便利、快捷、安全、舒适是现代旅游者对旅游交通的基本要求，在进行旅游交通规划时要充分考虑这些要求。旅游交通安排不仅包括旅游交通设施的建设、旅游交通工具的选择，还包括各种交通营运计划的设计和安排。

4. 旅游市场的开发

旅游市场包括现实市场和潜在市场。旅游市场开发的内容主要是进行规模、数量、客源地、吸引半径的动态预测，以便及时把握未来市场动态，并制订相应的扩大客源地和开拓旅游市场的营销策略，根据需求适当调整旅游供给。旅游市场开发应该依据本地旅游资源的特色和优势确定其开发的目标市场，然后再有针对性地对目标市场进行宣传和市场营销，从而扩大客源和开拓旅游市场。

5. 开发人力资源

旅游区的竞争从某种角度讲是人才的竞争，是旅游区从业人员整体素质的竞争。旅游资源开发规划过程中；要重视和强调人力资源的开发，稳定、高质量的旅游从业人员，能够有效提高旅游资源的吸引力和竞争力，推动区域旅游业的发展。人力资源开发包括：从业人员需求的确定，从业人员的招聘、选拔、安置、培训等方面的工作。

（四）旅游资源开发的程序

一般来说，旅游资源开发按照以下程序进行。

1. 旅游资源的调查

旅游资源的调查是旅游开发的基础工作。其目的是了解该地区旅游资源的类型、数量、规模、布局情况和开发利用现状，交通、水、电等基础设施现状，以及与旅游相关的配套服务设施情况（如住宿、通信、娱乐、购物等）。通过调查，了解该地区旅游资源的优势、劣势和潜力所在。

2. 旅游资源的评估

旅游资源是否有开发价值，能否成为旅游区，要根据资源调查的情况加以分析和评估。一般需要对旅游资源的自然条件、可进入性条件、客源市场条件、基础设施条件、服务设施条件、投资条件六个基本条件进行分析和评估。

3. 制定旅游规划

根据旅游市场的最新动态和当地开发旅游的基本条件，确定该区旅游开发的总体规划。并在总体规划的指导下编制控制性详细规划和修建性详细规划。通过合理科学的规划，有助于为旅游地带来良好的经济（Economics）、环境（Environment）、富裕（Enrichment）、交流（Exchange）四方面的效应，即“4E”效应，并为旅游开发的工程项目做好准备。

---

① 马勇，周霄 . 旅游学概论［M］. 北京：旅游教育出版社，2008.

4. 具体项目实施与监控

进入开发阶段后最重要的是制订好实施开发的具体计划，它包括的内容有：确定开发范围和目标；提出项目的开发模式、土地使用要求等；资金来源及财务预算；进行项目具体设计，提供施工图纸；项目投资招标及施工；市场营销和策划宣传；反馈和评估；管理和服务的完善。

第四节　旅游资源的保护

一、旅游资源遭受破坏的原因

要想做好旅游资源的保护工作，首先要了解有可能致使旅游资源遭受破坏或损害的原因。致使旅游资源遭受破坏的原因很多，一般来讲，这些原因主要涉及自然因素的作用和人为因素的作用两个方面。

（一）自然因素的破坏

1. 突发性天灾

自然界中突然发生的地震、火山喷发、海啸等自然灾害会直接毁掉部分或全部的旅游资源。例如，1997 年 8 月 12 日，夏威夷岛上最古老的瓦吼拉神庙，被基拉威火山喷出的熔岩全部淹没，一座有着 700 年悠久历史的名胜古迹在瞬间毁于一旦。

2. 自然风化作用

自然状况下的寒暑变化、风化作用和生物作用间接地作用于旅游资源形态和性质的改变。这类因素长年累月的作用对有关旅游资源造成的损害最为常见。例如，埃及的基奥斯普大金字塔，近 1000 多年来风化产生的碎屑达 5 万立方米，即整个金字塔表层每年损耗约 3 毫米。我国的云冈、龙门、敦煌三大石窟无一例外地也受到了这样的破坏。

3. 动物原因

某些鸟类和白蚁等对历史文物和古建筑、古遗迹造成一定的破坏。

（二）人为因素的破坏

破坏旅游资源的人为因素有很多，具体可以分为以下几个方面。

1. 城市化发展、工程建设对旅游资源的破坏

近年来，随着一些地方经济建设和社会的发展，出于城市发展和工农业生产建设的需要，而对当地的旅游资源保护产生了较大的影响。中国是一个历史悠久的文明古国，具有旅游价值的文物古迹众多，但随着社会的发展建设，文物古迹遭到了很大的破坏。例如，我国的古城墙，除西安及少数地方有完好的城墙外，大多数城市的城墙已被

拆毁。一些风景区及其周围地区，不当的工程项目建设破坏了风景区景观的自然和谐美及古建筑的风格意境。例如，西湖周围高楼耸立，使得西湖的广阔感及美景大大逊色，影响了游客的感知度。发展具有污染性的工业，将会给城市带来空气、水体污染，而空气的污染可能导致酸雨的产生，从而破坏旅游资源。目前在旅游区的开山取石、毁山造林、砍伐森林和修建水坝等活动都使当地的优美风景和独特的旅游资源遭受了很大程度的破坏。

2. 旅游资源开发规划不当造成的破坏

在旅游资源开发中，倘若没有事先进行科学的规划和设计，盲目实施，仓促进行，也会对旅游资源特色及景观造成一定程度的破坏[①]。不少地方政府、旅游开发商和旅游经营管理部门，加大基础设施建设的投资，在旅游地大兴土木、筑路修桥、架设缆车和索道、兴建娱乐设施，甚至大量引入房地产开发，利益驱使景区人工化、商业化、城市化，破坏了旅游资源的真实性和完整性，损害了自然文化遗产的价值。例如，泰山岱顶月观峰索道破坏了地形和植被；黄山北海景区城市化破坏了核心景区的原生环境；武陵源张家界观光电梯和锣鼓塔城市化破坏了核心区原生景观。

3. 旅游活动本身所带来的对旅游资源的破坏

旅游活动本身所带来的对旅游资源的破坏，更多的是由于管理不善、游客活动或游客素质低等原因造成的。大量游客不断涌入，加速了自然风化的速度，导致古迹的损坏。例如，我国著名的敦煌石窟，随着近年大量游客进入石窟，人们呼出的水汽和二氧化碳改变了石窟内的大气环境，加速了雕塑、壁画的变质；有些山地旅游景点，大量游客的践踏使土壤板结、古树枯死；故宫铺地的金砖，因每年不断增加的游客，磨损达10~20毫米。例如，游客行、游需要的交通设施所排出的废气、废油污染了大气和水体；满足游客生活必需的食宿条件也会产生大量的生活污水和生活垃圾，导致严重的环境污染；部分游客的素质低，在一些景点往往出现任意刻画、采摘花果、带走盆景石等现象，这些也直接对旅游资源造成了破坏。

二、旅游资源的保护措施

旅游资源环境的破坏是多方面的，其中主要是人为破坏，但也不乏自然衰败，所以旅游资源的保护措施也应该是多元化的。

（一）树立新的资源观，形成资源忧患意识

资源是旅游业的发展基础，旅游业依赖于“大自然的恩赐和社会的遗产”。过去我们在认识与宣传上存在误区，更乐于展示优势的一面，而忽视了资源相对不足、生态环境脆弱等问题，盲目乐观。以至于脆弱的生态环境与旅游需求的快速扩张形成了强烈的

① 吴章文，刘民坤．旅游活动的社会影响［J］．中南林学院学报，2004，3（24）：2–4.

反差，生态系统的破坏与环境退化成为中国旅游业可持续发展的主要障碍。因此，我们应该树立新的资源观，形成旅游资源的忧患意识。

（二）提高公民环保意识

加大环境保护的宣传力度，提高公民环境保护意识，积极提倡文明旅游，坚决杜绝旅游污染。在宣传工作上，要认识到旅游资源的保护意识是需要长期进行的宣传教育工作。采用大众所喜闻乐见的宣传教育活动形式，可以在景区增加一些趣味性强、造型精美的垃圾箱，引导一些游客将垃圾丢入箱中；也可以在旅游活动设计中增加环境教育内容。旅游活动中的环境教育可增强旅游体验，增长旅游者见识，从而提高旅游者满意度。

（三）合理开发规划旅游资源

对旅游资源的粗放式开发，导致大量的资源浪费和破坏。在开发旅游资源时应针对不同类型的资源采取不同的利用模式，对环境脆弱的资源，要以保护为主。制定近期、远期规划和分区的详细规划，并及时提出控制性规划的具体措施。在开发中还要科学测定旅游区的环境容量，从而指导规划中开发目标的制定①。在旅游资源开发中要注意适度开发，开发那些不影响或少影响生态环境的旅游项目，并且要注意使旅游资源的开发与其周围社会的生态环境相协调，以保证其原汁原味的环境氛围，保持吸引游客的魅力。

（四）加强执法力度，完善执法管理体制

不少旅游资源的破坏是由于法制不健全，因人为原因造成的。所以，为了旅游业的可持续发展，必须通过立法手段来加强对资源的保护，对破坏行为实行强制干涉和惩罚。中华人民共和国成立之后，我国先后颁布了不少直接或间接的与保护旅游资源有关的法律法规，如《文物保护法》《环境保护法》《风景名胜区管理条例》等，它们已经在对旅游资源的保护中起了一定的作用。在采取宣传、立法等预防性措施的同时，对损害和破坏旅游资源的组织和个人给予必要的严厉的行政处罚和经济处罚，对造成严重破坏者，还要追究其法律责任。

（五）强化管理部门职能，加强旅游管理和引导

旅游管理部门应当遵照国家法律法规，根据市场形势，履行职能，将旅游资源保护工作落到实处。加强对旅游活动的管理和引导，对于那些会导致旅游资源受到威胁的旅游活动，应给予一定的限制；对于某些旅游景区在某些时段内的超负荷运转，应采取有

---

① 郑泽厚.试论旅游经济与环境保护的关系——以香溪河风景线为例［J］.长江流域资源与环境，1998，7（2）：180-184.

效的措施对游客进行疏导、分流或限制；对于游客的旅游行为，要加强管理并建立奖惩机制。

（六）认真做好旅游资源的修复和养护工作

随着旅游业的蓬勃兴起，旅游活动的普遍展开使得旅游资源已濒临自我修复的极限。因此，旅游资源的修复和养护工作已刻不容缓。对于某些自然旅游资源，由于其对所赋存的生态环境依赖性较强且较为敏感、脆弱，必须搞好生态建设；有一些古建筑，文化价值和旅游价值都很高，虽然已经衰败和破坏，但仍可以采用整修复原、修复如旧和仿古重建的方法恢复其风采；对于那些出露于地表的历史文物古迹，应采用科技手段等措施尽量减慢其自然风化的速度[①]；另外，对于有的旅游区的环境和资源受到了一定的污染和破坏，也可以通过污染治理和生态建设继续发展旅游业。

【延伸阅读】

肇庆鼎湖山生态旅游创奇迹

肇庆鼎湖山是中国第一个国家自然保护区、中国首批世界生物圈保护区、广东省唯一的首批国家风景名胜区，肇庆鼎湖山庆云寺是首批国家开放寺庙。有“岭南第一名山”之称的鼎湖山处于北回归线附近，世界上与鼎湖山同纬度的其他地方，大多数为沙漠和稀树草原，而处于这条沙漠带东端的鼎湖山却完整地保存大片有400多年历史的南亚热带季风常绿阔叶林，故鼎湖山被誉为“北回归线沙漠带上的绿洲”。一直以来，肇庆鼎湖山以“岭南第一名山”“北回归线沙漠带上的绿洲”“中国第一个国家自然保护区”“中国首批世界生物圈保护区”“广东省唯一的首批国家风景名胜区”以及“岭南名寺”这些直观旅游资源作为旅游地旅游主题形象，虽然在鼎湖山游览过的旅游者都有“绿，绿不过鼎湖山的树；清，清不过鼎湖山的水”的赞叹，但是旅游者只停留在“在庆云寺烧炷香，在飞水潭瀑布照张相”的观光旅游状态，因此，肇庆鼎湖山进入了旅游地生命周期的衰落期，旅游人数从1990—1993年年均72万人次，下降到1994—1998年连续四年年均54万人次。肇庆鼎湖山旅游人数持续低迷。如何止跌回升，如何激活和复苏鼎湖山乃至肇庆市旅游市场，成了当时肇庆市和鼎湖山旅游经营管理者的当务之急。

为了解决激活和复苏处于旅游地生命周期衰落期的鼎湖山的难题，吕健于1998年9月，根据他在鼎湖山十年旅游经营管理经验及其生态旅游学硕士研究生导师吴楚材教授的科研成果，首先提出鼎湖山400年历史的、地带代表性的原始森林生态环境（空

① 李天元．旅游学概论［M］．北京：高等教育出版社，2002.

气）质量可用空气负离子、空气中细菌含量、植物精气三项指标进行定性和定量表述，其测评结果是极具旅游市场核心竞争力的生态旅游资源的策划方案。广东省肇庆市旅游委员会接纳了该方案并加以实施。1998 年 10 月，肇庆市旅游委员会邀请吕健与中南林学院森林旅游研究中心的硕士、博士、教授等专家学者十多人组成团队，协同开展工作。独立策划人吕健担任该项目的主持人。

吕健通过其鼎湖山十年旅游经营管理经验和生态旅游学硕士专业的周密的调查研究，选取 47 个空气负离子浓度监测点，10 个空气中细菌含量取样点，6 个植物精气取样点，进行鼎湖山原始森林生态环境（空气）质量测定、分析和评价。1998 年 12 月 13 日，吕健在《人民日报海外版》发表《人与自然和谐并进的典范——鼎湖山》；1998 年 12 月 19 日，由记者在《广州日报》分别公布鼎湖山生态环境（空气）质量测定结果：鼎湖山主要树种中含有大量对人体健康有益的萜烯类化合物，主要植物群落分泌出来的植物精气存有十多种对人体健康有益的成分，并具有强力杀菌作用；由于鼎湖山森林茂密，溪流、瀑布、深潭四季不断，在喷筒电效应和森林里的紫外线、宇宙射线等作用下，产生具有除尘、杀菌作用的空气负离子，47 个监测点里，空气负离子浓度普遍都在 1000 个 /cm^3 以上，在避暑山庄至飞水潭的天溪流段普遍都在 10000 个 /cm^3 以上，在飞水潭右边 3 米处还测得目前在国内测定的最高值 105600 个 /cm^3；空气中细菌含量在 10 个取样点中有 7 个取样点测定，结果均无细菌存在，这样大面积无细菌区域的发现在国内还是首次。鼎湖山就是人们所追求的人类最佳生存环境，鼎湖山就是最佳空气负离子呼吸区，这就是极具旅游市场核心竞争力的生态旅游资源。1999 年 2 月 5 日，中国科学院院士、呼吸系统疾病专家钟南山教授应邀考察鼎湖山，演讲空气负离子调理和治疗呼吸系统疾病的原理；1999 年 3 月 2 日，中国科学院广州分院副院长、广东省生态学会会长彭少博士、中山大学生命科学院副院长蓝崇钰教授应邀考察鼎湖山，一致认为鼎湖山的高浓度空气负离子是因为鼎湖山的特殊森林环境产生的，同时指出用准确的科学数据表述空气环境质量，使人信服，并介绍空气负离子调理和治疗人们身体疾病的功效；1999 年 5 月 1 日，广东省生态教育基地在鼎湖山揭幕。第一个旅游黄金周，鼎湖山和肇庆市再现旅游市场火爆场面，鼎湖山和肇庆市旅游市场全面复苏。1999 年 5 月，国内以森林为主体景观的森林公园、自然保护区、风景名胜区和旅游度假区开始出现复制“空气负离子呼吸区”、天然氧吧、康健步道等大众化生态旅游产品。1999 年开始出现“到肇庆去，到鼎湖山去，到最佳空气负离子呼吸区地方去”的旅游热潮，鼎湖山乃至肇庆市旅游市场被全面激活了，全国性大众化生态旅游市场启动了。

（资料来源：http：//www.study365.cn/Article/ppgl/200912/750a8e8c7ea6deaa.html.）

【本章小结】

旅游资源作为一种特殊的资源，是确保旅游开发成功的必要条件之一，也是旅游业发展的基础和先决条件，对旅游资源应进行科学合理的规划和开发。近年来，我国旅游业在规模和经济效益上取得了十分显著的成绩，但在数量和规模的背后，旅游资源盲目、无序、过度开发所造成的经济损失和社会资源浪费现象屡见不鲜。因此，要对旅游资源进行科学合理的规划开发，以实现旅游业的可持续发展。本章从旅游资源的概念和重要性出发、介绍了旅游资源的分类与特点，阐述了旅游资源评价的目的、原则和旅游资源评价的内容和方法，分析了旅游资源遭受破坏的原因，以及提出了旅游资源保护措施的若干建议。

【复习思考题】

1. 什么是旅游资源？旅游资源有哪些基本特征？
2. 尝试以本地的旅游资源为例，按照旅游资源的属性分类。
3. 进行旅游资源评价的主要方法有哪些？
4. 旅游资源开发遵循哪些原则？
5. 旅游资源遭受破坏的因素有哪些？旅游资源开发中如何做到对旅游资源的保护？

第六章

旅游企业管理

【导言】

随着旅游业的发展，旅游景区、旅游酒店和旅行社等在旅游产业发展中的地位越来越重要，对旅游就业人才的需求量也不断增大，旅游企业发展的理论和实践研究获得了学术界的关注。我国是旅游资源大国，众多旅游企业在我国旅游业中发挥着重要作用。

【教学目标】

本章要求学生了解旅游景区、旅游酒店、旅行社及新型接待业的发展情况；能够用管理理论去分析在管理中遇到的一些问题；掌握旅游景区管理中环境和安全管理的重要性，旅游酒店产品开发和创新理念，旅行社主题线路的开发和设计；了解新型旅游接待业的发展情况。

【关键术语】

旅游景区管理、游客管理、环境管理、服务质量、安全管理、旅行社管理、主题线路、旅游酒店

【导入案例】

管理提升——周村古商城景区的管理成功经验

周村古商城景区位于山东省淄博市周村区，景区距省会济南约70千米，有济青高速公路、滨博高速公路周村出口，紧邻309国道，区域交通非常便利。历史上，周村是中国古代丝绸之路的源头之一，素有“金周村”“旱码头”“丝绸之乡”的美誉。

景区主要由大街、丝市街、银子市街等古街组成，古商城现有保存完好的明清古建筑5万余平方米，古商城内古迹众多、店铺林立、街区纵横，建筑风格迥异，为山东仅有、江北罕见，且至今仍在发挥其商业功能，被中国古建筑委员会的专家誉为“中国活着的古商业建筑博物馆群”。这些得益于周村成功的管理。其主要管理经验如下。

一、加大宣传工作力度，景区知名度进一步得到提升

为加强景区的宣传，公司于2007年成立了古商城（旱码头）网站，于2008年8月创办了《周村古商城》季报，在景区各主要入口和有关景点，设置了大型的墙面景区相关图片。在利用自身宣传阵地宣传的同时，不断加强各级报刊、电视台的宣传，景区在节日期间开展的“推车子”“挑担子”等游客参与性民俗活动，在中央电视台新闻联播节目中进行了宣传报道。公司30岁以下员工全部开通了博客，运用网络技术进行古商城的宣传，从而有效地提高了景区知名度。

二、加强业务培训，不断提高员工素质

对员工培训，已形成了制度化，为了提高员工与讲解员的素质，先后聘请了蒲松龄纪念馆的领导、山东理工大学教授等专家给员工进行业务知识培训。通过各种培训有效地提高了员工的业务素质和整体素质，服务规范和服务质量有了明显提高，得到了广大游客普遍好评。

三、争先创优，不断提高管理水平

周村古商城在获得以下荣誉的基础上，不断加大争先创优工作力度。

一是公司在2009年12月成为全市旅游系统第一家省级服务标准化试点单位。二是2010年5月申报了山东省诚信旅游示范单位，并且一次性通过了市旅游局的验收。三是2010年6月申报了山东省服务名牌，通过了审核。

四、关心员工生活，调动员工工作积极性

公司始终坚持以人为本，以制度管人，以关心员工激励人，以事业留人，充分调动了广大员工的工作积极性。目前，在全公司上下形成了风正、气顺、人和、干劲足的良好局面。

五、对景区资源保护与开发

古商城景区属于国家4A级景区。经过6年多时间的抢救恢复和保护性开发，目前古商城已形成了千佛寺古庙群、民俗展馆、票号展馆、状元府、杨家大院、大染坊、魁星阁庙群、淄博艺术博物馆等10处景点，特别是景区的民俗表演和现场手工制作周村传统名吃——周村烧饼，备受游客欢迎。

（资料来源：http：/lo/ sina com.cn/sblog_ 62eb18130100myf.html.）

第一节　旅游景区管理

一、旅游景区的构成要素

旅游景区是一个国家和地区人文资源、自然景观的精华，是展示民族历史文化的窗口，同时旅游景区还是旅游业的核心组成部分。作为一项旅游产品，旅游景区的功能是供人游览和娱乐，因此旅游景区的构成要素主要包括游览和娱乐，即旅游六要素中“游”和“娱”。综合性旅游景区作为旅游者的目的地，需要满足旅游者食、住、行、游、娱、购的综合需求，门票收入不一定是景区收入的主要来源，景区更多是通过提供住宿、餐饮、娱乐、购物、景区内交通等服务获得综合性收入。这也是旅游发达国家的成功经验。我国旅游景区收入构成中门票占了相当大的比例，景区只能靠提高门票价格来增加收入。比如，每年的“五一”“十一”前后，全国主要旅游景区门票价格涨声一片，引起了消费者的强烈不满。造成景区收入过分依赖门票的原因就是景区构成要素单一，这种状况不仅未能实现综合性效益，也很容易引起游客的不满，进而影响游客对本景区做出选择。据对云南海外游客市场调查发现，海外游客对中国景区门票价格的评价惊人的一致：偏高。

因此，尽管不同类型景区包括的要素构成有一定差异，但是大型综合性景区包括了所有的旅游六要素。而且，提高旅游景区的综合效益也需不断丰富景区构成要素，这是符合旅游景区发展规律的。

旅游景区包括游览、娱乐、旅行、饮食、住宿及购物六种构成要素。在六要素中，游览是核心吸引要素，娱乐项目是延长游客在景区滞留时间的前提条件，畅通合理的道路布局是保证游客满意的基本因素，食、住、购是提高游客满意度的辅助条件，与核心要素是相互作用、相辅相成的。因此，景区的经营管理必须具有全局观、整体观。

二、旅游景区的服务质量管理

旅游景区服务质量是指旅游景区提供的服务能够满足旅游者需求的特性的综合。旅游景区的服务对象是旅游者，因此旅游景区的服务质量对景区来说至关重要，它直接关系到景区的整体形象，是景区成功的关键。为此，必须提高旅游景区的服务质量，不断加强旅游景区服务质量的管理。

（一）旅游景区服务质量管理的重要性

1. 有利于提高景区人员的素质，加强服务质量教育

景区工作人员是景区服务的主体，是直接和游客接触的人，因此其素质的高低直接影响景区服务质量的好坏。在竞争日益激烈的旅游市场上，旅游景区一方面要提升项目与景区环境建设的硬件设施，另一方面也要提升服务质量的软件水平。但就目前情况而言，大多数旅游景区在加大对硬件设施的投资力度，而对服务质量提升的意识还有待于进一步加强。尤其是一些小型旅游景区，因为其投资规模小，在人员管理运作上，考虑到成本问题，往往招收一些素质不高的人，招进之后，又不对其进行统一系统的培训，从而导致景区从业人员的服务意识不强，对待游客态度十分生硬，不懂得如何处理游客与景区之间存在的问题，从而使景区的形象大打折扣。

在当今旅游景区项目竞争激烈的时代，景区服务质量的好坏在很大的程度上决定着景区的市场份额。因此，景区必须加强服务质量的管理，不断对景区员工进行服务质量教育，切实提高景区人员的素质。

2. 有利于景区提供完善的服务项目

随着旅游市场的竞争日益激烈，以及旅游者需求日渐多样化的趋势，完善的服务项目会对游客产生巨大的吸引力。因此，许多景区非常重视对景区服务质量的管理，不断向游客提供完善的服务项目。有一些景区在旅游旺季到来的时候，会加大旅游服务设施的建设力度，这体现了以人为本的服务理念。比如，改造和增加景区路椅、垃圾桶、说明牌、指示牌，以“合理规划、统一管理、功能分区”的原则规划景区内游客服务中心的用餐、购物、科普展区等服务项目。

3. 有利于提升景区的整体形象

景区产品大多属于服务产品，而服务产品的无形性决定了景区的整体形象，对景区产品销售至关重要。良好的企业形象可以让产品增值，使景区的销售活动更加顺利。景区良好的企业形象主要表现为高知名度和高美誉度。景区通过促销手段的使用，如广告宣传、人员推销、销售促进等方式，可以提升景区的知名度，而要提高景区的美誉度，则要靠景区提供的服务的质量。因此在景区服务过程中，加强景区服务质量的管理，有利于提升景区的整体形象。

（二）旅游景区服务质量体系的建立

在目前竞争激烈的旅游市场环境中，许多景区特别重视其服务质量，不仅通过培训或招聘专业化的人才来提高景区的服务质量，还导入ISO9000质量管理体系，推行标准化服务和人性化关怀，真正提高景区的服务质量。

ISO9000质量管理体系是一个严格的体系，这一体系对旅游景区的管理进行的是一次全面的检查和优化，并会对景区员工的服务理念产生较大的影响。旅游景区即使通过了质量体系认证，认证机构还会进行一年一次或两次的抽检，一旦发现管理质量不符合有关的质量标准，就会撤销景区的质量认证标志。因此，景区必须长期严格按照质量管理标准，为游客提供优质的服务。

随着现代旅游业的发展，我国于1995年成立了旅游标准化技术委员会，全面开展旅游业服务标准化的工作。深圳锦绣中华发展有限公司是我国旅游景区中第一个获得ISO9000质量管理体系认证的企业，在以后的发展过程中，将有越来越多的旅游景区进行ISO9000质量管理体系认证。

（三）旅游景区服务质量的控制

与普通的物质产品相比，旅游景区产品大多属于服务产品，服务产品的无形性决定了旅游景区服务质量的不确定性，为确保景区服务的质量，景区管理人员必须加强旅游景区服务质量的控制。

1. 预先控制

所谓预先控制，就是为使服务结果达到预定的目标，在景区员工对游客服务前所做的一切管理上的努力。其目的是防止在景区服务过程中出现质和量上的偏差。比如，景区员工在对客服务前，应该对其进行培训，首先让员工从思想上认识到服务工作的重要性，意识到员工个人形象对景区整体形象的影响，其次可以通过课堂培训、观看录像、实践操作等方式让员工掌握其服务工作的流程。在培训结束后，要对员工进行考核，合格后才能上岗。

2. 现场控制

现场控制是指管理人员现场监督服务人员正在进行的各项服务，使其服务规范化，并能迅速、妥善处理意外事件。在景区员工对客服务过程中，由于内外因素的影响，会使服务工作脱离正常的轨道，在这种情况下，管理人员就要对员工进行提醒，使员工能够按照正常的流程作业。迪士尼公司就特别重视对员工进行适时的提醒。迈克尔·艾斯纳说："有时候，好主意、好员工需要的只是一个不停提醒的人。"因此，作为迪士尼的领导人，艾斯纳会经常提醒员工去完成工作。

3. 反馈控制

反馈控制就是通过服务质量信息的反馈，找出服务工作的不足，采取措施加强预先控制和现场控制，提高服务质量。反馈控制的程序一般是以预期服务质量为标准衡量实际服务质量—将实际与标准相比较确定偏差—分析造成偏差的原因—确定纠正方案—贯彻纠正措施。景区可以通过发放问卷的形式，了解旅游者对景区服务质量的评价，以便提高服务质量。

三、旅游景区的环境管理

（一）旅游景区环境问题

1. 环境污染

（1）水污染。工业废水、生活废水及旅游区废水不加净化或净化不达标便排入区内水体，会使水体旅游资源受到严重污染。这些污染使河水不再清，使湖泊富营养化，造成水生生物无法生存，严重破坏了水生态系统的平衡。2007 年的太湖，一场蓝藻诱发的生态灾难让 200 万无锡市民守着太湖却要抢购纯净水饮用，昔日的“鱼米之乡”成了鱼的“坟墓”。除太湖外，巢湖、滇池等景区的水体污染也极其严重。为了防止景区水污染，景区必须建设污化池和沼气池，实现污水相对集中处理，旅游生活污水处理率要达到规定的要求。

（2）大气污染。旅游离不开交通，交通工具是使旅游者从居住地转到风景区的载体，而汽车尾气在空气中四处弥漫，不仅污染空气，而且对人体也极为有害。景区附近的居民燃烧原煤，景区内的企事业单位、宾馆饭店和餐饮经营单位产生的油烟都对景区大气造成污染。

（3）噪声污染。当前很多旅游景区摆摊设点的现象很严重，小摊小贩为了吸引游客的注意，便在景区内大声叫卖，有的甚至用高音喇叭招徕顾客，还有导游手持各种扩音设备召集游客的声音，所有这些声音混杂在一起，使得旅游景区就像热闹非凡的集市，致使整个旅游氛围受到极大影响。为了防止噪声扰客，景区应该规定景区内各经营场所、各住户在规定的时间段必须将音量调低，对外音量排放不得超过规定值。

（4）固体废物污染。旅游区配套设施不完备及旅游者本身素质较低等，致使与旅游有关的服务性行业产生大量固体废物不加处理或处理不当便丢弃于景区，严重污染景区环境。例如，峨眉山风景区每年产生固体废物 4800 多吨，其中 96% 以上未加处理就排入景区的溪流中。景区产生的生活垃圾要实行可降解、不可降解和危险固废分类处理，应指定地点堆放，并建立密闭的垃圾收集站，由当地环卫部门用专门的设备收集和定时清理，保证日产日清，送垃圾填埋场进行卫生填埋，或全部运出景区处理，不得随意丢弃。

（5）土壤污染和土壤板结。景区内含有各种有害物质的废水、废渣会对景区土壤造成污染，致使土壤中所含的营养成分越来越少，盐碱化、土壤呈酸性等现象越来越严重。旅游活动对地表植物所赖以生存的土壤有机层往往有很严重的冲击，如露营、野餐、步行等都会对土壤造成严重的人为干扰。土壤一旦受到冲击，物理结构、化学成分、生物因子等都会随之发生变化，并最终影响土壤上植物的繁衍与生长，昆虫、动物也会随之迁徙或减少。游人在景区的超负荷活动加剧了土壤的板结化，加快了古树名木的死亡速度，土壤板结也导致地表土进一步流失和侵蚀。

2. 生态破坏

生态破坏（又称环境破坏）是指人类不合理地开发、利用自然资源和兴建工程项目而引起的生态环境的退化及由此而衍生的有关环境效应，从而对人类的生存环境产生不利影响的现象，如水土流失、土地荒漠化、土壤盐碱化、生物多样性减少等。生态环境是最宝贵的旅游资源，是旅游业发展的重要基础和必备条件。由于生态系统具有整体性、不可逆转性和长期性，一旦遭受破坏，所带来的损失是巨大的，甚至有些生态损失是不可弥补的。景区中存在的主要生态破坏有植被破坏、资源的过度开发，对野生动物的保护构成威胁。

3. 景观破坏

近年来，景区的人工化、商业化、城市化使我国风景名胜区越来越受到建设性的破坏。有的景区出于经济目的，热衷于旅店、宾馆的建设，盲目扩大旅游区，修建旅游设施，破坏了景观环境。

为了节省游人体力、方便游人，不少山岳风景区都修建了旅游客运索道，盘山公路也差不多修到了地形条件再也不允许修筑公路的地方，山地之巅或核心景区盖起了星级宾馆。尽管在建索道、铺电缆、修公路、盖宾馆的过程中力求不改变山体形态，但开山炸石、剥离地表植被都是不可避免的。旅游交通和服务设施建设带来的景观问题并不少见。

（二）旅游景区环境问题产生的原因①

旅游景区环境问题产生的原因是多方面的，既有自然的因素，也有人为的因素。自然因素对旅游环境的破坏多为不可抗拒的自然灾害造成的，如地震、火灾、洪水、滑坡、海啸、火山爆发等。但从当前形势看，人为因素造成的旅游景区环境问题占主要方面。

1. 旅游资源开发和建设对旅游景区环境的影响

近年来，很多地方政府及旅游部门片面追求经济效益，对旅游资源做过度性、掠夺性的开发，使许多地方的旅游资源遭受不同程度的污染和破坏，这必然会使整个旅游景区环境遭到破坏。旅游景区的开发和经营主体受经济利益驱使，在景区内大兴土木，大建宾馆、疗养院、高档别墅和旅游度假村等，使得景区城市化、商业化现象严重，破坏了景区环境。一些景区的很多建筑甚至抢天占地，使历史文化遗迹淹没其中，成为孤岛，进而失去了景观价值。

2. 旅游活动对旅游景区环境的影响

目前我国旅游市场上，国内游客规模迅速壮大，但部分游客素质比较低，环境意识淡薄，不文明行为比较普遍，由此导致生态破坏和环境污染现象比比皆是。随地吐痰、

① 郑耀星．旅游景区开发与管理［M］．北京：中国旅游出版社，2010．

随地便溺、乱扔垃圾、乱刻乱画、随意践踏等不文明行为都对旅游资源和旅游环境造成严重破坏。这些行为极大地破坏了旅游资源，增大了旅游资源保护的难度。在旅游旺季时，大量游客的涌入影响旅游地野生动植物的生存环境，大量游客的踩踏使土壤板结，使许多林木由于不能正常吸收水分和营养而慢慢枯竭，使得自然资源遭受严重威胁，进而导致整个旅游景区环境遭到破坏。

3. 人类经济活动对旅游景区环境的影响

人类的经济活动排放的“车废”和造成的噪声污染，使旅游区的自然景观生态环境质量下降，游客的游览兴致也因环境的污染而降低。许多林区的树木被砍伐，使得许多野生动物无栖身之地而逐渐灭绝，导致森林的生态功能逐渐被破坏，造成水土流失、生物多样性锐减，致使旅游景区环境的退化速度加快。

4. 政策失误对旅游景区环境的影响

在我国旅游理论界和政府某些决策中或多或少存在这样一种观念，即“旅游业是无烟工业，不会像其他产业那样对环境造成污染”，并且旅游资源主要是由可再生性资源组成的，旅游消耗是“非耗竭性消耗”，所以较少考虑旅游资源的可持续利用。在这种传统观念的指导下，政府制定的有关旅游业发展政策往往缺乏综合性和科学性。这种现象极易造成旅游资源开发和建设的发展速度过快，进而加快旅游资源环境的退化。

5. 市场失灵对旅游景区环境的影响

市场失灵最主要的表现就是旅游资源的产权不明确。当前我国旅游资源的所有者、使用者和管理者往往都是不分的，这必然使旅游资源的产权模糊，导致旅游资源的法人代表难以确定。一些旅游企业在开发旅游资源时追求利润最大化，而对环境保护却根本不重视，这种现象最终的结果就是极易造成旅游景区环境的破坏。

6. 影视拍摄对旅游景区环境的影响

当前很多电影电视片选择在风景优美的旅游景区拍摄，对旅游环境造成不同程度的破坏。比如，当年电影《无极》在云南香格里拉拍摄时，摄制组在碧沽天池修建了长约100 米、宽约 4 米的砂石路面和长约 20 米的铺有木条的道路，搭建了“海棠精舍”临时建筑物，天池边禁伐区的一片高山杜鹃林被推平。“海棠精舍”及砂石道路等破坏了碧沽天池周围部分高山草甸和高山灌丛植被，被砍的高山杜鹃林也将难以恢复，这对碧沽天池周围的生态旅游环境造成了较严重的影响。

7. 自然因素方面的原因

自然因素对生态旅游资源和环境的破坏，在大多数情况下是人类无法改变的，它又包括正常变化与异常变化两种。正常变化往往是自然力量，如风吹、雨淋、日晒、水流冲蚀、病虫害及腐蚀等作用而引起的变化，主要改变景观形态、颜色和结构等。异常变化主要指火山爆发、滑坡、泥石流、洪水、台风、海啸、自然森林火灾等，往往造成资源与环境的毁坏性破坏。

（三）旅游景区环境管理方法

1. 法律方法

法律方法是旅游景区环境管理的一种强制性措施。旅游景区环境管理一方面要靠立法，把国家对景区环境保护的要求和做法全部以法律形式固定下来，强制执行；另一方面还要靠执法。景区管理部门要向违反旅游环境法规、污染和破坏旅游环境、危害旅游者健康等犯罪行为进行斗争。景区管理部门要协助和配合司法部门，按景区环境法规对严重污染和破坏景区环境的行为进行处罚，直至追究法律责任，也可依据环境法规对危害景区环境的单位或个人直接给予各种形式的处罚，责令赔偿损失等。

2. 经济方法

经济方法是指通过经济杠杆来调节景区管理和旅游者行为以提升环境质量的管理方法，经济方法通常具有较强的激励效应，对有关主体具有刺激性，且主体对刺激的反应具有灵活性，对于调节对象而言具有良好的效果。

常用的经济调节方法包括税收调节、环保费用征收、经济奖励与处罚等。例如，《无极》剧组在云南香格里拉县三江并流国家重点风景名胜区千湖山碧沽天池拍摄，破坏了当地的生态环境，因而被处以 9 万元罚款，香格里拉县分管副县长因负有领导责任被免职。

3. 教育方法

教育方法是景区环境管理中最常用的方法。旅游景区环境管理的教育方法是指通过各种媒介向公众传达保护环境的相关知识，从而达到提高公众的环境保护意识，促进景区旅游环境质量提升的目的。景区环境教育的对象主要包括旅游景区工作人员、景区周边居民以及来景区旅游的旅游者。

4. 行政方法

行政方法是国家通过行政机构采取强制性的行政命令、指示、规定等，作用于直接管理对象的一种方法。

5. 技术方法

技术方法主要是指在进行景区环境管理时用科学的方法、科学技术措施以及科学的理念，通过引入先进的科学技术来加强对景区环境监测、污染处理等工作。

四、旅游景区的安全管理

（一）旅游景区安全管理及其意义

1. 旅游景区安全管理的基本含义

旅游景区安全管理是指根据国家旅游安全工作方针政策，为降低旅游景区安全事故的发生，确保景区和旅游者的人身及财物安全，在旅游企业接待服务过程中所采取的一系列制度、措施、方法等管理活动的总称。它是维护景区声誉、提高服务质量、保证接待服务活动正常开展的重要条件。

2. 旅游景区安全管理的意义

旅游景区必须保障旅游者人身财物及景区财产安全，这是旅游景区经营服务的基础。没有安全，一切服务和生产就无从谈起。从这个意义上说，没有安全就没有旅游业。具体来说，旅游景区安全管理的重要性表现在：旅游景区安全是提高游客满意度的重要保证，旅游景区安全是旅游经营者获取经济效益的保证，旅游景区安全是旅游业可持续发展的基础。

（二）旅游景区安全的控制与管理

1. 旅游景区安全管理的原则

第一，旅游景区安全管理工作最重要的是运用预防手段，采取各种措施积极做好预防工作，把事故隐患消灭在萌芽状态，防患于未然。

第二，根据工作对象的主次和任务的重要程度，妥善、合理地分配安保力量。凡影响景区旅游全局的部门和工作环节，要花大力气保障万无一失。

第三，做好安全管理工作的关键是上层管理者的重视和支持，有专门的机构和人员，建立、健全安全防范管理制度，积极推行安全保卫岗位责任制，把责任落实到人；同时，要充分发动和依靠旅游企业广大员工共同做好安全保卫工作。

2. 我国旅游景区安全管理的现状与问题

改革开放以来，我国旅游业快速发展，旅游安全管理逐渐完善。但是，由于安全管理体制与方法还处在探索之中，与之相适应的旅游安全管理还存在很多问题。通过对旅游安全管理的现状和存在问题的分析，能够最大限度地剖析安全问题发生的规律和表现形态，进而寻求解决的途径，研究相应的旅游政策和防范措施，从而提高旅游部门、企业制定的旅游发展规划的质量和实际经营管理的水平。

（1）管理体制及机构逐渐建立，但尚待健全。

我国旅游业经过几十年的快速发展，随着旅游安全问题的突出，旅游安全管理逐渐引起旅游管理部门的重视，有关旅游管理的体制与机构在不断地建立和完善，但仍存在较多问题。

（2）相关法律法规建设严重滞后，执行不力。

①国家旅游主管部门颁布的全国性旅游安全规章，如《旅游安全管理暂行办法》《重大旅游安全事故报告制度试行办法》《漂流旅游安全管理暂行办法》等存在权责不明等问题。

②其他相关部门颁布的全国性相关规章，如《旅馆业治安管理办法》《公共娱乐场所消防安全管理规定》《游乐园（场）安全和服务质量》等，无旅游行政执法授权，权责不明。

③地方旅游主管部门颁布的地方性旅游安全规章，多停留在操作层面，缺乏法制刚性力度，更无监管手段条款，无旅游行政安全监管执法授权依据，存在诸多问题。

（3）管理人员素质不高，专业知识与技能水平低。

主要表现在：第一，业务素质不高，导致管理人员缺乏科学的理论指导；第二，缺乏敬业精神和景区安全管理的专业知识，对安全问题的重要性认知不够等。

（4）设施设备落后，安全标志不健全、不规范。

落后的设施设备可以说是危害旅游安全的一个重要隐患，相当一部分景区由于设计不合理、投资不到位以及维修不及时等原因，远远不能满足旅游旺季的需要。例如，每年的“五一”假期和“十一”黄金周，到黄山旅游的日游客量可达2万多人，大大超出景区缆车的运输能力，游客排队等3~4小时的现象十分常见。

3. 旅游景区安全控制与管理对策

（1）建立和完善旅游景区安全管理体制。旅游安全事故产生的原因虽然十分复杂，但是建立和落实科学的旅游安全管理体制，对于从根本上抑制旅游安全事故的发生、解决旅游安全管理中存在的问题具有十分重要的意义。科学的旅游安全管理体制既包括政府层面的体制机制，也包括旅游景区内部的管理体制。做好旅游安全管理工作，关键是构建高效的安全生产领导机制。

（2）加强景区安全宣传、教育工作。在旅游景区形成人人关心安全、事事注重安全的良好氛围，是做好旅游安全工作的基础工作，要通过加强旅游安全宣传、教育，让景区的领导、员工都牢固树立起安全意识，掌握各自岗位的安全职责和安全技能。

（3）建立和完善旅游景区安全管理系统。旅游景区安全管理的复杂性和综合性要求旅游景区旅游安全管理要有一套合理的系统来进行规范。旅游景区安全管理系统可以由控制机制系统、信息管理系统、安全预警系统和应急救援系统四个子系统组成。

第二节　旅行社经营管理

近年来，随着《国务院关于促进旅游业改革发展的若干意见》等重要的文件颁布，尤其是“十三五”全国旅游发展规则被纳入国家“十三五”重点的专项规划中，大力推动了我国旅游行业的发展。当前我国的旅游行业正处于飞速发展的时期，旅行社的数目日益增加，该行业的核心市场竞争力也不断增加，但大部分旅行社只注重经济效益而忽略了内部的自我管理，因此内部经营管理仍存在产品设计单一、信誉较低、缺乏项目创新等诸多问题，严重阻碍了旅游行业的生存和发展。因此，针对我国目前旅行社经营管理存在的问题，采取有效的措施进行解决和改进，是旅行社面临的重要问题。

一、旅行社经营管理的概念与内涵

（一）旅行社经营管理的概念

旅行社的经营管理主要是指旅行社为旅行人员提供旅游地点、酒店服务及机票订购等相关具体、细致的服务，即旅行社的管理者通过实施计划、组织、领导、控制，达到充分利用人力、物力、财力、时间、信息等资源，指导旅行社员工通过招徕、接待旅游者进行旅游活动，获取经营成果和利润。与此同时，旅行社还要通过建立相应的内部管理规划及运营的计划，强化内部的经营管理，提高旅行社的综合经营管理素质水平。在对旅行社员工提供一定经营方向的基础上，给旅游企业的发展建立相关的运营发展管理规划。

（二）旅行社经营管理的内涵

1. 经营管理的文化性

管理是一种文化，是一种有目的、有意识的行动。为了满足旅游者的求异心理，旅行社产品设计人员必须针对不同国家、不同地域的文化差异进行研究，设计出能够满足旅游者求异心理的旅游线路。旅行社的导游工作人员必须具备强硬的专业综合素质及较高的文化知识基础，这样在带领游客进行旅游的途中才能得心应手地为游客具体和详细地讲解相关的景点知识，这些都要求旅行社员工必须具备良好的文化基础。

2. 经营管理的综合性

旅行社对旅行人员的服务过程具有相关的系统性，从旅游人员的食、住、行、游、购、娱等方面进行全面服务，将旅游人员的管理具体到每一个方面。而为了达到为旅游者提供完美旅行的目标，旅行社必须对旅行社的内外资源进行有效管理，包括对人、财、物、时间、信息等要素的有效管理。因此，旅行社的经营管理具有一定的综合性。

3. 经营管理的原则性

由于旅行社具有庞大性和复杂性的特点，因此在经营管理工作中，不仅要严格按照规范进行管理，还要注重管理的原则性，并且旅游行业本身是一项服务类的产业项目，在经营管理的方向和目标上也必须以服务大众为目的，不能只关注企业内部的经济效益而忽略经营管理的原则性。经营管理的原则性体现在旅行社的产权明晰，劳资双方和谐相处，适应市场环境的变化，同时具有合适的经营规模，从而获取最佳的经济效益。

二、旅行社的主题线路开发

（一）主题线路

主题线路是指旅行社在进行产品设计时针对特定群体，设计和开发出涵盖特定内涵意义的旅游线路或旅游项目。不同的事物有其不同的内涵，把对不同内涵的凝练和升华形成的主题加入旅游线路中，就形成了主题线路。例如，有旅行社抓住中国人崇尚亲情、友善的传统，推出了充满温情的“亲子团”“孝顺团”“蜜月团”等旅游系列。又如，有旅行社牢牢抓住中国人“讲政治，讲思想”的特点，结合国内特有的节庆和大事、要事，设计出有中国特色的系列旅游产品：在近些年市场推出的“抗战功臣延安行”“老将军八一南昌行”“红军长征足迹游”“红色之旅”，在港澳地区推出的“祖国历史文化教育团”等，以及在每年的“国庆”“七一”等节日为企业量身定做的系列爱国主义教育产品线路等，这些主题线路都呈现出强劲的市场。

（二）主题线路的开发

1. 线路的设计

主题线路的性质决定了它必须具备旅游对象的主题与旅游方式的特殊性相结合的特征。首先，在旅游对象的选择上应有较大突破，而不能只局限在传统的模式上，不同地区的主题线路旅游发展，应建立在该地区相应的自然环境和人文资源的基础之上。更为重要的是根据这个基础，通过对旅游市场的调研，把资源转化为具体项目和对线路的研究和设计上。其次，在旅游方式上充分考虑和注意多样性、专业性。由于主题旅游活动涉及诸因素，因此在推出项目和设计线路时，要动员有关专业人士参与设计，同时，一个项目或一条线路在实施过程中，应随着市场反馈不断进行修正和补充。

2. 行程的控制

由于主题旅游的特殊性，其旅游的相关环境及有关条件必然不同于常规旅游，因而在操作及旅游的实施控制上比常规旅游要复杂和困难。这就要求特别注意以下两点：第一，恰当地确定线路的基本内涵。主题旅游的性质决定了其旅游过程中将会遇到种种干扰因素，面临随时分散主题的可能性。因此在设计线路及实施操作时应尽可能地避开那些干扰因素，把干扰性控制在最低程度。第二，控制的严密性。由于主题旅游方式的多样性和旅游对象的特定性，以及旅游中的配套服务各个环节不可能全部完善，因此必然存在着许多难以预测的特殊和不利因素的影响，这就要求在组织实施上应把握住各个环节，备有行之有效的各种应急措施和手段，对行程的各个细节严密分析控制，从而使旅游者得到较为满意的服务。

3. 规范化管理

主题旅游活动通常是由若干特殊旅游点、特殊地域单元通过线路组合起来的综合性产品，管理工作的协调和各点之间业务操作的衔接均要求达到较高的水平。为此，行业主管部门应发挥好职能作用：第一，为从事主题旅游业务的旅行社提供一个行业指导思路。第二，对已基本具备开办主题旅游业务的旅行社进行必要的考核，并授予主题旅游经营权，为全国旅行社开办主题旅游业务的规范化做出科学、可行的样板，再进行推广。第三，为确保主题旅游活动的顺利进行，应逐渐地创造条件，使管理活动规范化、程序化和标准化，逐步减少人为和随机因素的干扰。比如，科技和特种旅游线路的管理应以维护我国旅游业声誉和国家安全为前提，旅游主管部门应尽快按国家有关法规制定出这两种旅游的管理细则，让从事旅游经营的各旅行社有章可循。

4. 协调机制

从事主题旅游业务的旅行社在开发主题旅游产品的过程中要直接面对各种各样的矛盾，需要交通、海关、外交、宗教、文化部门甚至一些特定自然人等的支持和帮助。怎样才能用制度或政策为经营者打开方便之门，并规范各方面的行为，形成规范性的运作机制，减少不必要的消耗和障碍，这单靠旅行社的自发性行为是不够的，旅游行政主管部门如果能考虑建立一个协调机构，加以指导或帮助解决矛盾和困难，必然会增强旅行社对开发主题旅游的信心。

5. 队伍的专业化

从事主题旅游作业的人员素质直接关系到接待质量，而接待质量不仅关系到能否获得完善的经营效益，而且关系到主题旅游产品的寿命。其旅游接待不同于常规旅游接待，表现在难度更大、要求更高、操作规律和方式更具有专门性，这就需要旅行社的产品开发部门与接待部门密切配合，形成相对稳定的接待队伍，相关人员如外联、计调、导游、司机等，都必须具备丰富的主题旅游相关知识、经验和技能。从事该项业务的旅行社，应培养和拥有一支自然、历史等知识丰富，拥有特殊技能和健壮体格，能吃苦耐劳，国家安全意识强，熟悉民风民俗，能严格执行民族政策，有志于主题旅游的专业队伍。主题旅游的发展在我国尚属初创时期，其发展呈现出蓬勃的生命力。发挥主题旅游在旅游业中的作用，对开发我国极其丰富的主题旅游资源，开拓旅游市场，招徕更多的国内外旅游者，推动我国旅游事业向纵深发展具有不可估量的作用。

三、旅行社的品牌化经营战略

旅游业，对一个国家而言，可以显著地促进该国家经济的良好发展，中国在此方面也不例外。旅行社是旅游业的主体单位，但是我国却缺少甚至没有在品牌方面具有一定影响力的旅行社。如果不针对这种现象做出改进，长此以往，中国旅游业的发展就不可避免地会受到限制，明显落后于其他产业。

（一）与客户建立和谐的关系

同消费者建立和谐的关系，这在品牌化经营中占据至关重要的地位。只有与客户进行合理的沟通，才能更好地了解他们的需要，并针对这些需要做出改进，更好地为他们服务，最终实现旅行社的品牌化经营。需要注意的是，在此过程中要做到结合方法以及策略，尽量让消费者可以从心底信任旅行社，在具体的做法中可以考虑对客户进行主动拜访，详细了解顾客的需求。

（二）从各方面加强品牌经营

一个旅行社要想实现品牌化经营管理，就要注意从各个部门进行加强，如主管部门、监管部门、宣传部门等。考虑到具体的实施问题，首先就要强化市场管理，做出一定的调整，让我国旅游市场变得尽可能规范。另外，加大开展旅行社品牌化经营活动的力度，并可以考虑组织各相关媒体对此类活动进行报道，将旅行社品牌化概念向大众推广。

（三）加强旅行社品牌保护

品牌创新的重要性不言而喻，在建设旅行社品牌的同时，还要对其衍生出来的一系列的问题从多个方面加以考虑。比如，与品牌化的建立相比同样不可忽视的是加强对旅行社品牌的保护策略。对于这个问题，可以通过实行一些具体的措施对已有品牌进行有力的保护，只有这样，我国旅行社的品牌化经营才能得到真正发展。

综上所述，我国绝大部分旅行社对于其自身的经营管理缺乏品牌建设。但是，品牌化经营可以提高旅行社的营业额，并促进旅行社发展壮大。只有制定了科学合理的品牌化经营策略，并且严格按照计划实施，旅行社才有可能在激烈的市场竞争中赢得主动，为旅行社下一步的发展打下坚实的基础。

第三节　旅游酒店管理

一、旅游酒店的产品开发与管理

（一）酒店产品的定义及构成

1. 酒店产品的定义

确切地说，酒店产品是指酒店企业向宾客提供的物质产品和服务产品的总和，它是有形产品和无形服务的有机结合，并且在这个结合体中，无形服务永远是酒店产品的主体，有形产品则是无形服务的依托。

2. 酒店产品的构成

（1）酒店有形产品。酒店有形产品是指直接或间接影响宾客下榻的一切设施、设备。酒店的有形设施犹如运转的工作母机齿轮，相互支持、相互依托，而共同为宾客提供舒适、方便、安全的体验环境来效劳和服务。但一切有形设施都要紧紧依靠那些精心、细心为宾客提供服务的员工传递给宾客，也就是要通过无形服务才能体现出来。

（2）酒店无形服务。酒店无形服务是指直接或间接影响宾客下榻的服务人员的素质及其服务技能。

（二）酒店产品的开发与创新

现代酒店业在知识经济和经济全球化发展过程中，正发挥着越来越重要的作用，并表现出新的发展趋势，在酒店企业经营中市场瞬息万变，竞争日益激烈，市场需求越分越细，酒店市场容量目前日益狭窄，酒店产品更迭周期越来越短，由此迫使酒店企业重新重视新产品的开发、设计。

1. 酒店产品开发

根据产品生命周期规律，酒店应及时调整产品组合，并不断开发新产品满足人们不断变化的需要，酒店新产品是酒店经营者初次设计生产的，或者原来生产过，但有了重大改进，在内容、结构、服务方式、设备性能上更为科学合理，更能体现酒店经营意图，并与原有酒店产品存在显著差异的产品，如一间客房改进了房间内的设施设备，就成为新产品；虽不改进设施设备，只改变房间内的文化氛围，也是一种新产品。只要这种产品是宾客以前没有接触过的、没有尝试过的，但宾客喜欢去接触、喜欢去尝试的产品都是新产品。

2. 产品设计

酒店产品是一个综合概念，它既包括有形产品，也包括无形产品，还包括各类活动。对于酒店而言除了重视传统的有形产品和无形服务之外，尤其应重视各类活动的组织和设计。酒店企业进行产品设计时可以从产品质量、产品功能、产品品牌、服务产品、产品包装等方面进行展开。

3. 产品创新

美国管理大师彼得斯指出，不创新就是灭亡，创新是酒店生命的源泉，他要求酒店从观念、制度、产品、服务上都要有全新的理念，以赢得市场。酒店产品创新除了对有形产品如酒店设施进行添置、改进或仿制外，还需要对无形产品如服务等进行创新。

二、旅游酒店的服务质量管理

酒店服务质量是酒店在竞争中取得相对优势的基础。要提高酒店服务质量，就必须加强服务质量管理，而要更好地进行服务质量管理，首先要制定酒店服务规程并建立酒店服务质量管理保证体系。

（一）制定酒店服务规程

在酒店服务质量管理过程中，通常是通过对服务标准、规程的制定和实施以及各种管理原则和方法的运用，达到服务质量标准化、服务形式规范化、服务过程程序化，最终以优质服务赢得客人。酒店服务规程就是酒店进行质量管理的依据和基础，是酒店根据各自的等级制定出的适合本酒店实际情况的管理制度和作业标准。

（二）建立酒店服务质量管理体系

酒店服务质量与各个部门的工作质量以及服务过程中的每一个环节的服务质量紧密地联系在一起，因此，优质服务要求酒店内每位员工树立质量意识，关注宾客的需求，并努力提高各自的工作质量，以给宾客带来满足感。酒店服务质量管理体系正是酒店为了提高服务质量而建立的，由质量管理各要素组成的一个管理系统。

服务质量信息是酒店进行服务质量决策的基础与前提，也是计划、服务质量管理活动的依据，更是质量控制的有效工具，因而也是酒店服务质量管理体系的组成部分，所以酒店管理者必须高度重视质量信息的管理。

酒店管理者应正确认识和妥善处理投诉，把宾客投诉视为发现问题、改善酒店服务质量的机会和动力。有资料表明，投诉客人的大多数会成为酒店的回头客，因为这些客人认为酒店服务存在不足，但对酒店有信心，相信酒店会改进服务；而绝大多数感到不满而没有投诉的客人往往不会再光临这家酒店。所以，处理好宾客投诉，消除宾客的不满，其本身也是酒店服务质量管理的重要内容。因此，酒店应制定处理服务质量投诉的原则、方法和措施。

（三）进行酒店服务质量教育

酒店服务是面对面的服务，服务人员的精神状态、礼节礼貌、仪表仪容仪态、服务人员技能和服务语言等都对服务质量有直接影响。酒店服务的优劣在很大程度上与服务人员的水平有直接关系，因此，开展服务教育和培训是酒店服务质量管理的重要内容。

（四）采取有效的服务质量管理方法

1. 酒店全面质量管理

全面质量管理是指一个组织以质量为中心，以全员参与为基础，对涉及产品质量的对象、过程、人员的全面管理和全面应用各种管理方法，达到让顾客满意和本组织所有成员及社会受益的目的，长期有效并能保证成功的管理途径和管理活动。

2. 服务质量分析

进行酒店服务质量分析，可以帮助酒店管理者找出存在的质量问题及产生原因，从而找到有针对性的解决问题的措施和方法，以保证同类的质量问题不再出现。酒店在对服务质量进行分析时，质量分析的方法很多，常用的有：排列图（ABC 分析法），又称重点管理法、主次因素法，是意大利经济学家巴雷特分析社会人员和社会财富的占有关系时采用的方法。PDCA 循环工作法，由美国戴明提出，又称戴明循环，是全面质量管理所应遵循的科学程序。全面质量管理活动的全过程，就是质量计划的制订和组织实施的过程，这个过程就是按照 PDCA 循环，不停顿地周而复始地运转的。

3. 零缺点质量管理（“ZD”）

“ZD”是英文“Zero-Defects”的缩写，是由美国人克劳斯必于20世纪60年代提出的一种管理观念。含义是无缺点计划管理，即“零缺点”管理。酒店服务不可弥补性的特点，使得开展零缺点质量管理成为酒店服务质量管理的一种重要的管理方法。其实质是以“零缺点”为管理目标，使每个员工都成为主角，以充分挖掘人的内在潜力、确保质量。其特点包括：第一次就把事情做好的管理思想；预防为主，防患于未然的管理方法；严格执行服务质量标准的管理制度。

4. 现场巡视管理

现场管理是一个组织为了实现自己的经营目标，有效利用所拥有的资源，有计划、高效率地进行运作所采用的措施。它对生产的范围、时间、进度等各方面进行规范、设置目标，把握进程的实际情况。酒店员工手工劳动的特点以及宾客需求的不断变化，使酒店服务质量管理的难度增加。

通常，不同的酒店管理者各有不同的巡视管理范围，管理者在现场巡视中应及时倾听宾客的意见和要求，给予反馈，并应注意听取员工的意见和建议。

5. 优质服务竞赛和质量评比

酒店还可定期组织和开展优质服务竞赛与质量评比等活动，以使酒店全体员工树立质量意识，提高执行酒店服务质量标准的主动性和积极性，并形成“比、学、赶、帮、超”、努力提高酒店服务质量的氛围。

6. 服务质量控制

一般来说，酒店质量管理的目的都是有效地控制酒店服务质量，确保质量标准。

第四节　新型旅游接待业管理

一、汽车营地接待业管理

（一）我国鼓励汽车露营旅游地的相关政策

2009年12月发布的《国务院关于加快发展旅游业的意见》，首次把旅游房车纳入国家鼓励类产业目录。2014年，李克强总理第一次在政府文件中明确提出加快自驾游和露营地建设。2015年6月2日，国家标准《休闲露营地建设与服务规范第2部分：自驾车露营地》发布，并于2016年1月1日实施，提出“保障共性，拓展个性；有限服务，无限体验”的基本理念。2015年8月4日，国务院办公厅下发关于进一步促进旅游投资和消费的若干意见文件，其中，明确提出“加快自驾车房车营地建设”“支持少数民族地区和丝绸之路沿线、长江经济带等重点旅游地区建设自驾车房车营地”“到

2020年，鼓励引导社会资本建设自驾车房车营地1000个左右”等的要求。

（二）我国汽车营地的发展策略

1. 借助政府支持，加快自主房车产业开发

一方面政府要加大支持力度，包括人、财、物尤其是科技和信息的支持，鼓励更多的企业加入到这个行业中来；另一方面汽车露营企业和俱乐部要积极掌握新信息、学习新技术，不断加强高级房车的自主研发能力，提高我国房车技术开发水平，带动汽车露营发展。

2. 加强汽车露营专业人才培养

目前我国汽车露营专业管理人才严重缺乏，要想保证该行业持续健康地发展，必须尽快培养一支既懂体育知识，又会经营管理，文化修养高、综合素质硬的专业管理队伍。

3. 利用汽车露营的吸引力，加强宣传营销

人们对汽车露营的高度关注，使其拥有了广泛的潜在客户群，要开发这些潜在客户群就要对其进行正确的宣传与引导，制订具有针对性的营销策略，进行全方位、多渠道、立体式的渗透。努力将中国房车锦标赛打造成一流品牌赛事，并以此为平台大力宣传普及汽车露营知识，吸引更多人参与进来。

4. 注重环境保护，实现人与自然和谐发展

汽车露营活动依托于优美的自然风光和良好的生态环境，是人们享受自然的过程，只有在这一过程中协调好人与自然的关系，才能实现生态平衡、环境优化和汽车露营可持续发展。

5. 加快制定相关法规、制度与标准，健全行业管理规范

政府应加强宏观管理，在法规层面尽早落实管理主体，授权旅游行政管理部门管理汽车露营活动，公安、建设、林业、水利等相关部门应积极配合协助。尽快制定汽车露营管理法律法规，使其在发展过程中有法可依，主要应包括汽车露营旅游的从业人员职业资格认证、露营地建设的标准、营地安全规范管理的标准、汽车露营旅游危机管理和安全救援政策、交通管理部门对房车牌照的管理等。

6. 建设标准化汽车露营地，完善配套设施

我国汽车露营地建设要步入良性发展轨道，不仅需要借鉴国外的发展经验，与国际标准接轨，还要挖掘自身特色，完善相关配套设施，建设集休闲、娱乐、旅游、健身为一体的现代露营地。

综上所述，我国汽车露营虽然起步晚，与国外发展水平存在一定差距，但随着全面建设小康社会目标的推进，汽车露营迎来了发展的契机。我们要结合我国实际情况，借鉴国外成功经验，在政府的大力扶持下，探索具有中国特色的汽车露营发展道路，积极推动产业体系建设，让越来越多的人接受和喜爱汽车露营。

二、邮轮接待业管理

（一）邮轮旅游的发展状况

1. 邮轮旅游的发展概况

“邮轮”一词原指的是在各大洋来往穿梭，往返于各大洲、国家的海洋定期交通工具，又称为远洋班轮。随着20世纪50年代民航客机的逐渐普及，传统邮轮被民航客机取代的命运已经无法逆转，为了扭转局面，各邮轮公司发展起了邮轮旅游这一全新的理念。邮轮旅游是一种组合型的海洋休闲旅游产品，一种多功能、复合型以及可塑性很强的旅游产品，可以组合各种旅游要素开发高端领域的产品。现代邮轮旅游正式兴起于20世纪60年代，20世纪80年代中后期发展至完善阶段。30多年来，邮轮旅游经历了巨大的变化，从奢侈产品变成大众产品，形成了新的、特殊的、多元化的邮轮产品。

根据Seatrade数据统计，近30年来，世界邮轮旅游业一直保持7.6%的年平均增长速度。邮轮经济的产业带动比例系数高达1∶10。邮轮旅游将是21世纪最具发展潜力的现代服务产业门类之一，预计2020年全球邮轮旅游游客可达3000万人次。

2. 中国邮轮旅游的发展现状

得益于改革开放带来的经济发展，中国邮轮旅游正式开始于21世纪初。如今中国邮轮旅游刚刚度过起步阶段，在旅游业快速增长的背景下，中国发展邮轮经济的时机也日益成熟，邮轮旅游在中国蓄势待发，国内众多港口城市都已将目光投向邮轮经济。然而中国对于新兴的邮轮旅游缺少发展经验可循，如今的发展状况呈现出区域发展不平衡、发展模式落后、产品的文化差异和冲突缺少调适等困境。因此，中国邮轮旅游业的发展任重而道远。

（二）邮轮旅游的发展趋势

邮轮旅游在旅游经济中的占比越来越大，全球邮轮乘客可突破千万，且呈现出高速增长趋势。中国游客外出旅游选择乘坐邮轮的方式越来越普遍，乘船来华的外国游客也逐渐增多，但从全球旅游的总人数来看，中国的占比还很小。所以，创新邮轮旅游的营销模式非常重要，在新媒体的驱动下，可以很好地结合邮轮旅游的特点与时代共同进步，加入时代趋势的变化中，使邮轮旅游在世界占有更加重要的地位，能够打开更大的市场。

三、民宿接待业管理

在中国，近几年民宿行业发展迅速。特别是原国家旅游局颁布《旅游民宿基本要求与评价》定义了统一的民宿概念、类别及评价标准后，为民宿行业的规范化管理提供了新的机遇。

（一）民宿定义

认识事物，始于对其定义，因此对定义的研究至关重要。当前被学者引用最多的概念是我国台湾地区交通主管部门颁布的《民宿管理办法（2002）》中对“民宿”的定义：指利用自用住宅空闲房间，结合当地人文、自然景观、生态、环境资源及农林渔牧生产活动，以家庭副业方式经营，提供旅客乡野生活之住宿处所。

2017 年 8 月 21 日，原国家旅游局发布的《旅游民宿基本要求与评价》行业标准中，将旅游民宿定义为利用当地闲置资源，民宿主人参与接待，为游客提供体验当地自然、文化与生产生活方式的小型住宿设施，同时注明民宿单幢建筑客房数量应不超过14间（套）。

（二）我国民宿发展现状

民宿最早发源于 20 世纪 60 年代，英国、日本、法国都是民宿发展较好、对民宿管理较为规范的国家。我国台湾地区民宿从 80 年代开始最先在垦丁公园兴起，经过多年的发展，逐渐成为台湾地区旅游业的重要住宿业态。而大陆民宿最早是 2000 年左右伴随着周边游的发展以“农家乐”的形式出现的，最近几年随着人们从观光游到休闲游、从团队游到自助游的转变，民宿作为具有浓厚地方特色的住宿业态受到了游客的追捧，民宿投资也得到了井喷式的发展，仅在携程网上线的客栈民宿就有万家。

2015 年 11 月，民宿迎来了政策的春天。国务院正式提出“积极发展绿色饭店、主题饭店、客栈民宿、短租公寓、长租公寓、有机餐饮、快餐团餐、特色餐饮、农家乐等满足广大人民群众消费需求的细分业态”，民宿首次出现在官方正式文件中。

2016 年 4 月，中国饭店协会成立了客栈民宿委员会，意味着从政府层面正式承认了民宿的合法性。

2016 年 5 月 4 日，国务院常务会议上确定了支持住房开展租赁业务、鼓励个人依法出租自有住房等住房租赁市场的举措。原国家旅游局也计划出台中国文化主题旅游饭店、旅游民宿、精品饭店等旅游住宿业细分业态标准。这意味着民宿将作为旅游住宿业中的一种特殊产品实行特定的准入标准，这与国际普遍做法也是一致的。实际上，在我国民宿发展比较发达的地区，如德清、厦门等地，也已经由地方政府出台了民宿管理办法，由地方政府发放民宿经营许可证，将其纳入常规管理之中。不过需要指出的是，上述地方管理办法都限定于乡村地区的房屋建筑。

【延伸阅读】

完善民宿管理　延伸民宿产业

随着旅游业的快速发展，以及泉州市获评首届“东亚文化之都”、2016 年央视春晚和元宵晚会主会场的设立、“第十四届亚洲国际艺术节”与“2016 海上丝绸之路环湾自行车赛”等重大节庆赛事的成功举办，泉州特别是泉州古城区已走入国人和国际视野。随之而来的是泉州市区的民宿产业也迅猛兴起，仅鲤城区就出现了23家民宿。目前，古城区民宿均属无证照经营，在房屋建筑质量、耐火等级、装修材料、消防设施、规划布局等方面均不符合要求，且存在无证经营和流动人口漏登失控的问题以及反恐等安全隐患。应深入基层开展调查研究，因地制宜提出多元化培育发展古城区民宿产业的模式和路子。

一、加强组织实施和部门监管

建议成立古城区民宿发展协调小组办公室，由主管部门区文体新局牵头，及时召集公安、消防、工商、卫生、环保、街道办事处等相关部门，研究在工作推进中所出现的问题，并不定期地对古城区的民宿进行检查，遵循公正公开和整改为主、处罚为辅的原则，引导规模经营的民宿单位进行提升改造，取得合法经营资格，规范经营。

二、制定管理规范，开展岗位培训

在调查研究的基础上，及时制定出台民宿管理办法。对设定民宿房屋、规模等基本条件、消防和治安安全标准、服务标准规范、办证审批程序、监督管理、政策扶持等方面做出明确规定。古城区民宿发展协调小组办公室每年要组织民宿经营管理和服务人员开展各种类型的岗位培训，并通过经营管理人才引进等方式，不断提高民宿业从业人员的业务素质和服务水平。

三、加大资金投入，延伸产业链条

对合法的民宿经营户按经营规模和硬件条件给予一定的补助；对文化氛围浓厚、有一定社会影响力的精品民宿项目予以重点补助；帮助民宿拓展融资渠道，为民宿起步提供助力；发挥政府招商引资平台作用，加强与民宿知名企业深度对接，引进资金及先进的民宿营销策划经验，进行专业的民宿产业招商引资和开发利用。同时，加大对民宿集中区周边交通、便民设施、生活设施、景观绿地等基础设施的资金投入力度，完善基础配套设施，提高综合服务能力。结合古城区的历史文化底蕴、自然景观及生态、环境等资源，开发和经营高端品质、互动性强、消费力强的精品民宿。发挥典型示范作用，全力引进品牌化、专业化连锁经营，带动古城区精品民宿的发展。融合古城区的人文历史、民俗风情特色，开发独具特色的精品民宿。

四、依托闽南古建，打造民宿品牌

古城区多为独具地方特色的闽南建筑，建议充分利用并以此为核心，辐射带动各县（市、区）乡村旅游并成为景点配套，推动全市民宿产业乃至特色文化旅游产业的快速发展。引导古城区域居民及外来投资者有序建设民宿，形成民宿产业带。建议市政府牵头，与丰泽区统筹规划，以中山路、西街为核心，在江滨路以北、新华路两侧或清源山附近，借鉴福州三坊七巷、晋江五店市或省外古城改造格局与模式，融入浓郁古城历史文化，打造“东方港都·古城百家民居群”“百家小院文化工程”，以租赁为主，出售部分资产，可由业主将民居交由政府（或商家）统一经营，2035年内由政府（或商家）

承担所有或一定比例维修费用。业主也可以以民居入股，与政府（或商家）合作开发，按比例分享收益。通过“东方港都·古城百家民居群”“百家小院文化工程”的建设，吸引外地来古城区休闲、度假、养老的“候鸟人群”，争取做出全市、全省乃至全国一流的民宿生态文化旅游街区。

【本章小结】

本章从旅游业的三大企业入手，来分析旅游企业管理中存在的问题及原因，探讨旅游企业管理的方法和策略，并且从新型旅游接待业方面了解今后旅游业发展的趋势。重点是旅游景区、旅行社和旅游酒店的管理，难点是旅行社主题线路的开发、旅游景区环境管理的方法。正确认识旅行社经营等的定义，对于健全旅游学科的理论研究、指导实践活动具有重要的理论价值和现实意义。明确三大旅游企业的管理趋势，可以有效指导旅游企业开展实践活动。

【复习思考题】

1. 简述我国旅游景区安全管理的现状与问题。
2. 旅行社品牌化经营战略有哪些？
3. 酒店服务质量的管理方法有哪些？
4. 我国汽车营地的发展策略有哪些？

第七章

旅游服务质量管理

【导言】

旅游是新时代人民美好生活和精神文化需求的重要内容，是人民群众获得感和幸福感的重要体现，是展示国家形象和国民素质的重要窗口。良好的旅游市场秩序是企业依法诚信经营和公民文明素养的集中反映，也是社会综合治理水平的集中体现。经过几十年的快速发展，我国旅游业正在进入提高管理服务水平、提升旅游品质的大众旅游新阶段。

当前，旅游市场中存在的虚假宣传、强迫消费、安全卫生等问题在有些地区依然较为突出。所以，为提高我国旅游管理服务水平、提升旅游品质和推动旅游业高质量发展，需要不断提升旅游景区（点）、旅行社、旅游住宿等旅游从业人员的旅游服务质量。

【教学目标】

本章要求学生了解服务的相关概念，熟悉旅游服务的特征，熟悉旅游服务的有形展示途径，掌握旅游服务质量的评价标准和改进途径，灵活把握旅游服务质量的评价方法和创新途径。

【关键术语】

服务、旅游服务质量、改进途径

【导入案例】

迪士尼的成功

“只要你来到这里，里面的任何一个角落，你都能找到一个属于你内心的童话世界。”靠着“在娱乐之中学习知识”的诀窍，迪士尼成了名留青史的企业巨头，开创并主宰了一个全新的卡通世界。迪士尼的与众不同之处在于它生产的是精神产品、无形产品、文化产品和娱乐产品，目的是为孩子和家长提供娱乐，创造人间的欢乐童话。

迪士尼把生产有形产品推进到生产无形产品的远见卓识是领先于时代的，正是这种远见使其能在竞争激烈的环境中始终比别人先走一步。

迪士尼在“产品”上不断求变。经营者不但创作卡通，而且朝着全方位的家庭娱乐组合发展，包括电视、主题公园以及都市规划。通过主题公园的形式，迪士尼致力于提供高品质、高标准和高质量的娱乐服务。同时，公司还提供餐饮，销售旅游纪念品，经营度假宾馆、交通运输和其他服务支持行业，该乐园的生命力在于能否使游客欢乐。由此，给游客以欢乐，并由游客和员工共同营造迪士尼乐园的欢乐氛围，成为迪士尼乐园始终如一的经营理念和服务承诺。

在迪士尼乐园中，员工得到的不仅是一项工作，而且是一种角色。员工身着的不是制服，而是演出服装。他们仿佛不是为顾客表演，而是在热情招待自己家的客人。当他们在游客之中，即在“台上”，当在员工之中，即在“台后”。在“台上”时，他们表现的不是他们本人，而是一个具体角色。根据特定角色的要求，员工要热情、真诚、礼貌、周到，处处为客人的欢乐着想。简而言之，员工的主体角色定位，是热情待客的家庭主人或主妇。

（资料来自：http：//www.yewuyuan.com/article/200808/200808210053.shtml.）

第一节　旅游服务

一、服务与旅游服务

（一）服务的概念

服务是社会经济发展到一定阶段的产物，是一种比较复杂的社会现象。服务的概念最初源于经济学领域，各专家学者从不同的角度和领域对服务给出了不同的定义。其中，美国学者菲利普·科特勒于 1993 年对服务的定义具有较强的权威性，并被普遍接受。他把服务定义为："服务是一方向另一方提供的，基本上属于无形的，并不产生任何影响所有权的一种活动或好处。服务的生产可能和物质的生产有关，也可能不相关。"

本书采用蔺雷和吴桂生在《服务管理》中对服务定义的解释，认为可以从如下几个方面定义服务[①]：服务是一种行为或过程及其造成的结果，而非实物形态，它是一种运动形态的使用价值；服务的生产和消费是同时或几乎同时进行；服务在交易中的所有权不发生改变，只有使用权会发生改变；服务概念涵盖的范围很广，服务本身包含异质性，不同服务行业的概念界定各有侧重，不同的企业也对服务概念、服务本质给出了更多的解释。

（二）有形产品与服务的区别

要深入了解服务这种行为，除了掌握服务的概念之外，还必须了解服务与制造业中有形产品的区别，具体如图 7-1 所示。

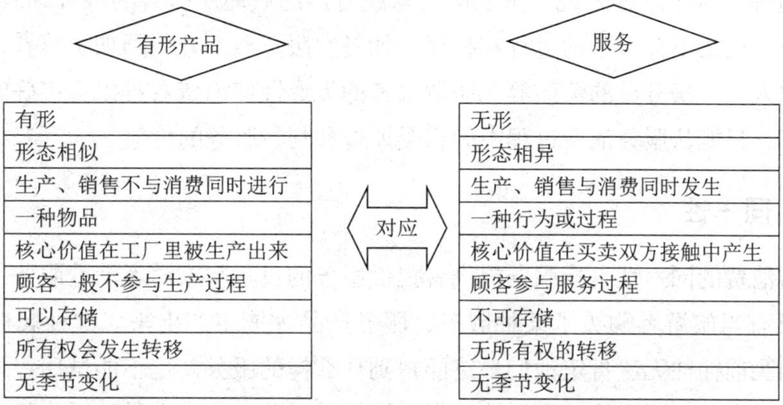

图 7-1 服务与有形产品的区别

（三）旅游服务

旅游服务作为"服务"范畴的概念，具有服务的特征和内涵。然而，旅游的异地性、季节性等特征决定了旅游服务的范畴又不同于常规的服务。

旅游活动按照阶段划分为旅游前准备阶段、游览阶段和最后的反馈阶段，而旅游服务是贯穿在三个阶段中的一系列活动。例如，为决策阶段的旅游者提供信息和咨询、提供便利的预订方式，为旅行过程中的游客提供介绍、讲解和引导，以及向完成旅行的旅游者进行意见征询和再联络，都是属于旅游服务的范畴。所以，从企业和旅游者不同的视角可以给旅游服务不同的定义：从旅游者角度，旅游服务是指旅游者在旅游活动各个阶段所体验到的各种服务的总和；从旅游企业的角度，旅游服务是指旅游企业或者目的

① 蔺雷，吴桂生 . 服务管理［M］. 北京：清华大学出版社，2008.

地凭借有形载体，为旅游者提供能带来各种体验的贯穿整个旅游过程的一系列活动。

二、旅游服务的特征

通过认识旅游服务的特征，可以更好地管理旅游服务，提高旅游服务管理工作的针对性和效率。与物质产品相比，旅游服务的特性主要有以下几个方面。

（一）无形性

无形性是旅游服务最显著的特点，可以从两个不同的层次来理解。首先，旅游服务与有形的消费品或工业品比较，旅游服务的特质及组成服务的元素很多是无形、无质的，让人不能触摸或凭肉眼看见其存在。其次，旅游服务体验后的利益也很难被察觉，或要等一段时间后，旅游者才能感受到“利益”的存在。

尽管如此，在服务的呈现中也包含有形的部分，如餐饮服务中的食物、客房服务中的客房设施等。对于顾客来说，重要的是这些有形的载体所包含的服务和效用。另外，所提供的服务也离不开有形的过程和程序，如餐饮服务离不开厨师加工菜肴，客房服务离不开登记入住、房务员的清洁等。旅游服务的无形性使消费者难以直接确定所体验的服务的好坏，只能从服务消费过程中的感受评价和判断服务的价值。

（二）同一性

服务与消费的同一性是指服务提供者提供服务的过程与旅游者消费服务的过程同时发生，即只有当旅游者购买了某种服务，服务产品才能生产出来。这种属性就决定了旅游者在购买前往往无法肯定他们最终能得到什么样的服务，也不能试用一下，这就给旅游者带来更大的购买风险。所以旅游者购买旅游服务时，多数借助于品牌、亲身经历或者他人的良好口碑等第三方媒介进行决策，也因此促生了马蜂窝、携程攻略、“试睡员”、先游后缴费等服务形态的诞生。另外，生产和消费同步也决定了旅游者在旅游服务体验过程中不是完全被动的，其不仅是消费者也是“合作生产者”。这一特点对服务人员提出较高的要求，服务人员的行为方式，服务人员对旅游者需求的反应速度等，对旅游者今后的购买决策都有很大的影响。

（三）易逝性

有形的产品可以储存，而旅游服务则无法储存，它只存在于其产出的那个时点。没有出租出去的客房、飞机上的空座位等，就永远失去了当天或当时的服务销售机会。旅游服务企业不可能像物质产品生产企业那样，将旅游淡季生产的产品储存起来，在旺季出售；而且旅游者在大多数情况下，亦不能将服务带回家安放，这就是旅游服务的易逝性，即不可储存性。

旅游服务的易逝性给旅游服务企业的经营带来了一定的困难，具体表现为服务接待能力与旅游者需求的矛盾。在旅游淡季需求量低，旅游服务企业的接待能力无法得到充分利用；而在旺季需求量超过了接待能力，这也是旅游景区承载力概念诞生的重要背景之一。目前，很多旅游服务企业为平衡淡旺季差异，采用活动促销、联合营销、降价促销、新媒体营销等多样化的营销手段，提升旅游服务设施的利用率，降低旅游服务的易逝性给企业带来的影响。

（四）差异性

旅游服务企业提供的服务不可能完全相同，同一位服务员提供的服务也不可能始终如一。换句话说，服务无法像有形产品那样实现标准化。服务的主体和对象均为人，人是服务的中心，而人的个性不一，不同服务人员的技术水平、服务态度及其努力程度有所差异，从而产生出不同的服务效果。即使是同一服务员，其行为在不同的时间和地点也存在差异。同时，旅游者的知识水平、道德修养、处世经验、社会阅历、需求等基本因素也会影响其对服务的感受，不同旅游者对同等旅游服务的评价不同。

（五）缺乏所有权

旅游服务是一种经济契约或社会契约的承诺与实施的活动，而不是有形产品所有权的交易。在大多数服务产品的生产和消费中，不涉及任何东西所有权的转移。服务的无形性和易逝性使旅游服务在交易完成后就消失，旅游者并没有实质性地拥有服务。例如，旅游者在参观游览时，只能拥有导游服务的感受，而没有拥有任何事物的所有权。

三、旅游服务的有形展示

（一）旅游服务有形展示的概念

无形是旅游服务最重要的特征，旅游服务表现为贯穿整个旅游过程中的一系列活动，而不是实物，很难描述它的质量，也很难判断它的消费效果，从而使旅游服务缺乏搜寻特征。

虽然旅游服务是无形的，但服务设施、服务设备、服务人员、旅游者、宣传海报、价目表等是有形的，都向旅游者传递着某种信息。根据环境心理学理论，旅游者利用感官对有形物体的感知及由此所获得的印象，将直接影响到旅游者对服务质量及服务企业形象的认知和评价。对于旅游者来讲，在购买服务之前，会根据那些可以感知到的有形物体所提供的信息对服务产品做出判断。比如，一位初次光顾某家餐厅的顾客，在走进餐厅之前，通过餐厅的外观、招牌标志等获得了一个初步印象，如果印象好的话，他就会进入餐厅；如果这时餐厅内部的装修、桌面的干净程度以及服务员的礼仪形象等吸引他，他就会在这个餐厅用餐。这个例子表明，服务过程中各种有形要素的展示有助于企业有效地推销服务产品。所以，应该采用“有形展示”的策略，帮助服务企业开展营销活动。

“旅游服务有形展示”是指一切可传达旅游服务特色及优点的有形组成部分。这些有形展示，若善加管理和利用，可帮助建立服务产品和服务企业的形象，帮助实施有关营销策略；反之，会影响顾客对产品的期望和判断。

（二）服务有形展示的作用

1. 塑造和改进企业形象

企业形象是企业自身的一项重要的无形资产，它代表企业的理念、信誉、质量和员工素质等，逐渐成为旅游者的选择依据。但企业形象是很抽象的概念，单纯靠文字宣传很难形成生动的、容易让人接受的形象。在市场沟通活动中，企业应采用各种方法，提供能让消费者感知的有形展示，突出企业特色和个性，在消费者心目中形成良好的形象。如 Logo 的设计、吉祥物的设计、企业服务理念的呈现等。

2. 让旅游者感知服务带来的利益

旅游者就是为了获得某些利益而购买某项服务的。企业通过有形展示让旅游者感受到这些利益，他们才会产生服务需求、购买服务或对服务质量满意。例如，希望住五星级饭店的客人，都想获得豪华的享受和细致周到的服务。饭店展示金碧辉煌的装饰、温馨的夜床服务、周到的私人管家服务，都将吸引顾客的购买。

3. 使旅游者形成良好的第一印象

对于服务企业的新顾客而言，他们没有经验，往往通过各种有形线索形成对企业服务产品的第一印象，从而判断其服务质量。例如，外出的旅游者可根据旅行社的旅游车档次、导游讲解的专业性等，判断整个旅程的服务质量。

4. 引导旅游者产生合理的质量期望

旅游者在购买某项服务之前往往会对产品和服务产生一定的期望，由于服务的无形性，使旅游者的期望可能过高或过低，过高的期望会导致旅游者接受服务时的失望，过低的期望将阻碍旅行者的购买决定，都会产生负面影响。企业的有形展示让旅游者能够提前把握服务的特征和功能，从而形成合理的期望，较准确地评价服务质量。

5. 促进服务员工提供优质服务

有形展示使顾客能把握服务的特征和功能，也使服务人员了解应如何为旅游者提供优质服务，如何突出企业的服务特征和优点。为此，服务企业要加强员工的培训，提高员工的服务技能和技巧，更好地满足消费者的需求和期望。

（三）旅游服务有形展示的类型

从不同的角度可以对有形展示做不同的分类。根据有形展示的构成要素，可分为三种类型：有形环境、市场沟通和服务接触。

1. 有形环境展示

旅游服务企业的有形环境是由背景因素、设计因素和社交因素决定的。背景因素和社交因素构成软环境，而设计因素构成硬环境。

背景因素指消费者不大会立即意识到的环境因素，如气温、湿度、通风、气味、声音、整洁等因素。良好的背景环境并不能促使消费者购买，而如果服务环境中某种背景因素使消费者感觉不舒服，他们就会意识到服务环境中的问题，转而购买其他服务。例如，客人不愿入住有异味的客房，不愿意在非常嘈杂的餐厅就餐。

设计因素指刺激消费者视觉的环境因素。设计因素可分为艺术设计因素（如建筑物式样、风格、颜色、材料、格局等）和功能设计因素（布局、舒适程度等）两类。与背景因素相比，设计因素容易引起消费者的注意，对消费者感觉的影响就比较明显。设计精美的服务环境更能促使消费者购买。

社交因素指服务环境中的旅游者和服务人员。服务环境中的旅游者和服务人员的人数、外表和行为都会影响其他旅游者的购买决策。服务人员的仪态仪表是服务企业极为重要的有形环境要素。如果服务人员的仪表仪态给人训练有素的印象，旅游者才会相信他们能够提供优质服务。在迪士尼乐园，职工的头发长度、首饰、化妆和其他个人修饰因素都有严格的规定，且被严格地执行。

2. 市场沟通展示

旅游服务企业通过一系列有形因素进行市场沟通展示，使无形的服务和抽象的广告信息变得有形、具体，从而传达有关服务品质和服务利益的线索，有助于强化服务企业的市场营销战略，影响消费者的购买决策，促进消费者选择本企业产品和服务。市场沟通展示的方式包含服务有形化和信息有形化两类，它们在市场沟通展示中同时存在、相互配合，从而强化市场沟通展示的效果和旅游企业市场营销战略效果，如图 7–2 所示。

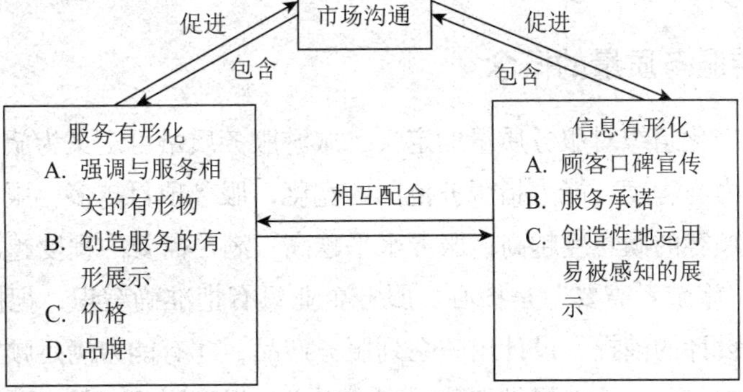

图 7–2 市场沟通展示示意

（1）服务有形化。服务有形化主要通过强调与服务相关的有形物、创造服务的有形展示、价格和品牌四个途径实现。其中，旅游服务企业强调与服务有关的有形展示，可传播企业无形的、突出的服务特征。例如，展示宾客满座的餐厅，服务员在井井有条进行服务的场景，向旅游者传递了餐厅被市场认可的程度和优质的服务。价格可以帮助消费者判断无形服务的质量，俗话说“一分价钱一分货”。品牌代表了市场上消费者认可的产品和服务，意味着满意的服务，给消费者以质量和品质的保证。所以，品牌宣传给消费者感知企业的无形服务提供了一条重要途径。

（2）信息有形化。因为旅游服务的无形性和同一性，所以旅游者购买旅游服务时，多数借助于品牌、亲身经历或者他人的良好口碑等第三方媒介进行决策，所以旅游服务企业可利用旅游者的口头宣传，使信息有形化。信息有形化的另一种方式，是在广告中对消费者承诺服务质量。如某酒店承诺“不满意就退钱”，2018 年携程推出的“先旅游后缴费”项目。这可使消费者相信企业的服务质量，感知到服务消费的利益保证，降低消费风险，还可督促酒店员工为消费者提供优质服务。

3. 服务接触展示

服务接触是旅游者接受服务时，与服务人员直接接触和互动的过程。服务接触中，服务人员的服务行为是最真实的展示，如服务人员的服务技能、真诚的态度、对旅游者的特别关心、服务人员与旅游者之间的相互理解、服务人员礼貌待客行为，都会增强旅游者的正面消费情感。所以，旅游服务企业应加强服务接触展示管理，强化员工服务技能、技巧、态度等培训，重视全面提高服务人员的素质，使服务接触展示增强顾客的正面消费情感。

第二节　旅游服务质量的测量

一、旅游服务质量

（一）旅游服务质量的概念

根据国际标准化组织对服务质量的定义，旅游服务质量可定义为旅游服务企业满足旅游者需要的能力与程度。能力指服务范围的宽度，服务项目越多，服务能力越强。程度指服务水平，顾客的满意度越高，服务水平越高，满足需要的程度越深。

在定义中，“旅游者需要”是核心。服务企业只有把准确辨识、把握和确定顾客需要作为服务产品设计的前提，设计出一系列服务产品，才有能力满足顾客需要。服务人员要能理解顾客的需要，才能提供细致周到的服务，提高服务水平。顾客需要可以从以下三个角度进行分析。

1. 规定的需要和隐含的需要

规定的需要指企业服务项目中规定的服务内容。如旅行社包价旅游对导游服务、食、住、行、游、购、娱等方面有明确规定。规定的需要一般是满足顾客的共性需要，是服务质量的保证。隐含的需要指规定服务内容以外的需要，往往是个别的需要，如景区提供的免费茶水服务、临时医疗点服务等。满足隐含的需要反映了企业对顾客的关怀，能提高顾客的满意度，提高服务质量。

2. 物质需要与精神需要

旅游服务要以相应的设施设备、用品等物质产品为载体，物质产品构成了服务产品的成分，成为顾客消费和评价服务质量的内容之一。所以，物质产品的档次要与服务产品档次相协调。如不同档次的星级饭店，应有相应的硬件设施设备。旅游者的物质需要是基本需要，更重要的是精神需要，因此旅游活动是文化活动。精神需要来自旅游活动中的审美因素、文化因素，以及旅游者在整个旅游活动中感受到的“人文关怀”。企业满足的精神需要程度越深，服务质量越高。

3. 社会需要

旅游企业是社会化企业，经营目标应是经济效益、社会效益和环境效益的统一。这就要求企业在实现经济目标的同时，承担起更多的社会责任，如保护环境、提供绿色服务、维护公共安全、遵守社会规范、支持公益事业等。

（二）旅游服务质量的构成

旅游活动是由多种复杂行为构成的，具有综合性特点。旅游者始终直接参与到旅游服务系统中，不仅对最终服务结果进行评价，而且对服务过程进行评价。所以，旅游服务质量由下面三类质量构成。

1. 技术性质量

指旅游服务结果的质量，即服务企业为旅游者提供了什么服务，如饭店为客人提供的客房和床位，旅行社为旅游者提供导游，餐馆为客人提供菜肴和饮料等。通常，对于技术性质量，旅游者容易感知、便于评价。例如，客人对客房是否舒适、菜肴是否可口、饮料是否过期、交通是否便捷等，都能较客观地进行评价。

2. 功能性质量

指旅游服务过程的质量，即服务企业是如何为旅游者提供服务的。由于旅游服务过程是游客与服务人员相互接触、相互影响的过程，因而旅游服务过程的质量不仅与服务时间、服务场所、服务人员的服务态度、服务程序、服务方法等有关，而且与旅游者的个性特点、知识水平、行为方式有关，还与服务场所其他顾客的消费行为有关。通常，旅游者对旅游服务过程质量的评估是旅游者比较主观的判断。

3. 形象性质量

形象性质量是指旅游企业在社会公众心目中形成的总体印象，包括企业的整体形象和企业所在地区的形象（旅游地形象）两个层次。旅游服务企业的形象可以通过视觉识别、理念识别、行为识别等系统多层次体现。顾客可从企业的资源、组织结构、市场运作、企业行为方式等多个侧面认识企业形象。企业形象质量是顾客感知服务质量的过滤器。如果企业拥有较好的形象质量，些许的失误会得到顾客的谅解；但如果失误频繁发生，则必然会破坏企业形象；倘若企业形象不佳，则企业任何的失误都会给顾客留下很坏的印象。

技术性质量和功能性质量一样重要，它们相互关联，最后作用于形象性质量，从而影响旅游者的重购意愿和企业营销质量。因为，第一，旅游服务质量的评价是对服务过程和结果的综合性评价。从服务过程上看，旅游服务是由很多具体的不同内容的服务构成的整体，在一次旅游经历中会涉及旅行社的信息服务与导游服务、酒店的预订服务与客房服务，以及旅游目的地的食、住、行、游、购、娱服务等，如果某一部分、某一个细节出现质量问题，就会影响旅游者对整体旅游服务质量的评价，就是服务行业经常说的"100-1=0"的理论。第二，旅游服务质量是一个动态的概念。旅游者的需求随着时点的变化而不相同，使旅游服务质量也随着时代的变化而变化，具有动态性。然而，在市场竞争日趋激烈的今天，同类企业为旅游者提供的服务结果趋同。旅游者很难仅仅从服务结果来判定两家同类服务性企业服务质量的高低，需要结合服务过程中的体验与感受进行评价。

（三）旅游服务质量的重要性

提高旅游服务质量，就是在掌握旅游服务特征和质量要求的基础上，强化人本管理，以满足旅游者需求为目标，不断端正旅游服务观念、改变旅游服务态度、完善旅游服务技能、丰富旅游服务内容，形成良好的旅游服务体系和机制，从而更好地满足旅游者多方面的旅游需求，为旅游企业和旅游目的地带来良好的经济效益和社会效益。

1. 促进旅游持续发展

旅游服务质量，既是决定旅游活动效果的关键因素，又是旅游业持续发展的永恒主题。从世界旅游业发展的历史进程看，旅游服务质量对一个国家或地区的旅游发展及旅游企业的成功经营显得越来越重要。因此，世界旅游组织 1994 年就提出"高质量员工、高质量服务、高质量旅游"的要求，呼吁世界各国在旅游发展中强调质量意识，抓好质量管理和监督，不断改善和提高旅游服务质量，更好地满足旅游者的消费需求。

2. 增强旅游吸引力

旅游活动的主体是旅游者，对象是各种旅游吸引物，而旅游服务则是连接旅游者和旅游对象的重要桥梁。通常，旅游服务质量既是增强旅游目的地吸引力的重要手段，也是影响旅游者对旅游目的地选择的重要因素。因此，在旅游者的出游决策过程中，如果旅游目的地的旅游服务质量高，则对旅游者的选择起到促进作用；反之，会削弱旅游者对旅游目的地选择的动机，其结果必然影响旅游目的地接待旅游者的数量和规模。

3. 决定旅游企业的生存与发展

在激烈的市场竞争情况下，旅游企业要保持和扩大市场份额，提高市场占有率，获取更高的经济效益，最根本的出路是提高旅游服务质量，提高旅游企业的活力和竞争力，通过优质的服务获得市场的认可，促进旅游企业健康持续地发展。

二、旅游服务质量测量的标准

（一）旅游服务质量测量的标准

旅游服务质量的测定是旅游服务企业对顾客感知服务质量的调研、测算和认定，是一个相当复杂的过程。服务产品的无形性、消费和生产的同时性、不可储存性，决定了人们评估服务质量是很困难的，所以至今还没有一个统一的标准，只是消费者的一种主观感受。但是，由于消费者具有共性，这种主观评价中仍然包含着共性的标准。美国著名营销学者潘拉索拉曼和贝里等人探讨了服务质量要素的共性，认为尽管服务类型多种多样，但顾客在判断服务质量好坏时却利用相同的通用标准。他们于 1985 年提出了受到国际服务质量研究领域专家广泛认可的服务质量五属性模型，根据该模型，顾客从可靠性、响应性、保证性、移情性、有形性五个方面测量服务质量。

1. 可靠性

可靠性指员工可靠、准确地执行所承诺的服务的能力。可靠性意味着企业按其承诺行事，它体现在服务提供的各个环节中，如按时到达、定价和宣传一致、解决问题到位等。

2. 响应性

响应性指员工根据旅游者需要帮助旅游者并提供快捷服务的自发性。强调在处理旅游者的要求、询问、投诉时，员工的专注程度与快捷程度。响应性主要表现在两点：一是旅游者为获取员工帮助和信息咨询的等待时间长短，二是旅游企业为满足旅游者需求所提供服务的柔性和能力。旅游企业要从旅游者的角度出发，审视服务传递和处理需求的过程，建立有效的响应机制。

3. 保证性

保证性指员工具有的为旅游者提供服务所需的自信、知识与能力。当服务内容对旅游者而言包含高风险，或旅游者没有能力评价服务产出时，该标准非常重要，如金融服务、医疗服务等。

4. 移情性

移情性指员工给予旅游者的关心和提供的个性化服务。其目的是通过个性化或定制化的服务，使每个用户感到自己是唯一的和特殊的。例如，企业员工清楚地记得旅游者的名字和职位，针对不同旅游者的偏好调整服务内容等。

5. 有形性

有形性指旅游服务中有形的设施、设备、人员外表、环境氛围等。有形性更加直观、容易测量，是旅游服务质量测量的重要标准。

英国学者约翰斯顿等人采用关键事件分析法，研究服务质量属性。他们提出了更全面、更具体评估服务质量的 18 个属性。敏感：指服务人员乐意帮助顾客。关心：指服务人员关心顾客。沟通：指服务人员良好的沟通能力。敬业：指服务人员工作勤恳、服务周到。礼貌：指服务人员礼貌待客。友好：指服务人员热情友好。灵活：指服务人员根据顾客的需要，灵活地为顾客服务。能力：指服务人员的服务技能。方便：指服务地点方便顾客。美观：指服务人员的服装、服务设施、服务用具美观大方。数量充足：指服务人员和服务设施数量充足。整洁：指服务场所整洁卫生。舒适：指服务环境和服务设施舒适。适用：指服务设施的适用性。诚信：指企业信任顾客，诚实公正地对待顾客。可靠：指企业为顾客提供正确、可靠的服务。及时：指企业为顾客提供迅速及时的服务。安全：指顾客的人身安全和财产安全。约翰斯顿等人把这 18 个属性划分为软质量和硬质量两类，软质量包括服务人员与顾客之间的各类人际交往关系质量，如敏感、关心、沟通、敬业、礼貌等；硬质量包括方便、舒适、适用、诚信、可靠、安全等。

（二）旅游服务质量测量的基本程序

旅游服务质量是旅游者实际感知质量与期望质量之间的比较结果，当实际感知质量高于期望质量时服务质量评价为正值，数值越高则说明服务质量越好；当实际感知质量低于期望质量时服务质量评价为负值，数值越低则说明服务质量越差。所以，旅游者对旅游服务的期望是测量旅游服务质量的参考点，也是旅游服务质量测量中的首要工作，还要完成旅游服务质量信息系统的建立、评价信息的处理与反馈等工作，具体程序如图 7–3 所示。

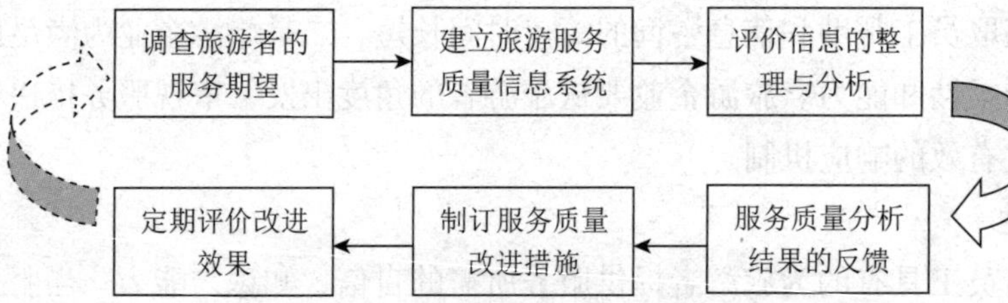

图 7–3　旅游服务质量测量程序[①]

1. 调查旅游者的服务期望，确定旅游者服务质量评价的依据

旅游者对服务质量的期望是旅游者感知服务质量的比较基础，不仅影响旅游者自身的实际服务体验，而且影响旅游者的感知价值。随着社会经济的发展，人们的收入和闲暇时间不断增加，因而对自身的生活质量提出了更高的要求。与此同时，社会、文化和价值观念的变迁使得人们对各类旅游服务的期望价值也不断提升，因而，及时了解顾客期望并及时协调服务策略、制定产品服务标准，能够有效提升顾客感知价值。

2. 建立旅游服务质量信息系统，收集服务质量评价信息

旅游服务质量信息系统是通过连续的服务质量调查过程，向管理人员提供及时的、

① 温碧燕．服务质量管理［M］．广州：暨南大学出版社，2010.

有用的有关旅游者满意、期望和质量感知的数据。旅游目的地和旅游企业都应该建立相应的服务质量信息系统，以帮助管理人员了解顾客对服务质量期望和感知的变化，了解本目的地和企业的实际服务表现，从而做出有效的质量管理决策。旅游目的地的服务质量管理信息系统要以目的地中各旅游企业的服务质量信息系统为基础。旅游企业旅游服务质量信息系统可以通过如下调研方法获得。

（1）事后调查。在服务接触发生之后立即或在几天内实施调查，以衡量旅游者的服务质量感知和满意度。

（2）总体市场调查。可以用来衡量旅游者对服务质量的总体评价，包括旅游者的服务期望与服务感知、不同服务维度的相对重要性、旅游者的重购意愿以及推荐意愿。旅游企业还可以通过总体市场调查了解竞争者的服务质量。

（3）神秘购买。旅游企业可以雇用“神秘购买者”作为普通旅游者参与服务过程，并提供有关其服务经历的反馈信息。神秘购买能够衡量服务人员个体的服务表现，而这种信息有助于对突出的员工进行奖励。

（4）顾客投诉与员工反馈信息分析。旅游企业可以通过系统地收集、记录、分析旅游者投诉，识别服务中存在的缺陷；也可以通过定期与员工进行小组讨论、访谈等方式了解旅游者消费行为趋势。

美国著名营销学者贝里认为，有效的服务质量信息系统具有以下作用：促使管理人员在决策工作中考虑旅游者的意见；明确旅游者重视的服务属性；揭示服务改进工作重点，指导资源分配决策工作；长期记录本企业与竞争对手企业的服务实绩；表明服务质量改进措施和服务质量投资的效果。

3. 服务质量评价信息的整理与分析，向管理人员提交服务质量评价报告

旅游服务质量信息系统在收集信息之余的另外一个功能就是整理与分析信息，并以适当的方式显示质量评价。系统研究人员常用平均数、百分比、相关分析、回归分析、因子分析、价值曲线分析等方法，整理和分析服务质量信息，最后通过文字、录像、图表等方式形成评价报告，显示服务质量评价结果。

4. 向员工反馈服务质量信息

根据授权理论，旅游服务企业的每一位员工都是企业的决策人员。企业应该授予员工服务工作决策权力，以便他们在为顾客服务的过程中能主动地满足顾客期望，创造性地解决服务工作中出现的问题。管理人员和员工分享服务质量信息是企业授权措施得以奏效的重要保障，员工获得服务质量信息的渠道有培训班、内部通信、录像片等。

5. 根据服务质量评价结果，制订质量改进措施

在旅游服务质量评价结果中，通过比较分析，找出关键因素，制定有针对性的服务质量改进措施，提高改善服务质量的效果。

6. 定期评价改进效果

旅游服务质量评价是一项长期的任务，企业应定期评价本企业的服务质量，了解企业服务质量的改进效果及与市场需求变化趋势的一致性。

通过以上六个环节的操作可以帮助旅游服务企业不断提升服务质量，获得市场占有率和经济效益。然而，旅游市场需求日新月异，旅游企业想要在区域旅游发展中保持一定的地位与收入，必须将以上环节循环进行下去，不断反思、不断提升。

三、旅游服务质量测量的方法

（一）SERVQUAL 测量法

Parasuraman、Berry 和 Zeithaml 在服务质量测量 5 个维度的基础上，提出了测量顾客感知服务质量的 SERVQUAL（Service Quality）模型。此测量方法完全建立在顾客感知的基础之上，即以顾客的主观意识为衡量重点，它是目前被认为从旅游者角度测量服务质量最典型的方法。这种方法是建立在定量分析基础上的，它选择服务质量 5 个维度共 22 个要素进行顾客调查（见表 7-1）。

问卷分为两个部分，分别用来测量顾客期望的服务质量和实际体验到的服务质量，每部分均有基于服务质量的 5 个维度而设计出的 22 个问题，问卷采用李克特的 7 点尺度量表，每个要素的分值从 1 到 7，分别代表“完全不同意”至“完全同意”。每项要素的顾客体验得分与顾客期望得分之差，即为该项要素的服务质量得分（Q=P−E），并可由此来决定总体感知服务质量的分值。

在不同的服务行业中，各服务属性或服务质量维度在顾客心中的重要程度不同的。例如，在旅游业中，旅游者对旅游交通服务可能较为看中安全性，而对于导游服务可能更看重保证性。因此，在运用 SERVQUAL 测量法时，还需要顾客填写各服务属性的权重，这样得出的结果才更符合实际。

表 7-1　SERVQUAL 测量法的测量要素

维度	要素
可靠性	1.提供承诺的服务 2.独立处理顾客的服务问题 3.提供服务时，第一次就做对 4.按照承诺的实践提供服务 5.保持无差错记录
响应性	6.随时告知顾客何时将提供服务 7.向顾客提供快捷的服务 8.愿意帮助顾客 9.随时准备回答顾客的问题，满足顾客的要求
保证性	10.员工能使顾客建立信心 11.员工能使顾客在与之接触中感到安全 12.员工保持有礼貌 13.员工有能力回答顾客的问题

续表

维度	要素
移情性	14.给顾客以个人关注 15.员工能以热情、关心的方式对待顾客 16.真心为顾客着想，从顾客利益出发 17.员工理解顾客的需要 18.提供给顾客方便的购买时间
有形性	19.现代化的设备 20.外观上吸引人的设备 21.员工着整洁、职业化的服装 22.与所提供的服务相关的、外观上吸引人的材料和设备

（资料来源：张秋芬 . 旅游管理学［M］. 北京：航空工业出版社，2010.）

（二）基于 SERVQUAL 的其他测量法

1. SERVPERF 测量方法

Cronin 和 Taylor 将 SERVQUAL 测量法用在不同的行业，认为 SERVQUAL 量表在开发过程中存在概念性和测量性问题。因此，为了克服 SERVQUAL 所固有的缺陷，他们提出了仅仅基于服务实际感知的另外一种测量方法——绩效感知服务质量测量法，即 SERVPERF（Service Performance）。

以 Cronin 和 Taylor 为代表的学者认为，服务质量属于顾客对企业服务的一种长期态度，而客户满意度是根据某一特定的服务经历所形成的短暂判断。所以，SERVPERF 摒弃了 SERVQUAL 所采用的差异比较法，而是只利用一个变量，即顾客感知的服务实际来计算顾客感知服务质量，即服务质量 = 顾客对服务实际的感知（加权重的 SERVPERF：服务质量 = 重要性 × 顾客对服务实际的感知）。通过不断的检验和对比分析发现 SERVPERF 的解释能力、信度效度都优于 SERVQUAL。

2. Non-difference 测量法

如上所述，许多学者对 SERVQUAL 测量法使用实际感知减去顾客期望作为理论基础测量服务质量这种做法的合理性提出质疑。Babakus、Boiler、Caiman 建议解决这个两难问题的一个方法就是直接询问顾客对特定服务的实际感知与期望之间的差值，并以此测量顾客感知的服务质量，即 Non-difference（非差异）测量法。

（三）基于 SERVQUAL 的服务质量测量方法的总结

表 7-2 将顾客感知服务质量中的三种主要测量方法进行了归纳与总结。在这三种测量方法中，SERVQUAL 测量法奠定了基本的理论和方法基础，而 SERVPERF 测量法则以其简捷、方便和高信度受到许多学者的推崇，相比之下，Non-difference 测量法的影响相对较小。

表 7-2　三种主要测量方法总结

	SERVQUAL	SERVPERF	Non-difference
服务质量决定因素	顾客感知实际服务与期望之间的差值（P–E）	顾客感知的实际服务质量（由顾客决定）	顾客心中对服务实际与期望之间差距的评价
方法表达	问卷	问卷	问卷
基本问项	44项（2份）	22项	22项
是否跨行业运用	是	是	是
问项是否要随不同产业而调整	为强制规定，但可调整	为强制规定，但可调整	为强制规定，但可调整
问项字句	正负面问项各约占60%及40%	正负面问项各约占60%及40%	正负面问项各约占60%及40%
问项是否和SERVQUAL相同	—	和SERVQUAL量表的服务实际部分相同	询问方式完全不同，但各询问事项相同
变量数	Va：顾客的期望 Vb：顾客感知的实际服务	Va：顾客感知的实际服务	Va：顾客感知的实际服务与自身期望的契合程度
问项尺度	七度	七度	七度

（资料来源：温碧燕．服务质量管理［M］．广州：暨南大学出版社，2010.）

第三节　旅游服务质量的改进

一、服务质量差距模型

Parasuraman、Berry 和 Zeithaml 推出了一个差距分析模型（见图 7–4），专门用来分析服务质量问题的根源，从而帮助管理者了解应当如何改进服务质量。

模型的上半部分与顾客相关，而下半部分则与服务提供者相关。期望的服务是顾客过去的服务经历、个人需要和口碑的函数，同时它还受到企业营销宣传的影响。顾客经历的服务在模型中被称为感知服务，它是一系列内部决策和活动的结果。管理层对顾客预期服务的感知决定了组织将要执行的服务标准，员工根据服务标准向顾客传递服务，而顾客则根据自身的服务经历来感知服务生产和传递过程。图 7–4 还说明，市场沟通活动对顾客服务质量的感知和预期服务均会产生影响。

这个服务质量的基本模型说明了服务质量计划和分析工作的基本程序和步骤。根据这些步骤，旅游企业管理人员可运用该模型，发现引发旅游服务质量问题的根源，并寻找适当的消除差距的措施，从而提高旅游服务质量。根据这一模型，我国目前旅游服务质量差距主要来自五个方面。

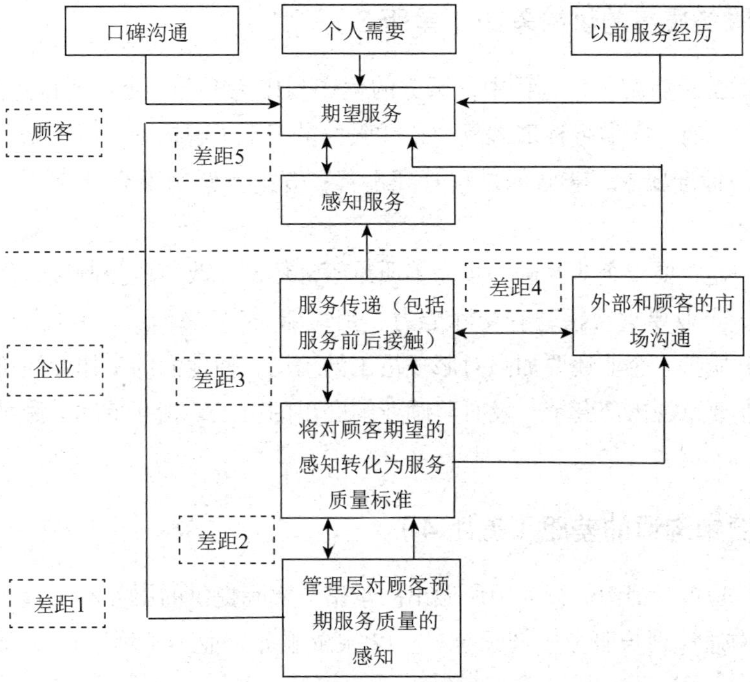

图 7–4　服务质量差距模型

（资料来源：张秋芬．旅游管理学［M］．北京：航空工业出版社，2010.）

（一）管理者认知差距（差距 1）

这个差距是指管理者对旅游者期望的认知与旅游者真正的期望之间的差距。产生的原因主要有：①对市场缺乏研究，或对需求和需求发展趋势认识不清；②对旅游者期望的解释信息不准确；③旅游者信息传递失真；④没有与旅游者建立长期的关系。

质量改进最有效的方法，就是广泛开展市场调查和研究，充分掌握旅游消费的动态与趋势、企业目标市场的偏好，还要疏通信息传递渠道，特别注意与一线员工之间的信息沟通，因为他们直接与旅游者接触，最了解旅游者。

（二）服务质量标准差距（差距 2）

这个差距是指企业所制定的服务质量标准与管理者所认知的旅游者预期服务不一致。产生的主要原因有：①制定服务质量标准的指导思想有误；②管理层对服务质量标准化工作重视不够；③计划管理混乱。

改善质量标准差距的首要条件，就是管理层要把服务质量管理放在管理问题的优先位置，根据顾客的需要和期望确定服务质量标准和服务质量管理措施，从整体上提高服务质量。其次，服务人员和管理人员对服务质量要达成共识，缩小质量标准差距。

（三）服务质量的供给差距（差距3）

这个差距是指旅游服务过程中，服务的生产和传递不符合企业所设定的服务标准。产生的主要原因有：①服务标准太复杂；②服务员工不了解标准，或不认可标准；③服务设施未达到标准要求；④服务过程管理不善；⑤内部营销不充分或根本不开展内部营销。

改进这一差距要求企业要进一步完善质量管理体制，改革监控制度，使之与质量标准统一起来。企业要重视招聘有交际能力、销售能力、观察能力和自我调节能力的员工，提高服务质量。企业还要加强对服务员工的培训，使他们的工作业绩符合企业的战略目标。企业要重视内部营销，及时奖励业绩突出的员工，相互带动，激励服务员工做好服务工作。

（四）营销沟通的差距（差距4）

这个差距是指营销沟通行为中所做出的承诺与实际提供的服务不一致。产生的原因有：①营销沟通计划与服务生产没统一；②旅游服务企业为了增强市场吸引力而夸大其词。

改进质量、缩小差距的措施是在企业内部建立一套有效的管理体制，使营销沟通活动的计划和执行与服务生产统一起来，还应对企业的各种承诺进行控制和管理。

（五）服务质量感知的差距（差距5）

这个差距是指旅游者所感知或经历的服务与期望的服务不一样。通常，这类差距会导致以下后果：①顾客感到服务质量太低而拒绝继续接受服务；②顾客口碑不佳，进而做负面宣传；③对企业形象产生消极影响，影响企业市场的维持和扩大。

当然第五种差距也可能是正值，它意味着旅游者对旅游企业的服务质量是满意的。这一差距的出现，可能是因为上述某一个差距的存在，或者是某几个差距共同作用的结果。

二、提高旅游服务质量的途径

旅游服务质量的综合性决定了旅游服务质量的整体性，因此提高旅游服务质量不仅涉及直接提供服务的服务人员，而且也涉及为旅游者服务的各企业和旅游目的地各部门等，需要管理部门、景区、旅游从业人员等共同努力。

（一）牢固树立旅游服务质量意识和观念

提高旅游服务质量，首先需要牢固树立服务质量意识和观念。即要有正确的服务理念和良好的服务态度，在旅游服务过程中树立“质量第一”的观念，始终把提高旅游服务质量作为经营管理的重要内容。不断规范旅游企业职工的道德准则和行为规范，以优质的旅游服务满足旅游者的旅游需求。此外，对于服务理念的创新也必不可少。这并不是要求旅游服务提供者一味地追求低价位，而是要针对不同的旅游人群打造个性化的、独一无二的旅游体验。尽量确保各个服务环节“零缺陷”，加强与游客的信息沟通，通过信息反馈及时改进服务质量，以此促进旅游行业健康、有序、稳定发展。

（二）加快推进旅游服务质量标准化体系建设

旅游服务标准是旅游业发展的重要技术支撑，推进旅游标准化建设是提高服务质量、强化行业监督管理的重要手段，也是打造中国旅游服务品牌的基础和保障。传统的旅游企业服务质量观念不强，对有形产品较重视，对无形服务的质量不够重视，大多数经营者把旅游服务质量简单地理解为服务态度等主观因素，因此需要制定质量标准体系，使企业认识到对旅游服务质量也是可以客观地衡量比较。

一方面，我国旅游业的迅速发展，旅游服务将呈现个性化、高端化的趋势，旅游服务质量的标准化建设也必须跟上时代的脚步。目前我国已经有一系列的旅游服务质量标准，某些知名旅游目的地还有地方标准，但仍然需要继续完善多层次、多方面的旅游服务标准化体系，尤其是地方标准还需要继续补充和细化。另一方面，督促和检查旅游经营企业实施标准化服务，把旅游服务质量标准化监管作为常态化工作，落实旅游服务质量标准的实施。标准真正实施了，游客熟悉掌握了标准内容和要求，就能有效倒逼旅游服务质量提升。

（三）建立多主体多层面的推进机制①

整体上看，旅游服务具有面广、线长、点多的特点，且涉及众多参与主体，在整个服务中任何一个参与主体的失误或不足都有可能导致整体旅游服务质量的降低。因此，提升旅游服务质量，不能“头痛医头，脚痛医脚”，而要通盘考虑，树立“大旅游”观念，从单一业态监管向旅游目的地监管转变。

“大旅游”的观念和目的地全要素的管理意识，要求政府管制突破现有的体制约束，打破行政部门的界限，要坚持政府、市场主体、行业组织、个人四个层面协同推进原则，明确参与主体在提升服务质量中应该做什么、履行什么责任、发挥什么作用。四个层面的协同推进，既体现了市场在资源配置中的决定性作用，又体现了对行业组织和从业人员责任作用的新认识，是监管责任与主体责任、支持引导与自觉自律、引领作用与主观能动作用的有机结合，有利于打破旅游服务的板块化“瓶颈”，将有效指导各地形成上下联通、各司其职、有效统筹的良性机制，更好地整合各参与主体的优势和力量，共同推进旅游服务质量提升。

---

① 银元．提升旅游服务质量 扮靓中国旅游品牌［N］．中国旅游报，2019-01-30（003）．

（四）加强旅游服务质量培训

由于旅游服务行业就业门槛低，从业人员普遍素质较低，这往往是引发旅游服务质量投诉的直接原因。从大量旅游投诉案例来看，旅游者对旅游目的地的质量评价和满意度不再局限于硬件设施，更多地集中到旅游服务上，如导游、景区工作人员、景区商贩以及饭店服务人员的素质等。主要的问题表现为服务意识淡薄，服务技能较差。因此，只有加强对旅游从业人员的培训，才能有效地提高旅游服务的质量和水平。

首先要加强职业道德和价值观教育，使从业人员提高职业认同感，其次要给从业人员提升学习的机会，鼓励他们多参加各种技能大赛和培训课程，培养高素质的专业化人才。通过专业人才提供专业服务，提高游客满意度、打造旅游服务质量好口碑。这样不仅能减少旅游质量问题，还能为旅游目的地的形象添彩。

（五）注重信息技术手段的运用，提高旅游服务的智能化水平①

随着旅游发展进入数字空间和使用应用阶段，旅游中的数字化、互联网的发展使传统旅游的供应链得到了延伸。从目的地行程规划、酒店预订，再到旅途中的各种旅游服务以及旅行结束后的旅游评价，智能服务已经渗透到整个旅行过程中。游客可以共享的信息与传统旅游相比更多、更快，和游客间的交互也变得更为容易，如“杭州找厕所”小程序，可用四种语言搜索身边最近的厕所，有效解决了游客“如厕难”难题；如济南市对大明湖周边的核心区域所有的泉水直饮点进行了扫二维码取水，方便市民和游客品尝泉水，感受泉城文化；又如“一部手机游云南”App，既能帮助游客解决停车难的问题，又能帮助游客合理规划时间和安排，为旅游者提供高品质的旅游服务。

【延伸阅读】

《文化和旅游部关于实施旅游服务质量提升计划的指导意见》之主要任务

通过提升旅游区点、旅行社的服务水平，规范和优化旅游住宿、在线旅游经营服务，提高导游和领队业务能力，建立完善旅游信用体系，不断增强旅游市场秩序治理能力，提升旅游服务质量，推动旅游业高质量发展。

（一）提升旅游区点服务水平

旅游区点是主要的旅游场所，是激发游客出游需求的重要因素。持续提升旅游区点软硬件水平，对提高旅游服务质量具有重要意义。

——政府行动

1. 完善、细化、落实A级旅游景区复核和退出机制，坚决清退不符合标准的A级

① 张美晨．智慧旅游背景下的服务产业发展［J］．西部皮革，2019，41（6）：63+85.

旅游景区。

2. 全面落实景区流量控制制度，加快推广景区门票网上预约制度，依法落实旅游景区最大承载量核定要求，及时发布客流预警信息，引导游客合理安排出行，避免滞留拥堵。

3. 严格实施旅游度假区和生态旅游示范区标准，加大复核工作力度。

4. 持续抓好全国红色旅游经典景区建设。

——市场主体和行业组织行动

1. A 级旅游景区要完善旅游引导标识，标识应布局合理、科学设置、制作精良。5A 级旅游景区应采用至少有中英文的导览标识，中英文对照说明要准确、科学，不能有错字、错译和语病。

2. A 级旅游景区应提升游客消费便利化程度，景区消费不得拒收现金，5A 级旅游景区可协调增设外币兑换点。

3. A 级旅游景区和具备条件的行业组织应针对景区管理人员、一线服务人员开展管理实务、日常业务、应急处置等培训，提升服务专业性。

（二）优化旅游住宿服务

旅游住宿业是旅游业的重要支柱，也是提高旅游服务质量的关键领域。近年来，旅游住宿业在卫生方面的问题频发，引发社会广泛关注。要全面落实标准化、规范化服务，发展和改善个性化、特色化服务，持续提高服务水平。

——政府行动

1. 加快修订星级饭店国家标准，强化星级饭店评定复核工作，建立动态监管机制。联合相关部门对卫生、食品安全、消防安全等重点环节开展抽查，对不达标的星级饭店坚决取消星级。

2. 以星级饭店为基础，开展旅游住宿业监管试点工作，研究制定管理办法，探索有效监管方式。

3. 加强对旅游住宿新业态的引导和管理。加强旅游住宿新业态标准的制定和推广，完善乡村旅游服务标准，推动民宿行业标准全面实施，出台《旅游民宿设施与服务规范》国家标准，推动乡村民宿服务质量提档升级。引导和规范城市民宿有序发展。出台支持政策，加快培育一批特色鲜明的文化主题旅游饭店、精品旅游饭店。进一步提高汽车露营地、汽车旅馆等住宿新业态的服务水平。举办旅游住宿业服务技能竞赛活动。

——市场主体和行业组织行动

1. 星级饭店应提升游客消费便利化程度，不得拒收现金。高星级饭店可协调增设外币兑换点，能为境外游客提供手机卡入网、购买火车票、租车等方面的便利服务。

2. 星级饭店要优化对一线服务人员的奖惩措施，进一步增强服务人员的职业责任感。

3. 民宿业主和从业人员要主动学习相关标准和规范，提升服务技能和管理能力。

4. 相关行业协会要切实增强凝聚行业共识和加强行业自律的能力，充分发挥在提升旅游住宿业服务质量方面的重要作用。

（三）提升旅行社服务水平

旅行社是整合旅游要素的龙头企业，也是服务质量问题比较集中的领域。要针对旅行社服务不规范、不透明、不诚信等重点问题，不断提高服务水平。

——政府行动

1. 完善旅行社退出机制，依法依规清理一批不缴纳旅行社质量保证金、长期未经营业务和违法违规的旅行社。

2. 全面开展旅行社等级评定及复核行动，进一步提高旅行社管理水平和综合竞争力。

3. 规范旅行社经营活动，推动服务信息透明化，防范旅行社领域系统性经营风险。

4. 探索建立优质旅游服务承诺标识和管理制度，建立完善优质旅游服务品牌培育、评价和推广机制。积极参与“中国品牌日”活动。

——市场主体和行业组织行动

1. 旅行社要完善内部管理、人员培训制度，不断规范服务流程，对照《旅行社等级的划分与评定》标准，全面提高服务水平。

2. 各级旅行社协会要加强旅行社行业自律，通过开展旅游线路创意设计大赛、旅行社服务技能大赛等方式，推动旅行社增强新产品研发能力，提升旅游综合服务技能。

（四）规范在线旅游经营服务

在线旅游经营服务是互联网时代新型的旅游经营和服务方式，也是服务质量提升的关键领域，要切实解决在线旅游经营服务出现的新问题，推动在线旅游行业健康可持续发展。

——政府行动

1. 制定在线旅游经营服务管理相关规定，规范在线旅游企业经营服务行为。

2. 建立符合在线旅游经营服务规律的市场检查制度，依法依规实施监督检查。

3. 会同市场监管、公安、网信、电信主管等部门开展市场监督检查和联合执法，打击违法违规经营行为。

4. 引导和支持在线旅游企业成立行业组织，发挥其沟通、协调、监督和研究等作用，加强行业自律、倡导诚信经营，提升服务质量。

——市场主体和行业组织行动

1. 在线旅游企业应不断完善风险提示、信息披露、资质审核、应急管理等制度，提供良好的在线旅游消费环境。

2. 在线旅游企业应全面排查境内外自助游产品，发现不合格自助游产品立即下架，对涉及高风险的攀岩、冲浪、浮潜等自助游项目，在宣传销售等环节加强安全风险提示。

3. 在线旅游企业和行业组织可制定相关服务标准，充分发挥游客网络评价的监督作用，不断提升服务质量。

（五）提高导游和领队业务能力

导游和领队是旅游服务和形象的重要窗口，是传承和弘扬中华优秀文化和社会主义核心价值观的重要力量，是提升旅游服务质量的关键因素。要下大力气解决导游和领队服务意识不强、专业技能不高、职业素养不足、执业保障不够等问题，不断提高其服务能力。

——政府行动

1. 完善导游人员资格考试和等级考核制度，提升中高级导游员在导游队伍中的比重，增强导游的职业自尊和荣誉感。

2. 实施导游和领队专业素养研培计划。加强国情和执业地区省情、市情、乡情以及旅游区点的历史、人文、地理、气候等应知应会的通识类知识储备，不断提升导游和领队文化底蕴、理解能力、表达能力和外语能力，增强主动传承和弘扬社会主义核心价值观的意识。开展应急培训和演练，增强应急处置、沟通协调和风险防控能力。建立完善校企合作培训机制，充分发挥高校、旅游职业院校、研究机构等师资和设施等优势，建立并巩固一批研培基地，提升研培质量。用五年左右的时间，实现对全国持证导游轮训一遍的目标，有条件的地方可由导游行业组织来承担导游培训任务。

3. 加快推进导游体制机制改革工作。探索建立体现导游专业技能、职业素养、执业贡献、从业年限等综合因素的职业评价制度，促进导游薪酬和社会保险制度落实，依法保障导游合法劳动权益。

4. 举办导游大赛，培育一批职业素养好、服务技能强的先进典型。

——市场主体和行业组织行动

1. 市场主体和导游行业组织应加强对专职和兼职导游人员的管理，完善导游和领队的培训和管理制度，有条件的企业可制定领队执业相关标准。旅游区点可探索聘请专业技术人员特别是退休专家、教师等从事专业讲解工作。

2. 导游等行业组织要维护导游和领队的合法权益，加强对先进人物和典型事迹的宣传推广，表彰一批优秀人员，提升职业荣誉感。

（六）增强旅游市场秩序治理能力

平稳有序的旅游市场秩序是现代治理能力的重要体现，是旅游服务质量提升的重要指标。要不断增强发现旅游市场秩序薄弱环节、解决当前突出矛盾和长期积累矛盾的能力，提升治理水平，推动旅游市场秩序持续向好。

——政府行动

1. 提升发现问题的能力。加强旅游市场秩序舆情监测，及时发现问题、妥善处置、总结经验，并据此完善相关政策和制度。全面梳理本地区旅游市场秩序问题的特点和规律，对具有本地个性特点的问题，出台有针对性的整治措施。对本地旅游市场秩序问题要有研判和预防措施。

2. 按照“谁审批、谁监管，谁主管、谁监管”的原则，强化旅游市场综合监管，对具有共性的“黑社”“黑导”“黑车”和“黑店”等违法违规行为，联合市场监管、公安等部门，加大打击力度。保持对“不合理低价游”、强迫或者变相强迫消费、虚假宣传等高频违法行为的高压态势。

3. 畅通旅游投诉渠道，制定旅游市场“诉转案”工作规范，推进“诉转案”、行政执法与刑事司法相衔接工作，加强有效衔接，实现高效处理。及时公布违法违规典型案例，强化震慑。

4. 加强执法队伍建设，强化法制宣传教育，完善执法培训体系，提高执法办案量，提升执法程序规范化水平，不断增强执法人员的执法办案能力。

5. 创新监管方式，提高监管能力。全面推广使用全国旅游监管服务平台，运用大数据实现精准监管和分类监管。支持和鼓励重点旅游地区先行先试，创新现代旅游治理机制。

——市场主体和行业组织行动

1. 市场主体须自觉遵守《中华人民共和国旅游法》等相关法律法规，增强依法规范经营意识，注重培育和提升企业形象。

2. 旅游协会等行业组织应创新活动形式，通过活动、培训、研讨会、行业评奖等多种形式，大力倡导依法规范经营。

（七）建立完善旅游信用体系

信用是市场的基石，信用制度是旅游服务质量提升的重要保障。要适应旅游市场监管的新形势新需要，以建立“黑名单”和“重点关注名单”制度为突破口，加快建立以信用监管为核心的新型旅游监管制度，不断完善旅游信用体系。

——政府行动

1. 建立“黑名单”制度。出台旅游市场黑名单管理办法，将具有严重违法失信行为的旅游市场主体和从业人员、人民法院认定的失信被执行人列入全国或地方旅游市场黑名单，实施惩戒。

2. 建立“重点关注名单”制度。出台旅游市场重点关注名单管理办法，将具有违法失信行为的旅游市场主体、从业人员列入重点关注名单，实施惩戒。

3. 支持和鼓励社会力量积极参与旅游行业信用建设，推进征信、评信与用信。

——市场主体和行业组织行动

1. 旅游市场主体和从业人员应将诚信作为服务的基本理念和自觉行为，不断提升企业诚信口碑。

2. 行业组织应完善行规行约，组织开展行业诚信建设、质量评议等活动，促进行业规范诚信经营。

（资料来源：https：//www.mct.gov.cn/.）

【本章小结】

本章从服务的概念入手，探讨服务与有形产品的区别、旅游服务的特征与有形展示，并且通过分析旅游服务的构成与测量标准，给出旅游服务质量的三种测量方法（SERVQUAL 测量法、SERVPERF 测量法、Non–difference 测量法）和改进措施。本章的重点是旅游服务质量的有形展示和改进措施，难点是旅游服务质量的测量。提升旅游服务质量有利于增强人民群众的旅游舒适度和获得感，能有效激发旅游消费潜力，推动旅游经济高质量发展。

【复习思考题】

1. 说明旅游产品和旅游服务的区别与联系。

2. 旅游服务质量由哪些方面构成？提高服务质量有哪些好处？

3. 什么是旅游服务质量的有形展示？请选择某一餐厅或酒店，对其旅游服务的有形展示进行设计。

4. 什么是旅游服务质量差距模型？

5. 请选择某一景区或旅游目的地，分析其旅游服务中存在的问题，并根据拓展阅读中《指导意见》里提出的任务，提出旅游服务质量提升意见。要求：可操作性强，有创意。

第八章

旅游人力资源管理

【导言】

旅游业是当今世界经济发展的新兴产业，也是中国经济发展的战略计划。作为国民经济发展的重要增长点和推动力，我们在关注旅游产业发展的同时，还要重视旅游业人力资源的开发。

中国旅游业在新思维、新环境、新技术的影响下，面临着改革与发展、转型与升级，“全域旅游”“智慧旅游”“互联网＋旅游”等旅游新业态的兴起，催生出新的旅游人力资源需求。

【教学目标】

本章要求学生了解人力资源管理的概念、特征、职能和目标，了解新形势下文旅产业发展对人力资源的新要求，熟悉旅游行业人才存在的问题与原因和应对措施，掌握旅游人力资源管理的核心任务，了解激励的内涵和作用，掌握激励旅游企业员工的方法。

【关键术语】

旅游人力资源管理、旅游人力资源管理任务、激励

【导入案例】

海底捞的人力资源管理

海底捞作为国内优秀餐饮企业的代表，其内部的运营管理值得我们去探寻和研究。我们精选一些海底捞在人力资源管理方面的创新举措来重新认识这个企业。

一、没有天花板的晋升制度

所有的管理者都是从基层成长起来，公司给每个员工明确提出晋升途径：管理线、技术线、后勤线。这三条途径让每一个员工拥有了晋升的机会。店长几乎都是内部层层晋升上来的，在日常运营中拥有高度自治权，可以享有门店的业绩提成。

二、独特的师徒制度

店长的徒弟成为新门店的店长后，“师傅店长”就可以获得自己所管理餐厅利润的2.8%；或者自己所管理餐厅利润的0.4%+徒弟管理餐厅利润的2.8%~3.1%+徒孙管理餐厅利润的1.5%。这个制度让店长很愿意培养徒弟，并指导他们开拓新店。“师徒制度”被海底捞称为自下而上发展战略的核心、裂变式增长。

三、门店考核

海底捞在考核结果的运用上，会将门店分为A、B、C三个等级，一旦存在食品安全事故，则自动评为C级。A级门店要表彰，店长可以优先选择新餐厅项目，店长的徒弟在成为新店长方面有优先权；B级门店被认为表现尚可，但仍有改善空间；C级门店不扣钱，但在下季度不能开新店，店长需要接受教练为期六个月的管理培训，如果C级门店在过去一年连续被评为C级且接受过教练辅导的，可能被免去店长职位，店长被淘汰，店长的师傅也会受到惩罚。

四、薪酬体系

海底捞实施绩效考核，将员工收入与绩效考核结果挂钩。随着企业效益不断增长，还将分红机制引入薪酬体系中，分红的标准还是依据绩效考核结果：A级员工分大部分，B级员工分少部分，C级员工没有分红。还有实行计件工资，有空的员工都可以帮客人上菜，按上菜的件数来计算收入，店员数量减少了，门店支出没变，但员工平均收入增长30%，效果显著。

海底捞在完善员工福利，倾心打造以人为本的“家文化”等方面也很有特色，由于篇幅有限不再过多列举，正是由于海底捞在人力资源管理上的全情投入得到了大部分员工的认同，才能在国内餐饮企业员工流失率高居不下的情况下，保持低于10%的超低员工流失率，这就是人力资源管理带来的卓越价值。

（资料来源：HR案例网。）

第一节　旅游人力资源管理概述

一、人力资源管理概述

从管理的范围看，人力资源管理有宏观与微观之分。宏观人力资源管理是对一个国家或地区的人力资源实施的管理。它是指在全社会范围内，对人力资源的计划、开发、配置和使用过程。政府通过各种政策和措施，为人力资源的形成和开发提供条件，对人力资源在全社会范围内的合理配置和有效使用进行协调和控制。其目的是调整和改善人力资源的整体状况，适应社会发展的要求，促进社会经济良性运行和健康发展。

微观人力资源管理是针对特定组织的人力资源管理。特定组织主要是指各类企业、事业单位及政府部门。本章所讲的人力资源管理，一般是指微观人力资源管理。

（一）人力资源管理的概念

指组织充分、有效地运用计划、组织、激励、控制等现代管理措施和手段，对人力资源的取得、开发、保持和运用等方面进行管理和协调的一系列活动，以实现组织效益最大化的既定目标。

（二）人力资源管理的特征

1. 目标的战略性

战略性人力资源管理就是以组织战略为导向，根据组织战略制定相应的人力资源管理政策、制度与管理措施，以推动组织战略实现的过程。在对组织内外部环境理性分析的基础上，明确人力资源管理所面临的挑战以及现有人力资源管理体系的不足，清晰地勾勒出未来人力资源愿景目标以及与企业未来发展相匹配的人力资源管理机制，并制定出能把目标转化为行动的可行措施和对执行情况的评价监控体系，从而形成一个完整的人力资源战略系统。

2. 职能的广泛性

人力资源管理聚焦于组织管理中为组织创造财富、创造竞争优势的员工的管理上。人力资源管理是覆盖了对于全部人员的获取、整合、保持、评价、发展的全过程、全方位的管理。

3. 理念的先进性

随着社会的不断发展，人力资源从数量、质量和结构上都发生了很大的变化，组织人力资源管理的理念也要与时俱进。除此之外，外部环境的变化日新月异，新事物、新技术层出不穷，如在大数据背景下，如何运用大数据强化组织人力资源的管理力度，促使员工在大数据平台上获得更多学习沟通与交流的机会，这就要求人力资源管理理念要紧跟时代发展的脉搏，为组织创造更大的价值。

4. 主体的多层次性

人力资源管理的主体已经不局限于人力资源管理部门，人力资源管理部门的主要职责在于制定人力资源规划、开发政策，侧重于人的潜能开发和培训，同时还要培训其他部门的管理者，提高他们的管理水平和素质，因为人力资源管理涉及企业的每一个管理者。现代的管理人员应该明确：他们既是部门的业务经理，也是这个部门的人力资源经理，企业的管理者，不仅要完成生产、销售任务，还要培养一支能够为实现组织目标敢打硬仗、团结自律的员工队伍。

5. 方式的人性化

人力资源管理采取人本导向，始终贯彻员工是组织最宝贵的财富这个主题，强调对人的关心、爱护，把人真正作为资源加以保护、利用和开发。

6. 手段的信息化

人力资源管理信息化是以先进的电子信息技术为手段，以软件系统为平台实现低成本、高效率、全员共同参与管理过程，进而对组织的人力资源管理进行优化控制和战略分析，从而为企业管理和决策提供支持。人力资源管理信息化的本质是数据，只有先将人的信息转变为数据，才能对数据进行趋势分析。因此要将组织全面、完整、有效、及时的数据录入系统，运用人力资源管理系统进行数据分析，从而准确地发现问题。

7. 结果的高回报性

自然资源、资本资源和信息资源其本身并不会自动释放出巨大的生产力，必须有人力资源的投入才能使其产生效益。因此，人力资源的能动性是最大的生产力和社会财富，是科学技术得以不断进步的动力和源泉，对于那些将人力资源作为首要投资并着力开发的组织而言，人力资源能够产生巨大的内在创造力，并且具有强烈的吸收和消化外来技术的能力，从而能够有效地弥补自身技术的不足并推进其升级发展，形成强大的组织竞争力。

（三）人力资源管理的职能

每一个组织的形式与结构虽然不尽相同，但是其人力资源开发和管理的职能基本一致，主要包括以下几个方面。

1. 获取

获取主要包括人力资源规划、工作分析、招募与甄选、人员配置。为了实现组织的战略目标，人力资源管理部门根据组织的文化价值观、面临的内外部环境、工作要求，制订出与组织目标相匹配的人力资源需求与供给计划，分析并制订出每一个岗位的工作说明书，在供给不足的情况下依据工作说明对所需人员进行招募、甄选、录用和配置等工作。

2. 整合

整合又称融合或者一体化，即招录到的员工从心理和情感上与组织融为一体，是员工个人认识与组织理念、个人行为与组织规范之间的同化过程。

3. 保持

保持是指对员工采取适当措施，使其对工作环境感到满意，培养和保持工作热情，培养对组织的忠诚度。保持职能包括两方面的活动：一是保持员工的工作积极性，如公平的薪酬、有效的沟通与参与、融洽的劳资关系等；二是保持健康安全的工作环境。

4. 评价

评价就是对员工工作成果、工作态度、技能水平及其他方面做出综合考核、鉴定和评价，为做出相应的奖惩、升降、去留等决策提供依据。评价职能包括工作评价、绩效考核、员工满意度调查等，其中绩效考核是核心。

5. 发展

发展是指组织提供给员工的一个教育或学习的计划来帮助其提高技能，并改变他们的态度和行为，这个过程使个人和组织都得到提升，最大限度地实现组织和个人价值。主要的内容包括培训开发、工作丰富化和职业生涯规划与开发三个部分。

人力资源管理的五个基本职能是相互关联的，都是为实现组织的既定目标与使命而服务的。

（四）人力资源管理的目标

人力资源管理的目标分为直接目标和终极目标两个方面。直接目标就是从人的角度来提高组织效率，促进组织的稳定发展；终极目标是提高组织和员工的工作绩效和效益，提高组织竞争力，实现组织价值最大化，并且在实现组织目标的基础上，努力实现员工的个人目标，使组织和员工实现共同发展。

二、文旅产业发展与人力资源管理

改革开放以来，随着中国经济与国民收入的增长，旅游不再是特定阶层和少数人的享受，旅游逐步成为国民大众生活常态和刚需，在文旅融合和宏观经济复杂严峻的大背景下，2019 年文旅产业呈现出九大发展重点：传统景区的转型升级、跨领域的产业协同发展、乡村旅游向纵深发展、跨行政区的区域协同发展、文旅 IP 的创新发展、旅游公共服务体系的进一步建设、OTA 的定制化转型、人才培养将出现新的探索、高品质服务仍然是建设重点①。

① 祁少华，吴小霞，张瑞军.新形势下旅游人力资源的现状与对策研究［J］.长江大学学报（社科版），2017(6).

（一）新形势下文旅产业发展对人力资源的新要求

1. 旅游人力资源规模发展要求

2018 年，文旅融合开局顺利，国内旅游市场持续高速增长，入境旅游市场缓慢回升，出境旅游市场平稳发展。全年国内旅游人数 55.39 亿人次，比上年同期增长 10.8%；入出境旅游总人数 2.91 亿人次，同比增长 7.8%；全年实现旅游总收入 5.97 万亿元，同比增长 10.5%。全国旅游业对 GDP 的综合贡献为 9.94 万亿元，占 GDP 总量的 11.04%。旅游直接就业 2826 万人，旅游直接和间接就业 7991 万人，占全国就业总人口的 10.29%，社会就业综合贡献超过 10%。这说明，随着旅游业的发展，对旅游人力资源的需求也会越来越大。

2. 旅游人力资源结构层次要求

旅游人力资源结构层次主要是指从业人员的学历结构层次和专业结构层次，我国旅游从业人员在两方面总体偏低一直是影响旅游产业发展的主要“瓶颈”。根据产业发展趋势，迫切需要具备大局意识、国际视野、专业过硬、服务意识强的旅游行政管理人才，能够在文旅产业的战略规划和市场监管中发挥重要作用；迫切需要具有一定理论功底又有行业管理经验的旅游企业中高级经营管理人才，如企业策划管理人才、高级市场营销人才、高级人力资源管理人才等；迫切需要既懂旅游行业又懂技术运用的复合型专业技术人才，如旅游工程技术与网络人才、掌握多语种的高级导游人才、乡村旅游规划创意人才；迫切需要一批具有较高科研能力和教学水平的教学科研型人才，重点培养旅游基础性研究专家、“双师型”教学名师、专家化的高级培训师。

3. 旅游人力资源人才特质要求

随着文旅产业转型发展的不断深入，只有打造一批具有时代特征的人才队伍，才能跟得上产业发展的趋势，如“全域旅游”的提出，要求旅游业与其他行业相互融合、相互渗透，旅游从业者不仅要精通某一学科领域，还要成为学科交织、融会贯通的“复合型旅游人才”；在这个“万众创业、大众创新”的时代，“互联网 + 旅游”“旅游 +”打破了传统旅游行业的经营模式，需要有较强的创新精神、创意能力和创业潜力的创新创业型人才；在“一带一路”倡议的实施背景下，出入境旅游的内外部环境空前利好，需要旅游从业人员具备理解和鉴赏各种文化差异，具有流畅的外语沟通的跨文化交际能力；在旅游成为社会时尚，追求时尚成为旅游者的新特征的大趋势下，旅游人才需要具有敏锐的时尚触角，能够将时尚元素融入旅游商品开发与经营。

除此之外，新的旅游消费类型不断出现，新的旅游经营模式不断升级，需要旅游从业者认识到自身的不足，加强自身素质与能力培养，成为创新能力强、综合素质高的中高级复合型管理人才和专业技术人员，以适应高速发展的文旅产业需求。

（二）旅游行业人力资源存在的问题与原因分析

1. 旅游人力资源地域、行业分布不均衡

旅游人力资源流向与地区经济发展有关，一般意义上讲，经济越发达，旅游人才越聚集。旅游人力资源多集中在旅行社、酒店等行业，会展业等专业人才奇缺。

2. 旅游人力资源结构不合理

我国旅游人力资源在结构上不合理，主要表现在地区、部门之间，性别、年龄构成、学历、专业结构上的不均衡。在商业、服务业领域中，高中及以下学历的人员占比高达 70% 以上，其中在住宿、餐饮等服务业中从业人员的学历水平更低。在住宿和餐饮这类服务性的行业中，女性就业人员比例达到了 55%。

旅游人力资源在性别和年龄结构上的不合理，一方面与旅游行业特点有关，绝大多数旅游企业需要更加细心、更加年轻的女性工作人员，导致中国旅游行业男性员工偏少，中老年员工偏少，另一方面也与中国传统职业观念有关，传统观念认为旅游行业是伺候人的工作，男性不屑于做服务行业，而女性是吃“青春饭”的，工作一段时间就需要转行。行业特点不易改变，但就业观念可以通过旅游教育与培训去进行引导，营造社会环境去鼓励更多的男性及中老年人力资源投入到旅游行业中去。

旅游人力资源结构问题还与旅游教育结构有关，旅游教育与旅游产业发展还存在一定的脱节现象。2017 年全国开设的旅游专业院校有 2641 所，其中本科院校 608 所，高职（专科）院校 1086 所，旅游中等职业学校 947 所。在招生方面，当年总招生数 277168 人，其中硕士以上研究生 3168 人，本科 5.9 万人，高职 11.3 万人，中职 10.2 万人。本科以上专业人才虽然每年都有增长，但占从业人员比例较小，专科生和中职生由于受到社会认同影响，招生数、报到率都在减少，影响到旅游人力资源的学历结构、职称结构等。

3. 旅游人力资源流动性较大

旅游行业最大的痛点在于员工的流动性大，酒店业、旅行社业、旅游景区“招工难”现象突出。以酒店业为例，平均员工流失率在 30% 左右，导致很多酒店不得不依赖于院校“实习生”和“勤工俭学”人员维持酒店正常运营。作为旅游行业主要人力资源输送来源的旅游院校，其专业对口就业率、留职率也一直是行业亟待解决的问题。根据调查，旅游类本科专业毕业生在毕业时对口就业率约为 45%，一年后流失率达 60%，留职率为 27%，三年后留职率已不足 20%。大部分同学选择转行再就业。

旅游行业员工流失率严重，其主要原因有两点：一是旅游行业缺乏规范有序、及时有效的管理机制，就业问题多。例如，从业者素质参差不齐，旅游者难以对从业者产生信任感，一些个别的行业现象或个人行为，在现代互联网、新媒体的迅速传播下，负面影响被无限放大，导致整个社会对旅游行业、旅游职业形成严重的认知偏见。二是旅游行业自身普遍存在着工作强度大、工作时间长、工资待遇低、发展空间小等问题。

（三）新形势下加强旅游行业人才建设应对措施

1. 旅游行政主管部门积极发挥人才引领作用

面对文旅产业快速发展给旅游人力资源带来的机遇和挑战，旅游行政主管部门、教育培训部门和旅游企业实体在旅游人力资源开发和利用过程中必须形成合力，构建“政府指导、教育引导、企业主导”的旅游人力资源开发和利用机制，以此来实现旅游人力资源的可持续发展。

（1）做好旅游人力资源发展规划。旅游行政主管部门作为旅游市场宏观调控的主体，要加强对旅游人力资源的市场预测和总体规划，在总量和结构控制上发挥协调作用。要依据《“十三五”旅游业发展规划》，制定地方旅游人才中长期发展规划，引导旅游教育结构调整，加强高素质旅游人才队伍培训，完善旅游人才队伍激励与保障措施，强化旅游人才引进战略。各地方教育部门、各旅游院校应全面坚持实施“科教兴旅，人才强旅”战略，大力发展旅游教育与培训，加强硕士、博士高层次旅游人才培养力度，支持和鼓励高职、中职旅游教育，增加旅游教育的总投入，扩大旅游人力资源的总规模，适应旅游产业发展总需求。

（2）做好旅游人力资源发展服务。旅游行政管理部门、人力资源保障部门、旅游教育部门要形成合力，制订符合市场需求的旅游教育与培训方案，研究具有可操作性的旅游人力资源开发与利用政策。要做大、做强各地方旅游人才培养基地，使旅游培训成为一个产业，能够培养更多的旅游专业人才。要借助互联网技术，把“互联网 +”行动计划融入旅游人才建设中，加快建设各地方旅游人力资源统计与管理系统，利用互联网开辟旅游企业招聘平台、旅游人才求职平台及供需互动平台，使旅游人才真正实现供需平衡、有序流动。

（3）构建旅游人力资源保障体系。在旅游人才的职业认证上，不断完善现有旅游从业人员资格考试与岗位认证制度，推行旅游管理人员与从业人员职业技术等级评定与考核制度，逐步推行旅游职业经理人制度，使旅游从业人员逐步走向专业化、职业化。在旅游人才建设经费上，借鉴上海、杭州模式，建立地方旅游人才培养专项基金，开展行业先进典型的评选工作，树立榜样，培养职业自豪感，体现旅游人力资源的社会价值。

2. 旅游教育培训部门积极发挥人才基地作用

（1）加快旅游人才分类培养。各类型旅游院校一定要明确自身人才培养的市场定位，依据学校自身情况，突出专业特色和分类培养。高等本科院校旅游专业学生培养既要重视理论素养又要兼顾技能训练，指导学生运用创新思维去解决问题，可以根据学生不同的职业发展方向进行针对性培训，如对于创业积极性较强的学生，将创新创业教育与专业教育结合起来，为学生毕业后的创业奠定基础。而高职类旅游专业则应该突出技能与管理并举的实用型人才培养特点，减少理论课的教学比重，尽可能加大实践教学的比例，开展 6 个月以上的集中性顶岗实习，工学结合，强化在实践中提升管理；中等旅游职业教育则更多强调技能操作型人才的培养，以技能培训为主，直接为旅游企业输送能够马上上岗的一线服务人才。

（2）促进旅游人才素质提升。旅游院校要根据旅游产业的发展变化来调整专业设置，针对新业态，开发旅游新兴专业，增设旅游策划、旅游营销与文化创意等专业，深度培养学生的组织管理能力、创新创意设计能力、市场营销推广能力等，尽可能摆脱旅游专业毕业生能力泛而不精的尴尬局面。此外，在面临千禧一代为主体的教育对象时，教育的重心还应该体现在对于职业素养培育中来，把握教育对象的特点，如何用他们喜欢的方式去树立正确的职业理念，这是旅游教育者必须深入思考和解决的问题。

（3）拓宽旅游人才出口途径。针对旅游专业毕业生专业就业意向低的问题，重点做好毕业生的就业指导和心理疏导，培养学生就业能力，帮助学生认识和解决就业中可能出现的各种问题，树立正确的职业观和发展观。旅游院校帮助学生做好学生意愿、企业需求、行业动态三者之间的对接，充分利用社会资源广开就业渠道，为毕业生提供更多的就业岗位和发展空间。

3. 旅游企业发挥人才效应最大化作用

（1）加强旅游从业人员的培训教育。旅游企业要意识到员工培训的重要性，对培训的内容体系、方式方法进行改革，建立层次分明、定位清晰的分级培训体系。

（2）保障旅游从业人员的基本权利。旅游企业管理者要意识到由于旅游工作的综合性、复杂性，旅游从业人员身心承受着巨大压力，这就要求企业必须从经济上、心理上保障员工的基本权利。建立公正合理的多元分配机制，对企业高管实施年薪制、股权制，将员工的工资等级与学历结构、工作绩效密切挂钩，薪资向优秀人才和关键岗位倾斜，利用待遇和成长空间吸引人才、留住人才。加强企业的人性化管理，把企业员工作为最核心资源加以投资，加强沟通管理，尊重员工的个性差异和个性需求，尊重员工人格，合理安排工作日的作息时间，严格执行带薪休假制度，用有温度的管理艺术去培养员工忠诚。

（3）引导旅游从业人员的职业发展。旅游行业从业人员流失严重，与旅游从业者的就业观念、职业理念、发展目标有很大的关系。旅游企业应该加强从业人员职业素养教育，多渠道提升员工对企业的认同、对职业的认同，激发员工主动服务、创造性工作的热情，最大限度地实现组织目标和个人目标的一致性。旅游企业要帮助员工制订“职业阶梯晋升计划”，用职业发展机遇吸引人、留住人，将员工的培训、考核、定级、晋升、薪资升降、职称评定贯穿于职业发展之中。

第二节　旅游人力资源管理的主要任务

旅游人力资源管理的主要任务有人力资源规划、工作分析、招聘和甄选、培训和开发、绩效管理、薪酬管理、劳动关系管理，是通过任务划分的方式对组织人力资源管理工作所涵盖的内容进行的一种总结①。旅游人力资源管理的每一项任务虽然各有侧重点，但是任务之间的联系是非常紧密的，就像生物链一样，任何一个环节的缺失都会影响这个系统的平衡。所以，旅游人力资源管理是一个有机的整体，各个环节的工作全部到位，才能保证人力资源管理良性运作，才能支持组织战略目标的最终实现。

一、旅游人力资源规划

旅游人力资源规划，是组织发展战略及年度计划的重要组成部分，是人力资源管理各项工作的依据，是人力资源管理工作的航标及指南。旅游人力资源规划是一项复杂的系统性工程，它以组织的发展战略为依据，以全面评估、核查组织现有人力资源状况，调研组织外围和内部人事状态为基础，以准确预测组织运行对人力资源的需求和标准为抓手，制定一份符合组织发展前途的全面、翔实、科学、可操作的，能够为组织的发展战略提供长久支撑的人力资源政策、措施的过程。旅游人力资源规划的概念可以从以下四个方面来理解。

第一，人力资源规划的目标是配合旅游组织的战略发展。从组织的目标和任务出发，要求组织人力资源的质量、数量和结构符合特定的要求，确保组织在需要的时间和需要的岗位上获得需要的人才。

第二，旅游人力资源规划的基础是分析和预测环境的变化对劳动力市场的影响。一个组织的环境处在不断变化之中，这种变化可能包括宏观经济发展趋势、旅游业的发展趋势、主要竞争对手的发展动向、劳动力市场的趋势、政府相关政策法规的调整等，这些环境变化带来了组织对人力资源供需的动态变化。

第三，旅游人力资源规划的主要内容是对组织内部人力资源的需求以及对组织内外部人力资源供给进行分析和预测。根据供需状况来制定相应的人力资源政策和措施，如人员的招聘和录用、调动和补缺、晋升和降职、开发和培训等，从而确保组织发展的不同阶段对人力资源需求的满足。

第四，旅游人力资源规划的宗旨是最终实现组织和员工双赢的局面。组织要实现组织目标，需要有优秀的人力资源作为支持，而员工要想满足个人发展，也需要借助组织提供的广阔平台，只有个人和组织共同成长，才能真正实现双赢。

① 严伟，戴欣佚. 旅游企业人力资源管理 [M]. 上海：上海交通大学出版社，2009.

旅游人力资源规划具体内容包括：组织机构的设置、组织机构的调整与分析、组织人员供给需求分析、组织人力资源制度的制定、人力资源管理费用预算的编制与执行。

二、工作分析

组织的管理者在实际工作中经常会遇到这样一些问题：有些工作没有人做，大家都说这不是他们的工作；有些工作大家都在做，出了问题却没有人负责；精心招聘的人员却无法胜任工作等。究其原因，是因为组织人力资源管理中没有充分意识到工作分析的重要性所致。旅游人力资源管理工作的最终目的是要把合适的人放在合适的岗位上，达到人适其职、职得其人、人尽其才、才尽其用的目标。这就需要组织掌握两方面的信息：一方面是了解每一位员工的特点，另一方面要了解每个岗位的特点。怎样才能清楚地了解岗位要求，就需要借助工作分析这一科学手段来进行。

工作分析，亦称职务分析，是指通过观察和研究，掌握职务的固有性质、责任、组织内职务之间的相互关系，以确定该职务的工作任务和性质以及工作人员在履行职务上应具有的知识、技术、能力。简单地说，工作分析就是确定某个岗位工作的任务是什么，以及确定什么样的人可以胜任该岗位的工作。工作分析的主要内容包括以下七个要素。

（一）工作主体

即“谁来做”：对从事某项工作的人需要具备的身体素质、心理素质和个性特点，需要掌握的知识和技能、接受的教育和培训以及拥有的工作经验等方面的要求。

（二）工作内容

即“做什么”：所从事的工作活动内容。工作分析应具体描述每个岗位需要完成的工作内容，包括工作任务、工作职责、工作流程、工作活动产生的结果或产品是什么，以及工作结果和产品要求达到的标准。

（三）工作时间

即“何时做”：在完成工作过程中与时间有关的描述。例如，明确上下班时间，是否会有加班以及每项工作占用工作时间的比重等。

（四）工作环境

即“在哪里做”：工作的自然环境和社会环境。工作的自然环境包括工作地点、温度、光线、噪声、安全条件等；工作的社会环境包括所处的文化环境、工作群体中的人数、完成工作需要的人际交往数量和程度等。

（五）工作方式

即“如何做”：完成工作的具体方式。包括从事工作活动的一般程序、完成工作需要使用哪些工具或设备、工作中涉及的文件或记录有哪些、工作中需要重点控制的环节有哪些等内容。

（六）工作原因

即“为什么做”：主要说明工作的原因。包括做这项工作的目的是什么、与其他工作有什么关系、对其他工作会有什么影响等。

（七）工作关系

即“为谁做”：确定某项工作的隶属关系。包括这个岗位要向谁请示和汇报、向谁提供信息或工作结果、可以指挥和监督哪些人等。

工作分析最终会以工作说明书的形式呈现出来，工作说明书是对某一岗位的内容及有关因素做全面的、系统的、有组织的描写或记载。工作说明书通过对工作目的、职责、权限、工作联系、绩效标准等的明确描述，有助于组织对员工工作的有效引导和对员工绩效的有效控制。

三、招聘和甄选

“选人”是人力资源管理“选人、育人、用人、待人、留人”五大任务之首，是人力资源管理水平高低的源头所在，如果源头控制不好，后续的人力资源管理会事倍功半，也会严重影响到旅游企业决策的具体实施。

招聘是指为了实现组织目标，由人力资源管理部门和其他部门按照科学的方法，运用先进的手段，选拔岗位所需要的人力资源的过程。甄选是指对应聘人员在审查的基础上进行选择。招聘与甄选目的就是为组织找到合适的人才，并且达到人职匹配的效果。

（一）招聘与甄选的重要性

一是组织获得人力资源的基本途径，关系到旅游企业的生存与发展。组织内部人力资源向外流动、组织内部人员变动（升职、降职、解雇、退休、死亡等）导致了组织人员的变动，同时组织自身规模壮大、业务拓展也会对旅游人力资源形成新的需求。因此，通过人才市场获得人力资源是组织的一项经常性的任务，招募和甄选就是组织获取人力资源的基本途径，关系到旅游企业的生存和发展。

二是确保旅游员工优良的素质和较低的人员流失率。招聘和甄选工作作为旅游人力资源的输入环节，其工作质量的高低直接影响着旅游企业是否能够获取到极具潜质且与企业三观一致的旅游人才，这将从很大程度上确保旅游企业员工的整体素质保持在一个较高的水平，减少员工流失。

三是有助于形成组织的竞争优势。旅游市场的竞争归根到底还是人才的竞争，一个组织拥有什么水准的员工，在一定程度上决定了其在市场竞争中的地位。因此招聘和甄选工作能否有效完成，对于提高组织竞争力、组织目标的实现，有着举足轻重的影响。

四是有助于旅游企业形象的传播。尽管人员的招聘和甄选不是以传播企业形象为主要目的，但其实施过程客观上却具备了这样的功能，应聘者通过招聘与甄选的过程能够了解旅游企业的组织结构、经营理念、管理特色、企业文化等，因此旅游企业要把招聘和甄选作为向外界宣传组织形象、扩大组织影响力和知名度的重要窗口。

五是有利于旅游人力资源的合理流动，发挥人力资源潜能。一个有效的招聘和甄选系统，能促进员工通过合理流动，帮助他们找到合适的岗位，实现能职匹配，并调动员工积极性和创造性，使员工潜能得以最大限度地发挥。

（二）员工招聘与甄选程序

第一，制订招聘计划。

（1）获取人员需求信息。

（2）选择招聘信息的发布时间和发布渠道。

（3）初步确定招聘小组。

（4）初步确定选择考核方案。

（5）明确招聘预算。

（6）编写招聘工作时间表。

（7）草拟招聘广告样稿。

第二，确定招募途径。

第三，应聘者填写求职申请书。

第四，检查应聘者个人资料。

第五，初次面谈。

第六，测试。

第七，任用面谈。

第八，体检。

第九，审查批准。

第十，录用报到。

第十一，对未被录用者表示感谢。

招聘和甄选一位新的员工，对于组织而言，是一项极其重要的投资决策。为了保持组织的竞争力，旅游企业必须形成良好的人力资源流动机制，招聘和甄选就是这个机制的第一道保障环节，应该充分重视这一环节对旅游企业的深远影响。

四、培训和开发

员工培训是企业能否持续发展的关键，是旅游企业成功的一个基本因素。注重旅游企业员工培训，是最具有意义的人力资本投资，也是企业对员工的情感投资，从而更大限度地实现其自身价值，提高工作的满意度，增强对企业的组织归属感和责任感。对企业而言，员工的培训是企业应尽的责任，有效的培训要以减少事故、降低成本、提高工作效率和从优质服务中获取经济效益，从而增强企业的市场竞争能力。

培训是指企业的人力资源通过指导和实践活动获得知识、培养技能，提高整体绩效的系统过程。

（一）员工培训的意义

（1）适应环境的变化，满足市场竞争的需要。

（2）可以提高员工素质。

（3）可以提高管理人员的管理决策水平。

（4）可以为员工的自身发展提供条件。

（5）可以减低损耗和劳动成本。

（6）可以促进服务质量的提高。

（二）旅游企业员工培训的内容和方法

1. 旅游企业员工培训的内容

（1）旅游职业道德培训。旅游职业道德是旅游从业人员在旅游职业活动中所遵循的，与其特定职业活动相适应的道德规范，以及形成的道德观念、道德情操和道德品质等。

（2）知识培训。主要是让员工了解旅游企业的发展战略、企业愿景、规章制度、企业文化、市场前景及竞争状况；员工的岗位职责及本职工作基础知识；如何节约成本、控制支出、提高效益；如何处理工作中发生的一切问题，特别是安全事故和服务品质事故等。

（3）技能培训。技能是指为了满足工作需要必备的能力，技能技巧是需要通过不断的练习才能充分掌握的。旅游企业高管的技能培训着重在于战略目标的制定与实施，中层管理人员的管理技能的培训就集中体现在目标管理、时间管理、有效沟通、计划实施、品质管理、营销管理等方面的训练，旅游企业基层员工的技能培训就集中在如何让员工按计划、按流程、按标准等操作实施。

（4）能力培训。能力的培训不是一朝一夕就能完成的，如何提高旅游企业员工能力素质，不仅是管理者的职责同时也是企业的职责。企业需要给每一个员工施展才华的舞台，并善于在工作过程中锤炼员工，使其发挥才干，并且可以以新的挑战激发员工潜能，促使个人能力不断得到提升。

2. 旅游企业员工培训的方法

（1）知识性理论培训方法。

1）讲授法。讲授法是指运用口头语言进行教学的一种方法，其主要特点是通过培训师的语言，适当辅以其他教学手段向员工传递知识信息，促进员工理解，启发员工思维，发展员工能力。

2）讨论法。讨论法是根据培训的需要，员工在培训师的指导下为解决某个问题而进行探讨、辨明是非真伪以获取知识的方法。

3）案例研讨法。案例研讨法是把在实际生活中已发生过并记录下来的案例提供给学习者进行剖析、研究，在讨论的基础上提出自己的见解，并要求有鲜明的论点和较为充分的启发，培养学习者的分析、判断和决策能力，促使其运用新知识、新方法思考问题，达到借鉴经验、分析前因后果、提高处理问题的能力的目的的方法。

4）角色扮演法。角色扮演是一种情景模拟活动。所谓情景模拟就是指根据被试者可能担任的职务，编制一套与该职务实际相似的测试项目，将被试者安排在模拟的、逼真的工作环境中，要求被试者处理可能出现的各种问题，用多种方法来测评其心理素质、潜在能力的一系列方法。

（2）实践指导性培训方法。

1）操作示范法。操作示范法是部门专业技能训练的通用方法，一般由部门经理或管理员主持，由技术能手担任培训员，以现场向受训人员简单地讲授操作理论与技术规范，然后进行标准化的操作示范表演。利用演示方法把所要学的技术、程序、技巧、事实、概念或规则等呈现给学员。

2）四步培训法。指将培训过程划分为四个步骤，分别为：①讲解。讲解工作情况，了解员工对该工作的认识，说明工作的目的及重要性，提高员工对培训的兴趣，使学员能够安心学习，放松自如，达到良好的学习效果。②示范。表演、示范该项工作各环节动作。强调要点，动作力求缓慢，对重点难点要反复示范，注意示范的动作不要超过学员一次接受能力。③实习。让学员试着演习或操作。教师在旁观察和指正不足，及时表扬与鼓励，让学员逐个环节反复操作，理解重点内容，直到他们能够正确掌握该项工作为止。④辅导巩固。在主管人员的指导下，让学员独立上岗操作，以经常检查作为督导，并及时解答疑难问题，辅助员工熟练掌握该项工作并良好应用，这一环节所需时间最长。按这四个步骤培训后，员工能在短时间内准确掌握工作方法。

员工素质已经成为旅游企业生存和发展的重要条件，而员工素质的提高主要来自于有计划的培训措施，有效的培训是企业能否持续发展的关键，是旅游企业成功的一个基本因素。

五、绩效管理

绩效管理能够为员工晋升、解雇、培训等企业人力资源管理决策提供依据，同时还能起到鼓励员工改进绩效的作用。这是管理者用来确保员工的工作活动和工作产出与组织目标保持一致的一种手段。

绩效管理是指企业的人事部门或业务部门主管在依照若干项目或目标对员工某一阶段工作行为进行切实记录形成的对被考评员工工作意见的基础上，进行的有次序、有系统和科学的分析与评价，从而公平地确定被考评员工在旅游企业中的价值的过程。

（一）绩效管理的特点

1. 系统性

绩效管理是一个完整的系统，不是一个简单的步骤。无论是在理论阐述还是管理实践当中，都要注意绩效考核、绩效管理，绩效考核仅仅是绩效管理系统中的一个环节。

2. 目标性

只有绩效管理的目标明确了，管理者和员工才会有努力奋斗的方向，才会共同致力于绩效目标责任制的实现，共同提高绩效能力，更好地服务于旅游企业的战略规划和远景目标。

3. 重视量化指标

量化指标可以有效地减少绩效评估中主观评价带来的干扰。

4. 强调沟通

沟通是旅游企业人力资源绩效管理的成功的关键。只有通过沟通，员工才能了解企业的目标和管理者的期望，管理者才能了解员工的需求和想法。

5. 重视过程

绩效管理的目的是通过对绩效考核结果的综合运用，推动员工为旅游企业创造更大的价值，因此过程比结果更重要，成长比成绩更珍贵。

（二）绩效管理系统的组成

1. 绩效计划

绩效计划是绩效管理的起点，也是绩效管理流程中最重要的一环，它的前瞻性能够帮助员工认清方向，明确目标。从静态角度看，绩效计划就是一个关于工作目标和标准的契约；从动态看，绩效计划是管理者与员工共同讨论以确保员工在评价期间内应该完成什么工作和达到什么绩效目标的过程。绩效计划必须清楚地说明企业期望员工达到的工作结果以及为达到该结果所期望员工表现出来的行为和技能。绩效计划的制订是一个自上而下的目标确定过程，通过这个过程将个人目标、部门目标与组织目标结合起来。计划制订的过程也是一个员工全面参与管理、明确自己职责和任务的过程，在这一过程中员工需要和管理者充分沟通，明确自己应该做什么以及做到何种程度。绩效计划通常都以一年为期，制订之后再根据实际情况进行调整。

2. 绩效实施

绩效实施是整个绩效管理循环中耗时最长、最关键的一个环节，是体现管理者和员工共同完成绩效目标的环节，这个环节完成质量的好坏直接影响绩效管理的成败。员工在完成计划的过程中可能会遇到外部障碍、能力缺陷或其他意想不到的情况，这些都会影响计划的顺利完成，员工在遇到这些情况时需要及时跟管理者沟通，管理者则应以"教练"的身份与员工共同分析问题产生的原因，积极帮助员工寻求解决方法，提供必要的资源支持，并鼓励他们完成工作任务，这种沟通也能帮助管理者及时了解员工工作进展，对员工出现的偏差进行及时纠正。

3. 绩效考核

绩效考核又称绩效评估，是对员工的工作行为与工作结果进行全面、系统、科学地考察、分析、评估与传递的过程。绩效考核是人力资源管理中技术性最强的环节之一，也是众多人力资源管理者最关心的内容。绩效考核通常包括确立评价的目的，选择评价对象；建立评价的参照系统，确定评价主体、评价指标、评价标准和评价方法；收集相关信息；形成价值判断；输出结果这五个环节，绩效评估过程其实就是一个收集信息、整合信息、做出判断的过程。

4. 绩效反馈与面谈

大多数企业的绩效管理进行到绩效考核就结束了，管理者和员工花费了大量时间和精力填写完成的各类表格被束之高阁，评价结果没有及时反馈给员工，所以绩效考核过后工作中的问题依然存在，绩效依然低下导致企业内部对绩效管理的效果产生怀疑。因此，绩效反馈与面谈非常关键，管理者需要通过面谈的形式让被评价者清楚地了解自己的绩效状况。一次有效的绩效反馈面谈包括三个必要内容：一是明确绩效反馈面谈的目的。绩效反馈面谈需要达到了解绩效目标的实现情况、探讨绩效目标未能实现的原因并制订绩效改进计划、向员工传递组织的期望、协商下一个绩效周期的目标的目的。二是做好绩效反馈面谈前的准备。作为管理者要充分了解员工情况、计划好面谈的程序、选择好合适的面谈时间和地点；作为员工也需要客观评估自己的优缺点及需要改进的方面，还要准备好向管理者提问，以解决自己在工作过程中遇到的问题。三是把重点放在解决问题上。管理者在绩效反馈中要重点关注问题的解决，同时，在反馈绩效时注意力应集中在员工的行为或结果上，而不是员工的个人特征。在进行负面反馈时要避免对员工本身的价值进行贬低或表示怀疑，更不能对其进行人身攻击，只有这样才能引导员工正确地认识自我和改善绩效。

5. 绩效考核结果的应用

绩效考核结束后，考核结果除了用于管理者和员工共同探讨绩效改进以外，还要作为薪酬的分配和调整、岗位的变动、培训与开发等决策的重要依据。让绩效考核结果与员工的切身利益挂钩，才能真正地调动员工参与绩效管理的积极性。

六、薪酬管理

薪酬管理是指在组织发展战略指导下，对员工薪酬支付原则、薪酬策略、薪酬水平、薪酬结构、薪酬构成进行确定、分配和调整的动态管理过程。

（一）薪酬管理的特点

1. 敏感性

薪酬管理是人力资源管理中最敏感的部分，它涉及旅游企业每一位员工的切身利益，员工也会通过薪酬水平来衡量自己在企业中的地位。

2. 特权性

薪酬管理是员工参与最少的人力资源管理项目，企业管理者认为员工参与薪酬管理会给企业管理带来困难，并影响投资者的利益，所以员工往往对企业薪酬管理过程知之甚少。

3. 特殊性

每个旅游企业的薪酬管理差别很大，再加上薪酬管理本身就有很多种管理类型，如岗位薪酬、技能薪酬、资历薪酬、绩效薪酬等，所以不同旅游企业之间的薪酬管理几乎没有参考性。

（二）薪酬管理的目标

1. 让人才脱颖而出，给优秀者以奖励

优质资源永远向优秀人才倾斜，好的薪酬机制要让强者更强，鼓励弱者跟上强者的步伐。

2. 吸引关键人才

在薪酬体系设计时要遵循三项基本原则：对外具备竞争力，对内具备公平性，对个体具备激励性。

3. 基本的安全保障

员工与企业的关系中，员工相对处于弱势，是风险较大的一方，所以员工希望企业能与其签订合同，能给他们购买保险，能及时发放工资，这都是源于安全的保障需求，作为企业管理者，必须重视这种需求，并且将其体现在旅游企业的薪酬设计中。

4. 价值肯定

旅游企业给员工的薪酬绝对不是单纯基于职级的，而是必须基于岗位价值，回归到该岗位对企业的贡献上来。

5. 结成利益共同体

一般来讲，员工只有在感觉为自己挣钱的时候才最拼命，所以，在设计旅游企业薪酬时，应该考虑分红，甚至股份的设计，形成企业与员工的利益共同体。

（三）旅游企业应采取具有竞争力的多层次薪酬管理方法

1. 与绩效挂钩的薪酬管理方法

为了克服我国旅游企业现有薪酬制度过于单一的缺陷，员工的薪酬应该与工作绩效挂钩，既可以有效地控制成本和提高生产效率，也能够培育出自身的竞争优势，以此来达到对员工进行正向激励的目的。与绩效挂钩的薪酬形式一般有提高基薪、发放奖金、员工持股计划三种。

2. 采取具有长期激励作用的经营者薪酬管理方法

长期激励的特点就是要实现经营者的薪酬与企业的长期利益挂钩，避免经营者在决策过程中的短期行为和个人行为企业化。其中股票期权制度作为一种长期激励方式，不但可以帮助企业抑制企业经营者的短期行为，还能吸引和优选管理人才。

良好的薪酬管理可以使旅游企业的员工需要得以满足，增强他们的自信心，培育他们对旅游企业的信任感和忠诚度，使他们积极有效地为旅游企业服务，从而实现旅游企业人力资源管理效益最大化。

七、劳动关系管理

广义的劳动关系管理是指在企业人力资源体系中，各级管理人员和人力资源职能管理人员，通过拟定和实施各项人力资源政策和管理行为，以及其他的管理沟通手段调节企业和员工、员工与员工之间的相互联系和影响，从而实现组织的目标，并确保为员工、社会增值。

狭义的劳动关系管理是指企业和员工的沟通管理，这种沟通更多采用柔性的、激励性的、非强制的手段，从而提高员工满意度，支持组织其他管理目标的实现。

（一）劳动关系管理的主要职责

协调员工与管理者、员工与员工之间的关系，引导建立积极向上的工作环境。

（二）劳动关系管理的内容

1. 劳动关系管理

包括劳动争议处理，员工上岗、离岗面谈及手续办理，处理员工申诉、人事纠纷等。

2. 员工纪律管理

引导员工遵守公司的各项规章制度、劳动纪律，提高员工的组织纪律性，在某种程度上对员工行为规范起约束作用。

3. 员工人际关系管理

引导员工建立良好的工作关系，创建利于员工建立正式人际关系的环境。

4. 沟通管理

保证沟通渠道的畅通，引导公司上下及时的双向沟通，完善员工建议制度。

5. 员工绩效管理

制定科学的考评标准和体系，执行合理的考评程序，考评工作既能真实反映员工的工作成绩，又能促进员工工作积极性的发挥。

6. 员工情况管理

包括组织员工心态、满意度调查，谣言、怠工的预防、检测及处理，解决员工关心的问题。

7. 企业文化建设

建设积极有效、健康向上企业文化，引导员工形成正确的价值观，维护公司的良好形象。

8. 服务与支持

为员工提供有关国家法律、法规、公司政策、个人身心等方面的咨询服务，协助员工平衡工作与生活。

9. 员工关系管理培训

组织员工进行人际交往、沟通技巧等方面的培训。

员工关系管理是企业中最琐碎而不易被呈现价值的人力资源管理部分，却是各种职能中最实在的部分。这一工作能够而且确实对员工满意和生产率、管理绩效以及人才挽留做出了卓越的贡献。尤其是当遇到组织震荡、裁员或其他难以应付的问题时，员工关系管理更是承担着不可替代的作用。因此，旅游企业需要进一步重视员工关系管理，为企业的发展壮大保驾护航。

第三节 旅游人力资源的激励与管理

在现代经济环境下，人才已经成为旅游企业确立竞争优势，把握发展机遇的关键。旅游企业不但要吸引人才、留住人才，还要会激励员工。良好的激励机制不仅可以调动旅游人力资源的工作积极性，提高工作效率，也成为衡量旅游企业经营是否成功的标志之一。

一、激励概述

激励是管理心理学的核心问题，激励因素也已经成为调动企业积极性和创造性的杠杆，作为旅游企业的管理者，为了实现企业目标，必须重视激励理论的研究，必须学会如何有效激励员工，使员工力有所用、才有所展、劳有所得、功有所奖。因此，非常有必要对旅游企业激励机制的相关问题进行探索。

（一）激励的内涵

激励在管理心理学中的含义主要是指激发人的动机，使人有一股内在的动力，朝向所期望的目标前进的心理活动过程。激励因素是激发鼓励人们产生某种动力的条件或方式，而人们行为的结果是激励因素产生的效应。激励的过程就是激发员工内在的动力和要求，激发他们努力工作去实现组织既定的目标和任务。

（二）激励的作用

激励作为调动员工积极性的一种手段，其主要作用表现在以下几个方面。

1. 吸引优秀的人才到企业中来

越来越多实力雄厚、竞争力强的企业，会利用丰厚的薪酬待遇、快捷的晋升途径、各种优惠政策等激励要素来吸引优秀的人才加盟。

2. 开发员工的潜能，促使在职员工充分发挥才能和智慧

美国哈佛大学的威廉·詹姆斯教授在对员工激励的研究中发现，按时计酬的分配制度仅仅能让员工发挥 20%~30% 的能力，但是如果对这些员工进行充分激励的情况下，他们的能力可以发挥出 80%~90%，这两种状况之间 60% 的差距就是有效激励的结果。管理学家的研究表明，员工的工作绩效是员工能力和受激励程度的函数，即绩效 = 能力 × 激励。如果把激励制度对员工创造性、创新性和主动提高自身素质的意愿等影响考虑进去的话，激励对工作绩效的影响则更大。

3. 提高人力资源的质量

提高人力资源质量的途径主要是教育和培训，而保证教育和培训能够取得良好效果的重要前提是培训对象需要具备较高的学习积极性和刻苦钻研的精神。在这方面，激励手段的巧妙运用意义重大。一般情况下，企业会对才能过人、成绩斐然、刻苦努力的优秀人才奖励以崇高的荣誉、优越的物质待遇或令人羡慕的职位。这样的管理手段不仅能激励受奖者不断学习以提升自己的工作能力，也能起到巨大的示范效应，激励其他员工刻苦钻研业务，形成学习上进的良好氛围，提升企业人力资源的整体质量。

4. 创造良性的竞争环境

科学的激励制度包含有竞争精神，它的有效运行能创造出良性的竞争环境，进而形成优秀的竞争机制。在具有良性竞争的工作环境中，组织成员会感受到环境的压力，这种压力将转变为员工努力工作的动力。

（三）激励员工的过程

有效的激励必须符合人的心理和行为活动的客观规律。因此，激发人的动机的心理过程的模式可以表示为：需要引起动机、动机支配行为、行为指向特定的目标。需要、动机、行为、目标这四者的关系如图 8–1 所示。

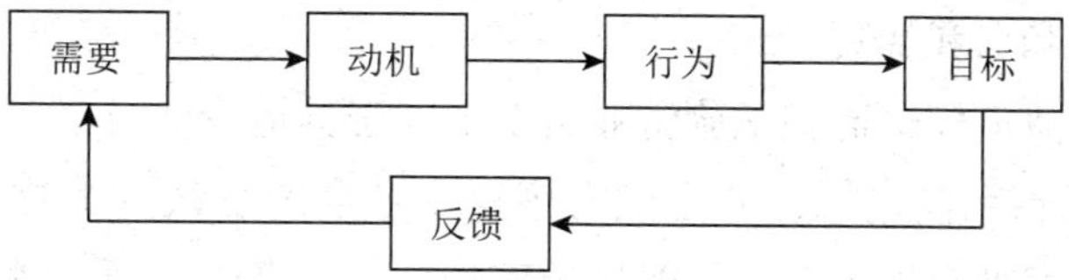

图 8–1 激励的心理过程模式

心理学研究表明，人的行为由动机支配，是在某种动机的驱动下为达到某个目标进行有目的的活动，而动机则是在需要的基础上产生的。激励过程要处理好三类变量的关系：一是刺激变量，即对人体的反应发生影响的刺激条件，从管理的角度来说，主要指管理者设定的目标、各种管理手段和措施；二是主体内在变量，即对人的反应有影响的需要、动机、兴趣、性格等内在心理特征；三是主体反应变量，即刺激变量和主体内在变量在主体行为上的变化。对员工的行为的激励，实质上就是使用刺激变量使主体内在变量产生持续不断的兴奋，从而引起主体积极的行为反应的过程。当目标达成之后，反馈又强化了刺激变量，这样周而复始、不断延续。

一个组织的管理者要善于运用激励的基本原理，敏锐地观察到员工的需要，并设置恰当的目标和条件，激发他们努力工作。最后在员工完成了他们设定的目标后，通过各种形式去满足员工的需要，通过这种激励使员工个人目标与组织目标相一致，收到最佳的管理效果。

二、旅游企业员工的激励与管理

令许多旅游企业困惑的，是企业花了很大的成本，也建立了一系列员工激励制度，但收效甚微，员工对工作还是缺乏积极性和创造性。究其原因，主要还是激励方式单一、激励技巧不高，可以从了解旅游企业员工特点着手，提出应对性的激励方法。

（一）旅游企业员工的特点

1. 较强的创新精神和知识创新能力

旅游企业员工面对的是多变的、不确定的环境，以导游人员为例，在带团的过程中有可能遇到各种突发的情况，或者面对形形色色的客人，这就决定了他们的工作不具有常规性，需要具备较强的创新精神和创新能力才能有效应对各种突发性情况。

2. 乐于学习和更新知识

终身学习是旅游企业员工的特点之一。旅游行业的知识领域更新和发展日新月异，客人的需求也在不断发生变化，作为旅游业从业人员，为了避免知识陈旧被时代淘汰，为了能更好地满足更多客人的需求，要不断地学习，因为只有不停地成长才能跟上时代发展的步伐。

3. 追求成就感和自我实现

旅游企业的灵活多样也造就了旅游业员工不同于其他行业员工的特点，他们特别追求工作带来的成就感和满足感，并强烈希望得到社会的承认。旅游企业员工往往能动性较强，他们不愿意被动地去完成一般性的事物，而是喜欢不断去挑战自我、去超越自我，把实现挑战性目标视为自我实现的一种方式。

4. 独立自主性强

旅游企业员工在组织中具有较强的独立性和自主性，表现在工作态度上，就是较为自觉和主动；表现在工作方式上，就是比较有想法、有主见，不愿意过多地受到控制和约束，更倾向于在一个更为自主宽松的环境中工作，强调自我管理和自我约束。

5. 流动意愿强

旅游企业员工普遍存在高流动性，这种现象既有外部诱因，也有内在动因。外部诱因有两点：首先，整个旅游行业人才稀缺与日益增长的人才需求，使得旅游人才拥有各种流动机会。其次，人才流动成为人才价值增值与价值实现的一种途径。内在动因则表现在越来越多的从业者从追求终身就业饭碗转向追求终身就业能力。

（二）激励员工的基本原则

1. 目标原则

在激励机制中不能缺少设置目标这个关键环节。目标的设置既要体现组织目标的要求，又要满足员工个人的需要，这样才能让激励既不偏离组织目标的方向，又能提高员工的目标效价，达到满意的激励强度。

2. 引导性原则

激励的措施能不能达到预期的效果，不仅在于激励措施是否恰当，与被激励者对激励措施的认知和接受程度也存在密切的关联度。只有外在的激励措施转化员工内在的自觉意愿，才能取得良好的激励效果，因此管理者一定要重视对员工的教育，积极引导，使员工确立正确的职业观、价值观，从内心真正认识到激励的重要性并愉快地接受企业的激励机制，这样才能取得较好的激励效果。

3. 物质激励与精神激励相结合原则

根据马斯洛的需要层次理论，员工的需要分为物质和精神两个层面，根据员工需要而设计的激励机制就必须注重物质激励和精神激励的结合，任何偏物质或偏精神的激励都是片面的、不利的。物质激励是基础，是能够让员工消除不安全感的有力保障；精神激励是上层建筑，它是能够搭建起员工强大的精神内核，让员工从工作中获取成就感、愉悦感，是培养忠诚员工的关键要素。二者相辅相成，缺一不可。

4. 合理性原则

激励的合理性原则有三层含义：一是激励的措施要匹配目标价值。企业应根据所实现目标本身的价值大小确定适当的激励量，过大或过小都会影响激励的效果。二是激励的措施要考虑企业实际。企业应根据规模、收益去确定激励措施，切忌打肿脸充胖子，不切实际的激励会让企业不堪重负。三是根据员工需要确定激励措施。明确员工的需要，有针对性地加以满足，如果给的都是员工不想要的，这样的激励很难产生积极的效果。

5. 公平性原则

主要体现在激励机制中的奖惩公平。激励往往会通过奖励和惩罚的手段来实施，奖罚公平就是要坚持该奖则奖，该重奖则重奖，该罚则罚，该重罚则重罚，对所有员工一视同仁，一把尺子量到底。

6. 明确性原则

激励的明确性原则包括三层含义：一是明确。激励的目的就是明确让员工知道“需要做什么”和“必须怎么做”。二是公开。特别是涉及奖金分配等员工密切关注的问题时更要公开透明。三是直观。所有的奖励和惩罚都要给出直观的、可具体衡量的指标。

7. 时效性原则

激励一定要把握好恰当的时机，员工在取得成绩后，对于自己价值有一种期望得到认同的心理，贡献越大，这种期望也就越大，及时地予以奖励将有利于员工创造力持续、有效的发挥；同理，员工在工作中出现绩效不佳或重大失误的时候，及时的惩罚也有利于员工尽快意识到自己存在的问题并予以纠正。无论是奖励还是惩罚都有时效性，超过有效期，效力就会大打折扣。

8. 正激励和负激励相结合原则

根据美国心理学家斯金纳的强化理论，可以把激励也划分为正激励和负激励。通过树立正面的榜样和反面的例子，形成好的风气，使整个组织行为更积极、更有生气。但是负激励容易使个别员工产生挫折心理，使用时应慎重，讲究管理艺术。管理者在激励时应该将正负激励巧妙地结合使用，以正激励为主、负激励为辅，才能起到良好的激励效果。

（三）激励的方法

1. 物质激励

物质激励是指运用物质的手段使受激励者得到物质上的满足，从而进一步调动其积极性、主动性和创造性。物质激励有资金、奖品等，通过满足要求，激发其努力生产、工作的动机。

2. 精神激励

精神激励是指通过非物质的手段以满足人们的社会心理需要，从而激发人们良好行为的一种方式。包括目标激励、示范激励、参与激励、情感激励等多种形式，具体来说就是向员工授权、对他们的工作绩效的认可，公平、公开的晋升制度，提供学习和发展的空间，实行灵活多样的弹性工作时间制度以及制定适合每个人特点的职业生涯发展规划等。

3. 危机激励

危机激励是指企业领导不断地向员工灌输危机观念，让他们明白企业生存环境的险恶，以及由此可能对他们的工作、生活带来的不利影响，激励他们自动自发地努力工作。

一个具有强烈忧患意识的民族，是最有希望的民族。一个具有忧患意识的企业，也一定是充满希望的企业。对于企业来说，最大的风险就是没有危机意识。所有的成功企业，都是极具危机意识的企业。比如，海尔集团以"永远战战兢兢，永远如履薄冰"为生存理念，使企业保持蓬勃向上的发展势头。旅游企业在对员工进行危机激励时可以从三个方面切入：一是向员工灌输企业前途危机。在激励的旅游市场竞争中，所有的企业都有被淘汰的可能，如果企业的效益欠佳、发展态势不好，作为员工很难独善其身，就有可能面临失业、减薪等风险，若要规避风险只有全体员工目标一致、努力工作，才能让企业立于不败之地。二是向员工灌输个人前途危机。如果员工自己不努力，就有可能被更优秀的员工所取代，为了个人和家庭的发展而言，认真努力工作是最佳选择。三是向员工灌输旅游产品危机。旅游者的需求在不断地发生变化，原有的旅游产品可能很难适应旅游者新的需求，因此旅游企业员工一定要形成"人无我有、人有我优、人优我特"的产品意识，持续去研究旅游者需求的变化，持续去推进旅游产品升级、创新工作，只有产品和服务始终保持对新老客户的吸引力，才能让企业发展得到源源不断的支持。

【延伸阅读】

万豪国际酒店的员工激励

万豪国际酒店是全球首屈一指的国际酒店管理公司，拥有遍布全球74个国家和地区的超过4100家酒店和21个品牌，2016年公司全年收入170亿美元。万豪特别注重员工激励，具体体现在以下方面。

一、善待员工能换来忠诚

万豪秉承了一个理念，那就是如果公司能善待自己的员工，那么员工将会用忠诚来回报企业，这些忠诚的员工会为顾客提供优质的服务，从而为公司获得巨大的利益。美国《财富》杂志曾报道过万豪酒店的总经理平均任期长达25年，不少普通员工在工作岗位上工作时间也超过20年。从酒店员工中听到最多的一个词就是"家"。有一名员工这样评价万豪："每天早上醒来，我都期待着去上班，不仅因为我热爱我的工作，还因为去上班的时候能看到我的家人在那里工作真是太棒了！宾至如归，感觉就像在家里一样，每天迎接新老朋友。强烈为万豪'打CALL'。"

二、以核心文化激励员工

万豪酒店会以自己的核心价值观去影响、激励员工。这些公司所信奉的、根深蒂固的企业文化理念正在不断地深刻影响着每一个万豪的员工。例如，我们追求卓越的服务——每一处细节都体现了我们对于客户的奉献，我们服务于世界——我们的“服务精神”使我们的公司更强大。我们支持我们生活和工作的社区。万豪国际关注全球五大社会问题：扶贫、环境、社区劳动力发展、儿童福祉、全球多样性和包容性。万豪员工在这样的企业文化指引下，为客户提供了优质的服务，获得客户的认可和赞许，成就感得到极大的满足。万豪酒店在这样的工作氛围中越发成为一个整体，成为员工的一个“家”。

三、让员工幸福快乐

想要激励员工，精神层面不容忽视，特别是能让员工在工作时感到幸福快乐尤为重要。万豪公司采取了很多措施，如为员工提供干洗服务、托管服务、灵活的工作时间等，为员工解决后顾之忧，快乐地投入工作。万豪在全球范围内对授予优秀业绩奖的员工举办年度颁奖典礼，参加这个颁奖典礼感觉就像参加奥斯卡颁奖典礼一样。

四、注重员工培训

万豪员工在开始工作之前，要花大约 30 天时间进行培训。主要是为了让新员工融入公司文化。当员工接受完全面的培训后，会对自己的工作充满自信，从而降低离职率。万豪也会利用轮岗培训对员工进行激励，这意味着一名员工可以尝试不同的工作岗位，每一个员工都有机会了解酒店的不同方面，对酒店的好处则是有了可以在需要的时候从其他岗位抽调出随时能投入工作的员工，属于双赢之举。

（资料来源：HR 案例网。）

【本章小结】

本章首先对人力资源管理从概念、特征、职能、目标进行概述，分析了文旅融合背景下，旅游人力资源存在的问题和原因，并提出旅游行业建设的应对措施。其次着重讲解了旅游人力资源管理的主要任务，从工作分析、招聘和甄选、培训和开发、绩效管理、薪酬管理、劳动关系管理六个方面进行详细阐述。最后针对旅游企业员工的特点，简述旅游企业员工激励的基本原则和方法。

【复习思考题】

1. 单选题

（1）招募与甄选属于人力资源管理的哪个职能？（　　）

A. 获取　　B. 整合　　C. 保持　　D. 发展

（2）人员供给与需求分析属于旅游人力资源管理中的哪个任务？（　　）

A. 工作分析　　B. 绩效管理　　C. 培训和开发　　D. 旅游人力资源规划

2. 多选题

（1）下列属于实践指导性培训方法的有（　　）

A. 操作示范法　　B. 案例研讨法　　C. 四步培训法　　D. 角色扮演法

（2）下列属于旅游企业员工培训内容的有（　　）

A. 旅游职业道德培训　　B. 知识培训

C. 能力培训　　D. 操作技能培训

3. 填空题

（1）薪酬管理的特点有________、________和________。

（2）激励的方法有________、________和________。

4. 名词解释

（1）工作分析。

（2）人力资源管理。

5. 简答题

（1）简述员工激励的作用。

（2）绩效管理系统由哪些内容组成?

6. 论述题

（1）简述文旅融合背景下我国旅游人力资源存在现状和原因，并提出解决对策。

（2）旅游企业如何才能拥有忠诚员工?

第九章

旅游市场营销管理

【导言】

旅游市场营销是旅游企业将潜在市场机会转化为现实市场机会的有效手段，深入剖析旅游消费者的需求是旅游营销的基础环节。旅游企业应有针对性地对目标市场进行产品、价格、促销、渠道的营销组合供给，在满足旅游消费者需要的前提下实现旅游企业的经营目标，并考虑到企业的长远发展。

【教学目标】

本章要求学生了解旅游市场的概念和特征，掌握旅游市场营销的概念、特征及应对策略，了解旅游市场营销的作用，掌握旅游市场营销的全过程，灵活把握旅游营销创新和发展。

【关键术语】

旅游市场、旅游市场营销、旅游市场营销过程、旅游营销创新、旅游营销发展

【导入案例】

马蜂窝发布升级版 App，开启旅行短内容新玩法

2018 年 6 月 13 日，马蜂窝旅游网发布了升级版“马蜂窝旅游”App，对首页信息流进行了全新改版，并加强了其特有的旅游社交基因。升级后的 App 更注重展现用户的旅行瞬间——旅行者上传的图片、旅行 Vlog 将在首页以更大篇幅呈现。马蜂窝对 App 上的短内容、短视频等功能也进行了相应升级，旅行者将更轻松、更便捷地记录、分享旅行体验。

马蜂窝是中国年青一代用得最多的旅游网站，也是中国最大的旅游 UGC 平台和内容入口，每月生产超过 19.8 万篇优质游记。此次升级，无疑是马蜂窝为了更好地迎合年轻化用户，从产品层面做出的巨大改变。升级后的马蜂窝旅游 App，可以让旅行者一边享受旅行一边轻松记录，用户只需要 30 秒就能上传旅行图文、拍摄视频，记录和分享瞬间的旅行感悟。马蜂窝把用户的碎片化记录，按照时间和目的地整合、生成为用户的旅行游记。

“如今，年青一代用户的移动化阅读和交互方式都发生了变化，碎片化和视频化的内容将更加符合年轻人的使用习惯。”马蜂窝联合创始人、COO 吕刚说，“马蜂窝此次产品升级，将用更潮、更酷、更时尚的交互形式，让每位用户体验更多记录和发现旅行的快乐”。

马蜂窝对于短内容的强化，并不意味着传统长游记功能会被轻视。在新功能下，长游记可以通过语义分析技术实现碎片化呈现。浏览者可以通过信息流碎片化的图文，一键抵达作者的游记全文，甚至跳转到目的地、景点、餐厅、酒店等页面，查询相关信息和预订旅游产品。

“随着人们旅行频次越来越高，旅行已经成为一种生活方式。因此，我们必须降低旅行内容分享的门槛，让用户可以在路上随时随地地记录和分享。”马蜂窝无线事业部副总裁陈惠表示，“轻量化内容将成为长内容的重要补充，帮助旅行者发现更多旅行的精彩”。

“可以看出，在传统 OTA 仍在现有产品模式下厮杀时，马蜂窝却在布局新一代的交互产品。”一位资深产品经理如此评价。在这次 App 升级中，马蜂窝领先于其他在线旅游网站的另一项尝试，是对于短视频功能的强化。为了方便用户制作旅行 Vlog，马蜂窝不仅让视频录制和编辑更加简单，还提供了旅行场景下的滤镜及音乐供用户选择——即使最初级的用户也可以不借助其他软件，通过马蜂窝 App 轻松拍出属于自己的“旅行大片”。

除了“内容入口”，“社交基因”同样是马蜂窝立足于旅游行业的天然壁垒。此次改版后，其社交基因被再度强化，留言、点赞等互动功能在信息流中的呈现将更为显

著。用户在旅途中也能看到附近其他用户发布的动态，了解此刻其他旅行者在品尝的当地美食、体验等的特色项目，甚至可以发起线下活动，结交旅途中的伙伴。

“我们希望让旅行者能真正享受阅读和记录带来的乐趣，激发更多旅行灵感。”马蜂窝联合创始人、COO 吕刚表示，“马蜂窝将不断让用户的旅行记录焕发新的活力，帮助更多旅行者实现自己的旅行梦想”。

（资料来源：www.lvyoukan.com.）

第一节　旅游市场营销概述

一、旅游市场概述

要了解“旅游市场”的含义，就必须先了解“市场”的含义。关于“市场”可以从三个角度进行解读：就传统意义而言，市场就是买卖的场所、集市、商场、批发市场等，这是一个时空概念；从经济学的视角来说，市场是一个商品经济范畴，是商品内在矛盾的表现，是供求关系，是商品交换的总和，是通过交换反映出来的人与人之间的关系，这是一个抽象的市场概念；从管理学的角度来说，市场是由一切具有特定欲望和需求并且愿意和能够以交换来满足这些需求的潜在顾客所组成（菲利普·科特勒）。旅游管理作为管理学中的一个支流，在研究旅游市场时自然也是从管理学的角度去切入。

（一）旅游市场的概念

旅游市场是指一定时期内，某一地区中存在的对旅游产品具有支付能力的现实和潜在购买者。当我们去预测某个旅游客源市场规模时，需要从人口数量、支付能力和购买欲望三个方面进行综合评估。其中特别值得注意的是支付能力要从购买者所拥有的可自由支配收入和闲暇时间两方面去衡量。

（二）旅游市场的特征

1. 全球性

从某种意义上来说，只要有人生存的地方，就可能会形成市场，所以针对某一旅游目的地或某一旅游企业而言，旅游市场具有全球性特征。因此，如何对全球市场进行研究、细分、选择就成了今后旅游营销的趋势。对于我国旅游业发展的总体方针中“大力发展入境旅游”向“积极发展入境旅游”的调整过程中，整个行业对“积极发展入境旅游”的理解有偏差，发展入境旅游没有得到足够的重视，地方实践中往往热衷于出境旅游，弱化了入境旅游发展，使得我国旅游的三大市场发展出现了严重的不均衡现象。入境旅游属于出口创汇产业，是国家的“窗口”产业和“脸面”产业，同时也是国家文化软实力的显化产业和民间交往的外交产业，是国家竞争力的刚性表现。因此，放眼全球市场、大力发展入境旅游在新时代应该得到高度的重视①。

2. 异地性

旅游活动具有移动性、异地性和暂居性的本质特征。其中，旅游者只有完成了从旅游客源地向旅游目的地的转移才能进行目的地旅游产品的消费，从这个意义上来说，对于旅游目的地营销而言，旅游市场具有异地性的特征。旅游市场的异地性增加了营销难度，旅游消费者在对异地旅游产品的购买决策过程中感知到风险较高，需要营销者使用更高超的营销技巧来尽可能地降低他们感知的风险。

3. 波动性

旅游市场的波动性主要体现在两个方面：一是由于受到旅游淡旺季以及消费者假期、汇率变化等因素的影响，旅游市场呈现出显著的波动性。以我国为例，“春节黄金周”“国庆黄金周”、学生寒暑假都是旅游市场比较集中的时候，对旅游目的地的供给系统造成了比较大的压力，而旅游淡季中很多旅游地游客稀少，旅游市场供过于求。二是由旅游业的脆弱性决定，一旦旅游目的地发生了自然灾害、流行疫情、恐怖袭击或政治动乱等，会让旅游者望而却步，这种恐慌带来的负面效应会在事件结束后持续很长的时间，严重影响旅游目的地的形象或旅游企业的经营。

4. 高度竞争性

在全世界都将旅游作为重要的发展产业的大背景下，各个国家、各个区域、各个旅游企业都在不遗余力地抢夺市场，旅游市场的高度竞争性决定了只有最了解顾客需求、拥有最契合需求的旅游产品、最具有想象力和创造性的旅游营销者才能站得更稳、走得更远。

二、旅游市场营销概述

市场营销对于任何一个旅游组织的成功而言都至关重要。对于旅游消费者而言，每天都可能接触到企业营销——在购买到的商品上、电视节目间穿插的广告中、杂志报纸上、收到的电子邮件中、走在马路上收到的传单上接收到各种各样的旅游营销信息。然而，旅游营销并不仅仅是吸引顾客的眼球这么简单，这些表象背后，存在着一个庞大的营销系统。要掌握这个系统，先从了解旅游市场营销的概念和特征开始。

（一）旅游市场营销概念

旅游市场营销是旅游企业对旅游产品的构思、定价、促销和分销的计划和执行过程，以达到满足旅游者需求和旅游企业目标的实现。

---

① 马耀峰，高扬．新时代我国入境旅游政策协调与路径优化的审视［J］．陕西师范大学学报（哲学社会科学版），2018（2）．

旅游市场营销的根本出发点就是了解顾客的需要，在满足顾客需要的前提下实现企业的经营目标。市场营销主要体现在设计、生产满足顾客需要的旅游产品，提供出众的顾客价值，并且制订目标顾客可以接受的合理价格、选择准确的分销渠道和进行有效促销等方面。简而言之，旅游市场营销就是旅游组织创造价值，建立牢固的客户关系来从消费者身上获得价值的过程。

（二）旅游市场营销的特征及应对策略

旅游业虽然是服务业的一部分，但是旅游产品有它独有的特征，这些特征决定了旅游市场营销不同于一般的服务业市场营销，与非服务业市场营销的差别则更加显著，因此旅游市场营销不能简单地套用服务业市场营销或非服务业市场营销的运作模式。若要找到应对旅游市场营销的策略，需要从了解旅游市场营销的特征着手。

1. 旅游产品是有形产品和无形服务的综合

旅游产品是一个综合概念，是人们进行旅游活动所需的多种吸引物、设施和服务的组合。因此它不能像一般的有形产品那样陈列在货架上，可供顾客观察、触摸、挑选、试用，在充分了解产品性能的基础上让顾客产生购买行为。

旅游市场营销要注重对旅游产品有形部分的有效呈现，通过对目的地基础设施的改头换面、城市整体规划布局、景区配套设施的升级改造、酒店外观及内部陈设、餐厅装修及精美的餐具等有形产品的展示，让客户能够从可以观察到的有形产品部分去增加对整体旅游产品的信心；而无形服务的部分，是顾客在消费之间无法切实感知到的，所以在旅游市场营销中要充分利用好“口碑效应”，因为比起让人头晕目眩的旅游广告，顾客更愿意相信已经消费过该旅游产品的人给出的评价。这些人可能是他们的亲戚、朋友、同事，甚至是陌生的网友。所以现在越来越多的旅游企业开始注重对用户口碑的管理，因为口碑无论是正面的还是负面的都会产生很大的辐射效应。好的口碑就需要旅游企业用一以贯之的产品质量和对顾客人性化的关注来共同成就。

2. 旅游者直接参与生产

一般的有形产品其生产和消费环节是完全分开的，因此产品在生产环节当中出现的任何问题都是可以补救的。而旅游产品不同，旅游产品的生产和消费是同步进行的，消费者直接参与生产过程，因此如果产品出现任何的质量问题，消费者都能第一时间感知到，补救工作非常困难。

旅游市场营销者必须精心挑选与顾客直接接触的员工，仔细研究目标客户，争取做到在服务的时候万无一失。除此之外，还要学会管理我们的顾客，用真挚的感情和优质的服务去迅速取得核心顾客的认可，并且发挥他们在旅游者中的影响力去传导正能量，有效地降低服务人员与顾客之间摩擦产生的概率。

3. 旅游产品质量难以控制

一般的有形产品很容易形成质量标准，用标准化的机器进行批量生产，标准越严格产品质量越高。而旅游产品因为提供服务和接受服务的都是人，不同服务人员之间的能力有差异，同一服务人员在不同时间的服务质量也可能受到身体、情绪的影响，客人的情绪、认知也会影响到对整体产品质量的把控。所以即便是按照既定的流程提供服务，不同的员工对同一客人的服务或同一员工对不同客人的服务都有可能存在差异性，形成不同的质量评价结果。

旅游市场营销者要尽可能去形成服务的标准化，以标准化的流程为基础，以个性化的服务作为补充，让产品超出顾客的期望，努力做到让顾客满意。并且需要去深度培训员工，从知识、技能、职业道德各个层面提升员工能力，尽量把失误降到最低。

4. 旅游产品无法储存

一般的有形产品可以集中生产，并储存起来以备市场大量需求的出现。而旅游产品无法储存，一旦不能在有效时间内销售出去，这个时间段内的价值就永远消失了。

旅游市场营销者要尽可能用不可替代的、独一无二的产品去吸引消费者，让自己的产品形成供不应求的局面。另外，利用打折促销的方式尽量去销售产品，让产品的价值不要因为卖不出去而白白流失。

5. 服务时间的短暂性

制造业的客户可以使用他们所购买的大部分商品的服务时间可以长达几周、几个月、几年甚至更长，而且制造业非常注重产品的售后服务，这种售后担保的有效期通常都比较长。而旅游产品对客户的服务时间较短，一次旅行大多在几天到十几天之间，单项旅游产品的服务时间则更短，有问题的汽车可以返厂重修，而旅游产品则无法返工。

旅游市场营销者要尽量把准备工作做好，确保在服务过程中出现任何问题都能从容有效应对，并且建立旅游售后机制，让顾客在购买的时候无后顾无忧。

6. 行业效仿成风

在制造业中，如果没有详尽的产品制作流程和材料知识，产品很难被复制，形成一家的专利，竞争者会被阻挡在工厂之外。而旅游业的服务因为无法申请专利极易被模仿，服务是由人来提供的，在提供服务的过程中极易被别人模仿或全盘复制。

旅游市场营销者要有危机意识，坚持“人无我有、人有我优、人优我特”的产品思路，保持旺盛的创新创造能力，从而在市场竞争中永远处于主动地位。

7. 分销渠道的独特性

对于旅游产品来讲，没有物化的分销运输系统。代替分销运输系统的，是旅游行业中的旅游中间商，早期中间商主要是以实体旅行社的形式存在，在旅游者和目的地旅游产品之间搭建起沟通的桥梁，现在也有很多线上旅行社承担了中介的职能。

旅游市场营销者需要与旅游中间商进行密切而友好的沟通，既让他们熟悉旅游产品，以增加顾客的信任度；又要让利于旅游中间商，形成利益共同体，才能够在众多旅游产品中让中间商愿意去推介、着力去推介，扩大市场占有率。

8. 对补充企业的依赖性

旅行服务的整个过程非常复杂，它可能是从客户看到一个特别的旅游景点的广告开始的，这些广告或许是当地旅游部门的推广活动，游客看到广告后可能会去寻找合适的旅行社，询问细节和建议。旅行社可能会提供一整套的食、住、行、游、购、娱的线路产品或某个单项的旅行服务，在整个旅游的过程中，旅游者除了与导游人员接触，还可能去便利店买东西、去有代表性的街区感受当地人生活，甚至可能因为生病去当地医院诊治，这些活动会成为旅游经历中的一部分。如果其中的任何一个环节出了问题，都有可能给整体旅游产品带来不利的影响。

旅游市场营销者需要与补充企业达成良好的合作，将每一个环节都控制得尽可能完美。另外，旅游目的地政府也需要创造安全的旅游环境，引导当地居民不断地提升自身素质，热情对待每一位外来的旅游者，切实落实“全域旅游”的指导思想，让各行各业都能意识到自己在打造优质旅游目的地的过程中需要扮演的角色和承担的任务。

（三）旅游市场营销的作用

一是寻找市场机会的钥匙。

二是实现旅游企业经营目的的根本保证。

三是合理调节旅游市场供求关系的准则。

第二节　旅游市场营销过程

旅游市场营销不是简单地做做广告推销产品，它是一个复杂且完整的过程。图 9–1 展示了营销过程的 5 步模型。前 4 步，企业努力地了解客户，创造顾客价值并建立牢固的客户关系。在最后一步，旅游企业获得了创造接触顾客价值的回报——通过为客户创造价值，企业从客户身上得到了价值，价值形式包括销售额、利润和长期的顾客资产。

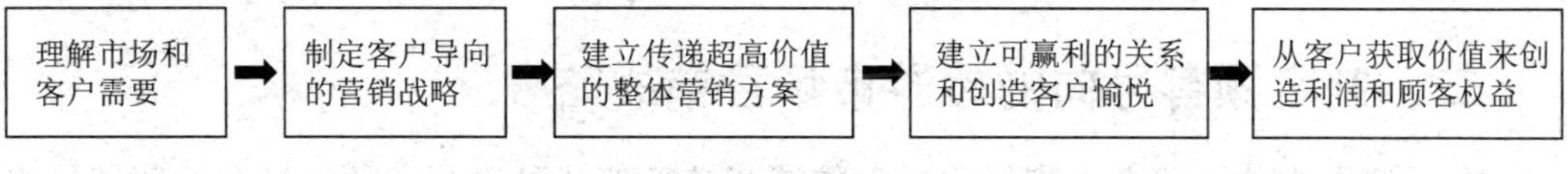

图 9–1　旅游营销过程的简化模型①

一、理解市场和客户需要

作为第一步，旅游营销人员需要理解客户需要及自己经营的市场。

① 菲利普·科特勒，加里·阿姆斯特朗，洪瑞云，等. 市场营销原理（亚洲版·第 3 版）[M]. 北京：机械工业出版社，2016：4.

（一）旅游需要

旅游需要是指旅游消费者没有被满足的某种感受状态，尤其表现在精神性和社会性方面的一种匮乏。

亚伯拉罕·马斯洛将人的需要划分为生理的需要、安全的需要、社交的需要、尊重的需要和自我实现的需要。我们从分析客户的旅游需要发现，这些需要都能从马斯洛需要层次理论中找到原型，如都市白领工作压力大，通过假期寄情于山水，满足放松身心的需要；三五好友相约一起出游，满足归属和爱的需要。从旅游市场营销的角度出发，我们要找到每一位旅游者的真实需要，并想方设法加以满足。

（二）旅游欲望

旅游欲望就是想要得到某种具体的旅游满足品的愿望，是个人受不同文化及社会环境影响所表现出来的对基本需要的特定追求。

同样是为了满足放松身心的需要，有些人会产生去城市周边农家乐休闲的愿望，有些人会有想去巴厘岛游玩的愿望。因此，需要明确的一点是，同样的旅游需要因为客户不同的个体差异可能会产生不同的旅游欲望，也就是说，满足同一种需要的旅游产品可以是多种多样的，这对于旅游企业而言是利好消息，因为它为不同的旅游产品提供了共生空间，促进了旅游产品的升级换代，也会加剧旅游企业之间的优胜劣汰。

（三）旅游需求

当欲望有了购买力作为支持时，需要就变成了需求。旅游需求指在一定时期内在一定价格水平下，人们愿意而且能够购买的旅游产品的数量。旅游需求有两个约束条件：①消费意愿；②消费能力（包括支付能力也包括闲暇时间）。旅游需求是旅游市场营销中最核心的问题之一，要考虑“需求什么”“需求程度”和“需求多少”的问题。杰出的旅游企业会通过市场调研来了解旅游消费者的需要、欲望和需求，并以此作为企业营销的基石。

二、制定顾客导向的旅游市场营销战略

在了解了旅游消费者和市场之后，旅游营销管理就可以制定顾客导向的营销战略了。这一环节旅游营销者的目标是通过创造、传递和沟通高顾客价值来寻找、吸引、保持和发展目标顾客。

为了制定一个赢利的旅游市场战略，市场营销者必须回答两个重要的问题：一是我们服务的顾客是谁（企业的目标市场是什么）？二是怎样才能更好地服务于这些顾客（企业的价值主张是什么）？

（一）选择目标市场

旅游企业不可能服务于所有的顾客，因为顾客会存在收入、文化、个体等方面的差异，而旅游企业也没有足够的财力和精力去满足所有消费者的所有需求。因此旅游企业必须首先决定为谁服务。通过不同的标准将整体旅游市场划分为若干个需求各异的子市场，并且根据旅游企业的产品和服务优势，选择能够服务好并能产生较高利润的一个或几个市场作为目标市场。

（二）选择价值主张

当选择了目标市场之后，旅游企业就要考虑如何服务于目标客户，即如何进行市场定位，并研究其他同类竞争产品实施差异化发展。旅游企业的价值主张就是传递给客户以满足其需要的利益和价值的集合。例如，马蜂窝旅游网以“自由行”为核心，打造基于个性化旅游攻略信息构建的自由行交易与服务平台，提供全球超过 60000 个旅游目的地的旅游攻略、旅游问答、旅游点评等资讯，以及酒店、交通、当地游等自由行产品级服务。马蜂窝旅游网站在自由行消费者的角度，帮助用户做出合理的旅游消费决策。

（三）营销管理导向

旅游营销管理可以描述为与目标顾客建立可赢利关系的规划工作。到底应该用哪些理念来引领这些营销活动，企业应该如何平衡企业利益、顾客利益和社会利益？

1. 生产观念

采用这种营销指导理念的旅游企业认为，旅游消费者更偏爱方便购买、价格低廉的旅游产品。这样的旅游企业存在的最大问题在于：目光短浅，聚焦于产品的生产运作上，忽视了满足客户需要并建立客户关系。

2. 产品观念

采用这种营销指导理念的旅游企业认为，消费者更喜欢高品质的创新型产品。因此旅游企业会致力于不断地改进产品，产品质量和创新是企业营销活动的最主要的组成部分。这样的旅游企业存在的最大问题在于：痴迷于产品的优化和创新，全然没有发现目标顾客的需求已经悄然发生了变化。

3. 销售观念

采用这种营销指导理念的旅游企业认为，消费者不会主动、足量购买产品，除非旅游企业进行大规模促销。这样的旅游企业存在的最大问题在于：专注于创造买卖交易却不是建立长期可赢利的客户关系。

4. 营销观念

采用这种营销指导理念的旅游企业认为，组织目标的实现在于理解目标市场的需求和欲望，并能够提供比竞争者更好的产品。这样的旅游企业存在的最大问题在于：有些消费者自己不知道自己想要什么。在这种情况下旅游企业需要进行顾客导向型营销，也就是说企业需要比顾客自己还要清楚且理解他们的需求，并能创造产品和服务来满足已存在和潜在的旅游需求。

5. 社会营销观念

采用这种营销指导理念的旅游企业认为，单纯的营销理念过分地强调顾客的需求和企业的利润，忽略了顾客的短期需求和顾客长期福利之间可能存在的矛盾。因此，营销活动的眼光要更长远，除了关注顾客和企业利益，还要对社会和环境负责任，这种营销活动既迎合了旅游消费者的现时需求，也保留和提高了后代人在未来实现他们需求的能力，是旅游企业营销的大势所趋。

三、准备一套整合营销计划和项目

旅游企业的营销策略界定了企业的目标市场以及如何为目标顾客创造价值。接下来，营销者需要设计出一套整合营销计划以传递预期的价值给目标顾客。营销计划通过将营销策略转化为行动来建立客户关系，这就需要使用实施旅游市场策略的一套工具——旅游企业营销组合，传统的营销组合称为 4P：产品、价格、渠道和促销。为了传递价值理念，旅游企业必须做到：设计满足目标市场需求的产品；决定目标顾客愿意支付的价格；确定目标顾客获得产品和服务的渠道；与目标顾客进行有效沟通，并说服他们相信产品和服务的全部优点。

整合营销计划其实就是供给系统的运行，这种供给系统是产品、价格、渠道和促销等服务的综合体。聪明的旅游营销人员通过策划一些与众不同的旅游产品和服务，为客户创造难忘的非凡体验。通过供给，企业就可以与目标顾客交流并传递预期价值。

四、建立客户关系

在旅游企业营销过程中，我们已经完成了了解市场和顾客需求、设计顾客驱动的营销策略和制订营销计划这三步，接下来就要进入最重要的第四步——建立可赢利的客户关系。

（一）客户关系管理

1. 关系建立的基石：顾客价值和顾客满意

（1）顾客价值。顾客价值是指顾客通过拥有和（或）使用某个产品所获得的利益与取得该产品而支付的费用之间的差额。

在这里，费用可以是金钱方面的，也可以是其他付出。旅游消费者需要付出的最大一笔非金钱的费用就是时间，因此为旅游消费者最大限度地节省时间是增加顾客价值的关键。对于营销管理人员来说，最大的挑战之一就是为目标市场增加旅游产品的价值。

（2）顾客满意。顾客满意是指顾客所实际感受到的价值与先前的期望之间的关系。

如果旅游产品的价值低于顾客的期望，购买者就不会满意；如果旅游产品的价值符合顾客的期望，购买者就会满意；如果旅游产品价值超过了顾客的期望，购买者就会大喜过望。所以聪明的旅游企业只向顾客承诺它所能提供的，然后设法提供比承诺更多的价值，以使消费者获得意外惊喜。

旅游消费者的期望建立在过去的购买经验、亲友的意见以及营销人员和竞争者所提供的信息和所做出的承诺的基础上。因此旅游营销人员需要确定出适当的期望水平：如果期望水平定得过低，虽然可以使旅游者满足，但难以吸引新的顾客；如果期望水平定得过高，虽然可以吸引新的顾客，却因为实际消费的感受和期望之间的差距而使购买者感到失望。

只有非常满意的顾客才会重复购买，才会表现出价格刚性，才会成为老主顾，才会对旅游企业及其产品做正面的宣传。因此，旅游营销管理人员必须意识到打造高度满意的顾客的重要性，而不仅仅是停留在打造满意的顾客层面上。

2. 客户关系层次和工具

旅游企业可以在多个层次上建立起客户关系。比如，通过广告、促销和网站来与普通客户建立基本关系；也可以在只有少数顾客的高边际利润市场上，与这些关键客户建立起全面的合作关系。

许多优秀的旅游企业都在致力于建设顾客忠诚与维系项目。除了持续不断地提供高顾客价值，旅游营销者可以使用具体的营销工具来与顾客建立更紧密的联系。许多旅游企业会提供优惠项目来奖励那些经常购买或大量购买的顾客，如航空公司为常客免费升舱、酒店为常客升级客房等。

（二）正在变化的客户关系本质

1. 与精挑细选的顾客建立联系

一些更有头脑的旅游企业正在瞄准数量更少但却更赢利的顾客。企业为这些赢利顾客提供更吸引人的条件以维系并获得他们的忠诚度。

2. 建立更加深入和互动的双向客户关系

不断发展的沟通环境影响了今天客户关系的深层本质，新技术已经深刻改变了人们相互联系的方式，通过电子邮箱、旅游网站、博客、视频分享社区等的交流，取代了以往仅依靠单向的、大众传播信息的模式，今天新型营销者结合了新的、更加互动的方式来帮助他们建立双向沟通的顾客关系。

3. 旅游消费者自主营销

作为一种新的企业与客户对话形式逐渐兴起，这种方式使得顾客可以在塑造自己及他人的品牌体验过程中起到更为重要的作用。一些旅游者喜欢在QQ、微信、博客上来记录自己的旅游经历，分享图片、美食和感受，随着自媒体的传播效应，旅游地和旅游企业的信息也迅速传播开来，由此形成了很多热门的网红景点。作为旅游企业而言，应该看到这一领域的巨大效应并有意识地将一些具有影响力的客户吸纳进产品设计及品牌推广中去，产生更大的商业价值。

（三）伙伴关系管理

1. 企业内部的伙伴

应该明确的是营销不仅仅是旅游企业营销部门的工作，在当今联系更加紧密的世界里，营销已经不再局限于某些人与顾客的互动。因此，旅游企业要联结所有部门来创造顾客价值。

2. 企业外部的伙伴

旅游企业要长久地关注与其他企业的合作伙伴关系。旅游产品的完美体现离不开各个领域中各部分的配合，任何一个环节出了问题都会影响旅游者的美好体验，从这个意义上说，没有哪一个营销者、供应商、销售商、竞争者可以仅凭做好自己来独善其身。

五、从顾客中获取价值

旅游营销的最后一步是指作为对前期投入工作的回报，企业会以现有或将来的销售、市场份额和利润的形式获取价值。通过创造卓越的顾客价值，企业创造了高度满意的顾客，这些顾客会保持忠诚并不断购买，企业能够获得更高的长期回报。

（一）创造和维持顾客忠诚

旅游企业必须意识到，失去一个客户不仅意味着失去了一笔交易，还意味着失去终生客户价值——客户在一生中的购买量。因此，创造和维持顾客忠诚就显得尤为重要。

（二）增加客户占有率

良好的客户关系管理能够帮助市场营销人员增加客户占有率——客户购买该企业产品的份额。为了增加客户占有率，旅游企业可以为当前客户提供更多种类的产品，也可以训练员工进行交叉销售和追加销售以向旅游消费者提供更多的产品和服务。

（三）建立顾客资产

1. 顾客资产

客户关系管理的最终目的是产生高的顾客资产。顾客资产是旅游企业现有和潜在客户的终身客户价值折现现值的总和。顾客越忠诚，顾客资产就越多。顾客资产能够比当前销售量和市场份额更好地评估企业业绩，因为销售量和市场占有率代表过去的成绩，顾客资产预示着未来的收益。

2. 和正确的客户建立正确的关系

旅游企业应细心经营顾客资产，视其为需要经营和扩大的资产，但不是所有的忠诚客户都值得投资。因此，旅游企业需要识别出既有赢利性又很忠诚的顾客，并对他们进行持续投资使客户满意并培育、维持、扩大该客户群。企业要将这一群体转变为真正的忠诚客户，他们一定会成为回头客，并且会向周围的人宣传该旅游企业的产品。

第三节 新媒体时代的旅游营销创新

新媒体的开放精神与旅游的分享特征具有高度的契合性。同时，新媒体的移动性、便利性、及时性、互动性又极大地丰富了旅游营销的信息生产，拓展了传播渠道，聚合了精准受众，推动了体验转化，打破了传统媒体信息传播的垄断特权，让旅游消费者成为信息传递的共谋者和分享者，为旅游营销提供了广阔的创意空间和价值转化的可能性。可以说，新媒体营销已经成为旅游宣传传播的主阵地。

一、新媒体概述

（一）概念

新媒体是相对于传统媒体而言，是报刊、广播、电视等传统媒体以后发展起来的新的媒体形态，是利用数字技术、网络技术、移动技术，通过互联网、无线通信网、有线网络等渠道以及电脑、手机、数字电视机等终端，向用户提供信息和娱乐的传播形态和媒体形态。

（二）特性

（1）迎合人们休闲娱乐时间碎片化的需求。由于工作与生活节奏的加快，人们的休闲时间呈现出碎片化倾向，新媒体正是迎合了这种需求而产生的。

（2）满足随时随地的互动性表达、娱乐与信息需要。以互联网为标志的第三代媒体在传播的诉求方面走向个性表达与交流阶段。对于网络电视和手机电视而言，消费者同时也是生产者。

（3）人们使用新媒体的目的性与选择的主动性更强。

（4）媒体使用与内容选择更具个性化，导致市场细分更加充分。

二、新媒体旅游营销的发展创新

（一）新媒体旅游营销更加具有深度意识

就旅游业营销而言，新媒体更具灵活性、创意性和深度意识。新媒体极大地解放了人的独创性，参与者可以自由创作、灵活发稿。大量既具有传媒业经验，又对旅游有研究的媒体记者，依托新媒体进行深度内容报道和解读，成为中国旅游传播的一抹亮色。2016 年广东国际旅游产业博览会期间，广东省旅游局与方塘智库合作推出深度研究，从不同领域、不同维度对广东旅游产业进行连续的解读和分析，使得广东旅游产业的发展现状和未来趋势形成多维度、立体化的呈现，深受业界好评[①]。

近年来，依托于新媒体的旅游行业垂直媒体肩负起了深度报道的使命，与主流媒体形成鲜明的对比。劲旅、执惠、新旅界等异军突起，倡导“内容为王”，依托产业论坛和深度报道，成为推动中国旅游行业交流、对话的中间力量。

（二）新媒体旅游营销要根据受众进行精准传播

在全域旅游背景下，旅游形象是区域全要素的整合，要兼顾政治、社会、经济、文化、市场等方方面面。这就要求旅游营销既要注重政治策略营销又要注重市场策略营销，而这两种营销由于受众不同，推广策略也各不相同。新媒体能够巧妙地区分“行业”和“市场”的语境特点，实现精准传播。“行业语境”具有官方、专业和行业特点，更多地关注发展战略、战术、产业、理论、模式、业态等层面的研究，具有专业性和系统性，非行业人群不大会关注。而“市场语境”具有话题性、娱乐性、趣味性、新鲜性、互动性、指南性、实用性、碎片化和亲民性等特点，是大众消费客群关注的资讯。新媒体为精准实现分受众传播提供了可能。

（三）新媒体旅游营销趋向共创共享

即便是在新媒体时代，也依然存在信息传播滞后和不对称的情况。旅游产业的综合性要求传播过程中进行多维度的审视。因此，新媒体时代旅游传播的内容产出不能仅仅依靠某个团队来完成，需要以更加开放的精神和理念，用有趣的创意和激励手段，最大限度调动全社会的参与，让受众成为信息生产和传播的共谋者。新媒体时代的旅游营销，要推动内容的创作从“主创”向“客创”转变，只有把内容的创作权和决策权交给大众，大众才能在内容的营销和传播过程中，有更亲近的价值认同，旅游营销才更有情感基础。

（四）新媒体旅游营销趋向激活民众精神

新媒体时代，每个人都可以自成媒体，他们个性张扬、乐于分享，也热爱自己的家乡或工作生活的城市。民众都是区域品牌精神的传播者和推广者，在区域旅游发展和品牌营销中，要最大限度地激发民众的参与热情，优先让民众享受本该属于自己的精神产品，找到与自己所在区域荣威一体的参与感、存在感和归属感，只有让当地民众感到自豪的营销创意，才是有温度的好创意，要让民众本身成为区域品牌的重要组成部分。

---

① 孙小荣 . 新媒体时代的旅游营销创新［J］. 房地产营销（市场版），2018（2）.

（五）新媒体旅游营销更有利于生成文旅 IP

“IP”原指知识产权，在现代网络语境下是指“能够将某一类型的东西转化为一系列产业化的产品”。

2016 年，被称为“文化 IP 元年”，中国旅游终于萌发了自主创新产权意识，这不仅意味着文化旅游资源的价值外延，更预示着文化旅游 IP 的构建将彻底改变旅游就地体验消费的传统观念和模式。故宫文创的新媒体营销，被奉为中国大陆最为成功的文化 IP 构建典范。这座象征着皇权威严、具有 600 多年历史的恢宏宫殿，以“软萌贱”手段研发文创产品，经过微博、微信、淘宝、微表情、App 等新媒体营销走红网络，和阿里巴巴在门票、文创、出版开展合作等，构建起自己的文化 IP，共计研发文化创意产品 8683 种，文创产品的年销售额已超过 10 亿元，是故宫门票收入的 2 倍。从曾经的文物保护单位宣讲历史性、知识性、艺术性，到如今的文化 IP 讲究趣味性、实用性、互动性，故宫经验证明，新媒体营销也需要好的产品——文化产品融入现代感，内容营销融入亲民感。每一款优秀的文创产品，都是一个品牌载体，都要讲述一个故事，才具备传播和热销的可能性。

（六）新媒体旅游营销发展空间巨大

新媒体旅游营销将会随着信息技术的不断升级而涌现出更加丰富的形式，能够不断拓展营销的创新空间。网络直播实现了旅游营销的远程观光，VR 虚拟体验将替代旅游目的地视频宣传片，成为旅游营销的重要载体。随着智能手机、5G 网络、Wi-Fi 的全覆盖，随时随地录制、传播和收看视频、图片，玩虚拟游戏等大流量内容会成为游客互动体验和分享的主要内容。旅游营销更需要以优质的内容、出色的创意与新技术的完美匹配，在动态的市场变革中，彰显自己的品牌特性和价值，才能在激烈的竞争中永葆活力。

【延伸阅读】

途家上线“VR 全景”与“短视频看房”功能 引领 720° 全景看房新体验

2018 年，途家网推出“VR 全景”与“短视频看房”新功能，成为业内首家实现 720° 全景看房的住宿分享平台。通过线上房源视觉化的全新升级，途家将为客户带来更加极致的看房体验，在增强用户与房东交互效率的同时，也进一步推动了民宿房源线上化步伐。

相较于传统的水平 360° 视角，途家“VR 全景”看房功能可以通过全景播放器的矫正，实现上下左右三维全景的超视角。依托 720° 展示房屋结构、布局以及室内陈设的全面视角，观者可总览房屋的3D户型图，也可以根据指引点击进入每一个房屋空间，带来更加真实的现场感和交互式感受；而“短视频看房”则用30~90秒的视频形式呈现房屋的主要空间区域，并配以适合房屋风格的背景音乐，让用户看房选房不再枯燥。

“不同于其他一些产品，途家的VR和短视频是有深度信息的，尤其以3D立体交互式的方式带入，可以让房客获得更加翔实的房源信息，也更容易获得真实的体验感。”途家网图片运营主编徐海燕表示，新功能的推出旨在增强用户体验感和信息透明程度，从完整意义上来讲，已经做到了房屋信息线上化，实现用户“所见即所得”的极致体验。

据几位途家用户深度体验后反馈，途家的“VR全景”在呈现中确实非常自然。“视觉效果上好像自己真的在亲临移动，场景、距离、纵深感等也随着改变，再搭配轻松的音乐，体验好，现场感强！”目前“VR全景”与“短视频看房”功能均已正式上线，商户可以自助下单申请实拍服务，用户也可进入途家App进行新功能体验。

据了解，途家网始终聚焦用户需求，致力打造最优的看房体验，为此也拥有一支专业拍摄团队。该团队自2016年组建后不断创新发展，目前已成长为拥有图片、VR全景与视频拍摄的全方位拍摄服务团队，未来还将持续探索创新，为平台商户房源提供更多“沉浸式”的实拍服务。

（资料来源：www.lvyoukan.com.）

【本章小结】

本章首先对旅游市场的概念和特征、旅游市场营销的概念和特征进行说明。其次着重阐述了旅游市场营销过程，从理解市场和客户需要、制定顾客导向的旅游市场营销战略、准备一套整合营销计划和项目、建立客户关系、从顾客中获取价值五个方面进行深入分析。最后根据新媒体的特性梳理了旅游营销创新的一些思路。

【复习思考题】

1. 单选题

（1）“旅游消费者不会主动购买产品，除非旅游企业进行大规模促销”，这种认知属于（　　）

A. 生产观念　　B. 产品观念　　C. 销售观念　　D. 营销观念

（2）下列不属于4P营销组合策略的是（　　）

A. 产品　　B. 顾客　　C. 价格　　D. 促销

2. 多选题

（1）下列属于旅游需求必要约束条件的有（　　）

A. 消费意愿　　B. 支付能力　　C. 闲暇时间　　D. 社会阶层

（2）客户关系建立的基石有（　　）

A. 顾客价值　　B. 旅游体验　　C. 顾客满意　　D. 旅游产品

3. 填空题

（1）旅游市场规模大小，需要从________、________、________三个方面进行综合评估。

（2）旅游市场的特征有________、________、________、和________。

4. 名词解释

（1）旅游市场。

（2）旅游市场营销。

5. 简答题

（1）简述新媒体旅游营销的发展创新。

（2）绩效管理系统由哪些内容组成？

6. 论述题

（1）请分析旅游市场营销的特征，并提出应对策略。

（2）试论述完整的旅游市场营销过程。

第十章

旅游者管理

【导言】

随着社会经济的发展，人民生活水平日益提高，带动了旅游业的快速发展。旅游者是旅游活动的主体，他们的行为以及选择直接影响到旅游业的发展。因此，对旅游者的行为及特征进行分析，或许可以从一个侧面帮助读者加深对该问题的认识，对于推动旅游管理学科研究的深入，以及引发有关决策者的认真思考会有积极的促进作用。对于旅游者本身的研究，对旅游者需求和动机类型的了解，以及对旅游者情绪情感的研究，不仅可以推动旅游理论研究，而且已经成为旅游经营管理、旅游资源开发规划以及旅游业可持续发展的一项必要且重要的内容。

【教学目标】

本章要求学生基本掌握行为的概念及特征、旅游者的需要和动机的概念及类型，旅游者产生的主客观条件；掌握旅游动机的形成过程及基本类型；掌握旅游者的类型、划分标准及需求特点；了解我国在旅游统计中对旅游者的界定和分类方法。

【关键术语】

旅游者、旅游行为、旅游需求、需要层次论、旅游动机、情绪情感、控制、管理

【导入案例】

从家庭消费模式看国民旅游消费

由北京大学社会学系发布的《中国民生发展报告2014》近日在网上热传。该报告提出，2012年我国家庭净财产的基尼系数高达0.73，顶端1%的家庭占有全国1/3以上的财产，底端25%的家庭仅拥有1%左右的财产总量。这个判断是否正确，是社会学家、经济学家的事，暂且不说。但笔者认为，这份报告透露的中国家庭消费模式对于研究旅游消费具有一定的参考价值。

此份报告虽没有提到旅游消费，但可以理解为包含在“文娱”等“享受型”消费中，因而对研究国民的旅游消费状况颇有参考价值。

通过这些家庭的消费模式可以推算出他们在旅游消费中的表现。贫病型和蚂蚁型家庭的旅游消费能力势必极低，即便旅游的话也是偶尔的、省吃俭用的一日游、近地游居多。蜗牛型家庭的旅游消费能力也很低，是廉价的大众游的主体，旅游经历较少又图便宜，落入“零负团费”陷阱的往往是他们。稳妥型家庭应是国民旅游消费的主体，也是中档旅游消费的主力。享乐型家庭无疑有较高的旅游消费能力，是高端旅游和出境旅游的主力，在境外一掷千金、热购奢侈品的大多是“占有全国1/3以上的财产”的“1%的顶端家庭”。

由于笔者尚未看到报告全文，这五类家庭的比例各占多少，是否有调查数据不得而知。笔者一直认为，目前中国大陆地区“金字塔”社会结构的状况大致是：1/10的贫困人口，5/10的低收入群体，3/10的中等收入群体，1/10的高收入群体。报告的划分与笔者的估计是大体吻合的。由此推断，目前中国大陆国民旅游（包括国内与出境）中的中等消费的主体，大体上是中等收入群体（约4亿城镇人口），高收入群体（约1亿城镇高收入居民）为高端旅游消费的主力，约占人口半数的低收入群体是低档消费旅游的主体。旅游消费水平及其结构似应与国民收入水平与消费结构的整体状态契合。

（资料来源：王兴斌.从家庭消费模式看国民旅游消费［N］.中国旅游报，2014-07-30.）

第一节　旅游者行为及特征

旅游活动的主体是旅游者，这是旅游业赖以生存和发展的关键。人的意识和行为是紧密相连的。恩格斯说，决不能避免这种情况：推动人去从事活动的一切，都要通过人的头脑，甚至吃喝也是由于通过头脑感觉到的饥渴引起的，并且是由于同样通过头脑感觉到饱足而停止。外部世界对人的影响表现在人的头脑中，反映在人的头脑中，成为感觉、思想、动机、意志……这表明人的行为是在自己头脑支配下产生的，旅游者行为也不例外，同样也是在旅游者头脑支配下产生的，是一种特殊形式的消费行为。

一、行为的概念及特征

行为不仅是心理学研究的课题，也是生物科学、社会科学及行为科学研究的课题。这些学科的专家们都给行为下定义，诸如“生物以其外部和内部活动为中介与周围环境的相互作用。内部即心理活动。人的行为有其自然前提，但基本上是受社会制约的……”“行为就是人类日常生活中所表现的一切活动”“行为一般是指可以观察到肌肉和外分泌腺的活动，是身体的某一部分的运动以及由泪、唾液等状态表现出来的”等。以上的定义从不同角度阐述了行为的含义。

（一）国外各学派的有关理论

格式塔（德文“Gestalt”的音译，意思为“完形”“结构”“整体”等）心理学派的勒温对人的行为提出了一个公式：

$$B=f(P\times E)$$

式中，B（Behavior）代表行为；

P（Person）代表人；

E（Environment）代表环境；

f代表函数关系。

以上公式用一般语言来说明，可谓人的行为取决于个体的内在因素和外部条件。不同的人对同一环境可以产生不同的行为，甚至同一个人在不同情况下，对同样环境也可以产生不同的行为。勒温认为，科学的心理学必须讨论整个情况，即人和环境的状态。勒温的理论还认为，人的行为因时间、地点所处的环境和个体内部的身心状态而表现出不同的反应。同时，他把人的行为定义为：个体与环境相互作用的结果。

（二）人类行为的共同特征

心理学研究提出，人类行为的共同特征包括以下几个方面。

（1）行为的自觉性与主动性。人类的行为是自动、自发而不是被动产生的，外界客观刺激因素可能影响人的行为，但无法发动人的行为。

（2）行为的因果性。人类任何行为都有一定的起因，遗传素质、外部环境是影响行为的生理原因和外部原因，人的动机、需要（欲望）等是行为的内部原因。

（3）行为的目的性。人类并非盲目的行动，它不但有起因，而且有目标。有直接目标、也有间接目标；有总目标，也有子目标；有长远目标，也有短期目标。

（4）行为的持久性、连续性。人类行为的指向目标没有完成之前，行为不会终止，也许行为的方法会改变，但仍继续指向同一目标。旧目标达到还要向新目标攀登。

（5）行为的稳定性与可塑性。人类的行为经过学习、训练、重复和实践，可能形成较稳定的、习惯的活动方式，环境的变化也会造成行为的可塑性的特点。

二、旅游消费行为及其特点

（一）旅游消费行为的定义

现代旅游本质上是一种消费活动。因此，毫无疑问，旅游者是消费者，可以称为旅游消费者。参照孙九霞对旅游消费做出的定义，本书中的旅游消费、旅游者消费、旅游消费者三个概念之间有了自洽的逻辑关系。

本书中所提到的旅游消费者的行为即是旅游者的消费行为，是指旅游者作为消费者的行为。总体来说，学者们对旅游者消费行为的界定基本上沿袭了消费者行为学对消费者行为的界定，认为消费者行为可以看成是由两部分构成，一是消费者的行为，二是消费者的购买决策过程。这两个过程相互渗透、互相影响，形成消费者行为的完整过程。

本书采用孙九霞的界定，旅游消费者行为是指旅游者为了满足旅游愉悦等体验的需要，选择并购买旅游产品的过程[①]。这个过程包括出游前需要的产生、决策过程、在景区的消费、购后评价这几个主要环节，同时，旅游消费行为的产生、兴起、进行、结束这整个过程都受到旅游者的心理、其所处的地理、社会、经济、文化环境等多个因素的影响，是一种具有综合性、边缘性、超常规性特点的体验活动。

（二）旅游消费的特征[②]

旅游消费是伴随着旅游活动而发生的，是为了满足人们精神享受的一种高层次的消费活动。作为一种特殊的消费形式，旅游消费具有以下的特征。

1. 旅游消费是综合性消费

旅游活动包含食、住、行、游、购、娱六大要素。旅游活动的综合性，决定了旅游消费是一种融各种物质消费、服务消费和精神消费于一体的综合性消费。旅游消费的对象既包含物质的因素，也包含精神的成分；既有实物产品，又有服务；既有劳动产品，又有非劳动的自然创造物。

2. 旅游消费是体验性消费

旅游是一种体验，无论是一次赏心悦目、陶冶情操的快乐之旅，还是一次不愿再提起的糟糕之旅，旅游者在此过程中都得到了一种不同于平常的体验。并且，这种体验始终贯穿于整个旅游活动的过程中。

---

① 孙九霞，陈钢华．旅游消费者行为学［M］．大连：东北财经大学出版社，2015.

② 李志飞．旅游消费者行为［M］．武汉：华中科技大学出版社，2019.

3. 旅游消费是异地性消费

旅游消费的异地性基于这样一个经济现实，即旅游者将自己在目的地之外挣的钱，用于在目的地的消费。对于旅游目的地而言，旅游者应具有“非居民”身份。这个“非居民”身份是针对“个体的经济利益中心”而言的，意味着旅游者离开了他的“个体的经济利益中心”。旅游消费的异地性的经济意义在于旅游消费对目的地的影响将远远超过对旅游者的惯常环境的影响。

4. 旅游消费是波动性消费

旅游消费的季节性明显，对突发事件比较敏感。首先，旅游消费整体上存在很大的季节波动性，这种波动性与人们闲暇时间的分布和气候等因素相关。为了削弱波动，节事营销、活动营销、促销变成旅游营销的经营模式。其次，旅游消费还相对脆弱、敏感，易受到经济局势突变、汇率变化、疫病、战争等许多因素的影响。

5. 旅游消费是生产与消费的同步性消费

由于旅游产品的不可转移性，无形的旅游服务不能运输，不能在空间和时间上发生转移，因而旅游消费者必须亲自到旅游产品的生产地才可进行消费。又由于旅游服务在时间上不能储存，旅游服务的提供必须以旅游消费者的实际存在，即旅游消费者的实际购买为前提。因此，相对于旅游经营者的旅游产品的生产过程，同时也就是相对旅游消费者而言的旅游产品的消费过程，两个动作是同时进行的。因此，旅游消费是旅游产品的生产和消费同步进行的消费，生产和消费的同步性是旅游消费的基本特征之一。

第二节　旅游者的需要和动机

人们为什么要旅游？探讨这个问题要涉及旅游消费行为的动因。随着社会的发展和人们生活水平的日益提高，人们对高层次的生活水准和生活方式的需要越来越强烈，需要已经成为人们旅游的最基本、最核心的内在动因。研究旅游者的需要可以揭示人们从事旅游活动的内在动力，有助于深刻理解人们的旅游行为，有助于对旅游行为进行预测和有针对性的引导。

一、需要和动机的概念

（一）需要的概念

需要是个体缺乏某种东西时产生的一种主观状态，也就是个体对一定事或物的需求和追求。人的生存和发展必须依赖一定的条件，条件不足就会导致生理上或心理上的匮乏状态，就会出现不平衡。当这种不平衡达到一定程度时，就必须进行调节，这时人就会感到需要的存在，产生恢复平衡的需求。需要是人类活动的基本动力，它激发人们朝一定方向努力，并指向某种具体对象，以求得自身的满足。人们原有的需要满足之后，还会有新的需要出现，周而复始，呈现出动态的发展过程，体现了人类永不满足、勇于进取、奋发前进、创造美好未来的精神状态。

（二）动机的概念

动机是发动和维持人的活动，并使活动指向一定目标的心理倾向，动机产生于人的某种需要。当人产生某种需要时，就会出现心理上的紧张或不安，这种紧张或不安就成为一种驱动力，于是就产生了动机。

旅游动机是推动人们进行旅游的内部驱动力。旅游动机是在旅游需要的刺激下，直接推动旅游者去进行旅游活动的内部动力。在现代社会中，人们的身心经常处于紧张状态，造成了巨大的心理压力，在内心中就产生了不平衡，因此，人们普遍渴望能够对这种不平衡的身心状态进行调节。

二、旅游者的需要和动机分析

（一）需要层次论

人类的需要一直是心理学家研究的对象，其中美国心理学家马斯洛的需要层次理论是比较有影响、有代表性的学说。马斯洛把人类多种多样的需要归纳为五大类：生理的需要、安全的需要、社交的需要、尊重的需要和自我实现的需要。这五种需要按照其发生的先后顺序，由低级至高级呈金字塔形依次排列。

马斯洛认为，人永远是有所求的，一种需要得到了满足，另一种需要就会紧跟着出现。人的需要总是由低层次向高层次发展的，高层次需要的出现总是以低层次需要的满足为条件的。生理需要相对得到满足之后，就会出现安全需要。在生理和安全需要得到满足之后，就会出现社交的需要（即爱与归属的需要）。跟在社交需要后面的是尊重的需要，最后才是自我实现的需要。总之，只有低层次的需要得到满足之后，高层次的需要才会出现。只有低层次的需要得到满足之后，高层次的需要才会成为激励因素，成为推动行为的动力。

1. 生理的需要

生理需要是人的最基本需要，是维持个体生存和发展的一种基本需要，是应当最先得到满足的需要，如食物、睡眠、住所、御寒等需要。生活在贫困线上的人们关心的首要问题是最低层次的生理需要，只有解决了生存问题，才有可能考虑其他需要。一个连温饱都无法得到保障的人，首先想到的是解决吃饭和穿衣的问题，是绝不会在意自己是否会得到别人的尊重的。

2. 安全的需要

人的基本生存条件得到保障之后，也就是生理需要基本得到满足之后，就会出现安全需要。人们之所以愿意接受熟悉的事物，不愿意接受不熟悉的事物，是因为陌生也就意味着不安全。人们都希望有一个安全、稳定、有秩序的生存环境，都希望保护自己免受来自各方面的危害。安全需要包括生命的安全、财产的安全、职业安全、社会治安、福利保障、劳动保护措施等。如果这种需要不能得到满足，人们就会产生危机和恐惧感，就谈不上社交和尊重等更高层次的需要。

3. 社交的需要

社交需要又称为爱与归属的需要，这里的爱是指广义上的爱。社交的需要包括社会交往；渴望自己有所归属，成为某一群体或阶层中的一员：希望与同伴或他人保持友谊和融洽的关系；渴望得到别人的关怀和友爱；希望家庭生活美满和谐等。这一层次的需要如果不能得到满足，人就会感到孤独和失落。在现代社会中，随着物质生活的日益富裕，人们更加重视感情生活，追求归属感，因此人们的社交需要也越来越迫切。

4. 尊重的需要

社交需要得到满足之后，人们就会产生尊重的需要。人们既希望受到别人的尊重，也希望有自尊。例如，人们都希望有稳定、体面的地位；都有对个人名誉的追求；都希望能表现出自己的能力和才华；都希望个人取得的成就和自身的价值得到社会的承认。人们尊重的需要得到满足之后就会感到自身的价值得到了实现，因此就会充满自信，对未来和社会满怀信心。如果尊重的需要不能得到满足，人就会感到自卑和无望。人们接受高层次的教育、努力开拓自己的事业、进行旅游活动等在一定程度上也是在满足自己尊重的需要。

5. 自我实现的需要

自我实现的需要是人们所追求的最高目标，是最大限度地开发自身的潜能，实现自己的理想和抱负的需要。但人的潜力各不相同，因而自我实现的需要也是因人而异的，不能期望所有人的自我实现的价值都是一样的。任何人只要实现了“自己愿意成为的人”的愿望，就意味着“自我实现”。事实上，能满足这种需要的人很少。

上述五个层次的需要还可以进一步分成两大类。生理需要、安全需要、社交需要和尊重需要可以统称为缺失性需要，因为人是由于缺少了什么或失去了什么，才产生了这些需要。而自我实现的需要是性质完全不同的另一类需要，人之所以有自我实现的需要，并不是由于缺少了什么，或失去了什么，而是因为自身的潜能还没充分发挥出来，自身的价值还没有完全实现。因此，自我实现的需要又称为非缺失性需要或成长的需要。在某种意义上，缺失性需要可以通过“索取”来满足，而非缺失性需要则只能通过“奉献”来满足。只有通过创造、通过奉献、通过施爱的过程，人的潜在才智和能力才有可能充分发挥出来，人的自身价值才有可能完全得以实现。

（二）需要的单一性和复杂性

人的需要是一个复杂的现象，心理学研究成果表明，人们既希望需要保持单一性，又追求复杂多样性。

1. 需要的单一性

需要的单一性又称需要的一致性。人们总是期望在生活中保持平衡、和谐和一致，希望日常生活稳定，力求避免冲突，还希望生活中的一切都有规律性和可预见性。如果在生活中出现不一致或非单一性的事物，人就会产生心理紧张。这时，人们就会期望寻求预知的、一致的事物来抵消这种不一致造成的紧张和不安。

由于需要的单一性，人们学会了在生活中加倍小心地避免可能出现的不一致或非单一性。在旅游中，人们希望行、游、住、食、购、娱各个环节都有可预见性和稳定性，不希望出现意外或变故。所以旅游者往往希望参加由信誉可靠的旅行社组织的旅游团，走传统的旅游路线，游览著名旅游景区或景点，下榻提供标准化服务的星级酒店，到国家定点旅游购物场所购物，参加自己熟悉的或传统的娱乐活动。

2. 需要的复杂性

需要的复杂性指人们对新奇、意外、变化和不可预见的事物的追求和向往。人的生活是复杂多样的，过于单一刻板的生活并不会给人带来满足，而会使人感到厌倦，使人在心理上感到紧张和不安。因此，在生活中人们既追求需要的单一性，又渴望需要的复杂性，希望自己的生活更加丰富多彩，期望通过生活中的复杂事物给自己带来心理上的更多满足和愉悦，提高生活的质量。不同的需要所对应的旅游类型也不尽相同，不同需要对应不同的旅游类型。

对需要复杂性的追求成为人们外出旅游的基本动力之一。旅游使人们离开了单一刻板的日常生活环境，使生活增加了变化，添加了不可知因素，满足了人们对复杂多样事物追求的心理需要。同样，人的这种对复杂性的需要驱使旅游者愿意去以前从未去过的地方，选择与众不同的旅游方式，在旅游过程中尝试那些非常规、非标准化的服务，乐于去探索未知的旅游目的地。通过这些手段去感知复杂的事物，获得全新的经历，从而获得心理上的满足。

3. 需要的单一性和复杂性的平衡

需要的单一性和复杂性是相互对立的一组矛盾，但两者又存在很大的互补性。在现实生活中，人们并不仅仅需要单一性或复杂性，人们需要的是单一性和复杂性的有机结合。单一性的需要在一定程度上要用复杂性来平衡；复杂性的需要在一定程度上要用单一性来平衡。人人都离不开这种平衡，只不过侧重的程度不同而已，也就是说，平衡点的位置不同而已。一些人的平衡点可能会偏向单一性，而另一些人的平衡点则可能会偏向复杂性。如果偏离了这个平衡点，人们就会产生心理紧张和不安。如果每天都从事非常单调一致的工作，人们就会产生厌倦感，从而导致心理紧张，这些人就渴求用复杂性来保持需要的平衡。如果每天都在相当不可预见的、多样复杂的环境中工作，每天都要处理全新的问题，人们又会产生恐慌感，从而导致心理紧张，这时需要用单一性来保持需要的平衡。

旅游度假活动实际上起着“平衡剂”的作用。旅游者通过旅游活动调整日常生活中单一性与复杂性的平衡。生活太单一的人在旅游中需要用复杂性来平衡；生活太复杂的人在旅游中需要用单一性来平衡。旅游动机正是在旅游者的这种单一性和复杂性双重需要的刺激下产生的。

（三）旅游动机的类型

旅游活动是复杂并具有高度象征性的社会行为，旅游者要通过旅游活动来满足自己的各种需要，因此，人们外出旅游的动机也是丰富多样的。在现代社会中，人们的生活需要复杂多样，旅游行为与人们的生活密切相关，现代生活的许多需要都可以成为旅游动机的一部分，这就决定了旅游动机也必然是多源的。在旅游研究中，研究人员通过对现代旅游者种种旅游行为的研究，从不同的角度对旅游动机进行了分类，虽然还没有哪种划分方法得到广泛认可，但是主要的旅游动机来自6个方面：文化的，地位、身份的，个人发展的，个人的，情感的，身体的。

从旅游实践出发，为了更好地理解旅游者的活动规律，认识并预测旅游行为的方向，促进旅游业的有效开发和建设，通过对旅游活动及各种旅游动机分类模式的研究，可以将主要的旅游动机归纳为以下几个大类别。

1. 健康的动机

健康动机是人们为了使身心得到调整和休养而产生的一种外出旅游的动机。健康动机包括两个方面：生理上的健康动机和心理上的健康动机。人人都有追求健康、长寿的愿望。随着人们生活水平的不断提高，身体健康日益成为人们关注的焦点，花钱买健康已成为大家的共识，旅游度假被大家公认为是明智的健康投资方式。海水浴、矿泉浴、沙浴、太阳浴等对健康有益的休闲度假方式受到了人们的普遍欢迎，世界各地许多海滨疗养地、温泉休养地都发展成了旅游度假胜地，每年吸引了大量的旅游者前往度假休养。现代人生活节奏快，在工作中面临激烈竞争，由此造成了巨大的心理压力。人们都希望能够通过外出旅游度假，暂时摆脱平日紧张而单调的工作环境，以调节身心活动的规律，忘记平日的烦恼，消除心理上的紧张，达到心理平衡，从而可以精力充沛地返回工作岗位迎接新的挑战。在人们的诸多旅游动机中，健康动机（包括生理上的健康动机和心理上的健康动机）所占的比例是很大的。

2. 探索的动机

人们对未知的事物总是充满了好奇心，有探索其奥秘的欲望。在现代社会中，信息传递手段的发展日新月异，人们足不出户就可以了解各国风情，看到五彩缤纷的外部世界。然而，这不但不能满足人们探索的需要，反而进一步激发了人们要身临其境、亲身体验的欲望。旅游为人们提供了满足探索需要的机会，通过旅游活动，人们可以在世界各地寻求不同的经历和体验，领略异域的各种独特风光和美景，了解异地的人文风情、民俗传统等。受探索动机的驱动，人们乐于参与一些有一定冒险性的活动，喜欢到人烟稀少的地方，选择一些带有刺激性的活动。因此，富有吸引力的旅游活动应该充满乐趣和神秘色彩，应该成为满足人们好奇心的舞台和乐园。

3. 追求自尊的动机

在日常生活中，由于多种原因人们的自尊需要并不能得到满足或得到充分满足，通过旅游活动，可以对人们的自尊需要起到一定的补偿作用。旅游产品是极具象征意义的产品，购买某一层次的旅游产品本身就可以赋予旅游者以声望、地位或与众不同的感受，旅游者也可以以此作为向他人炫耀的资本。任何一个旅游者都希望通过旅游活动改善自我形象、提高自我地位，从而获得更大的自尊。例如，到国外度假、在旅游过程中下榻豪华酒店等，这些行为本身就是个人取得成功和成就的象征，可以充分满足个人自尊的需要。追求自尊的动机，往往驱使旅游者去购买某种与众不同、层次略高于现实生活的旅游产品，以满足其在现实生活中未能满足的自尊需要。在现代社会中，旅游又是一种全新的时髦生活方式，是社会的潮流。人们都希望通过这种时髦活动引起他人的仰慕，以提高自己的声望和地位。

4. 追求乐趣和快乐的动机

愉悦快乐的感受是人人都向往的，也是驱动人们参加旅游活动的一个重要动力。旅游消费过程中的食、住、行、游、购、娱每一个环节无不能带来乐趣与愉悦。旅游已日益成为现代人的一种生活方式，成为人们体验快乐和愉悦的一种主要方式。每一次旅游活动给人们留下的美好经历和回忆又成为人们策划下一次旅游活动的动力。

5. 学习的动机

获取新知识、增长见识、丰富阅历是人们外出旅游的又一个重要动机。人们认识到，单凭书本和媒体介绍的信息来了解世界是远远不够的，旅游是一本全息百科全书，通过旅游活动人们可以学到平时学不到的直观、生动的知识。随着受教育程度的提高，人们的这种为受教育而旅游的倾向也越来越强烈。

6. 社会交往的动机

社会交往是人的本性，通过旅游这一象征性的社会行为，人们可以结交新朋友、探亲访友、寻根问祖、得到团体的接纳，从而满足个体对归属感和爱的需要。在现代社会中，尽管人们的物质生活日益丰富，但高效率的工作模式带来的一个重要负面影响就是人与人之间的交往日益减少，高度信息化的网络世界使人们生活在一个虚拟的环境中，这使人们的孤独感日益加重。经过一段紧张繁重的工作之后，人们迫切需要通过人际交往寻求友爱与亲情。在一个普遍采用高新技术的社会中，到处都需要有补偿性的深厚感情。社会上的高技术越高、越多，就越需要创造有深厚感情的人际环境，也就是需要用人的柔性来平衡高科技、高技术的刚性。科学技术的高度发达还造就了一种个性化十足的社会生活，这也同样带来了一种逆反性的对社会交往和人际交流的需要。这些逆反性的社会交往需要越来越多，人们由此产生的旅游动机也会更加强烈。归属需要在旅游中还表现为寻根问祖的动机，如每年来中国的旅游者中有相当一部分是海外的华人、华侨、在中国出生或居住过的外国人，这些人到中国旅游在很大程度上出于怀旧或归土的心理。

7. 热爱和亲近大自然的动机

大自然是最大、最丰富的产生新鲜感的源泉，人们需要不断地从大自然中汲取生命的活力。在现代社会中，高度技术化的影响渗透到了人们社会生活的方方面面，这使得人们普遍产生一种逆反心理，对大自然产生更强烈的亲近感。当世界处于农业经济时代时，人们整天都与大自然打交道，但同时又与自然为敌，提出要改造自然和战胜自然。而在现代社会中，高度技术化和高度城市化的生活暴露出了许多“现代文明社会”的弊病，紧张而单一的工作压力和不良的人际关系也使人们普遍感到窒息。生活在都市的现代人对大自然的向往超过以往任何一个时代，人们都迫切需要去亲近大自然，希望能投身于大自然的原生态环境中，从大自然中寻求新鲜感和亲切感，甚至有人提出要“回归大自然”。这种热爱和亲近大自然的动机自然而然地促成了人们的旅游活动。

上述是现代旅游者的主要旅游动机，另外还存在其他各种旅游动机，如商务动机、宗教觐圣动机、审美动机、购物动机等。旅游动机因人而异，是多种多样的，旅游行为也并不是只受一种动机驱动的，常常会有几种旅游动机同时存在，以某种动机为主。

三、旅游动机的激发

如前文所述，旅游动机的产生是多种复杂因素互相作用的结果，它既受主观因素的影响，也受客观因素的制约。激发旅游动机就是针对影响旅游动机的主观和客观因素采取相应的措施，通过适当的刺激，唤起人们的旅游欲望，把旅游者已经形成的或潜在的旅游需要和旅游动机调动起来，促使潜在旅游者积极参加旅游活动。激发人们的旅游动机可以采用以下手段或措施。

（一）倡导现代旅游观念，鼓励旅游消费

要激发旅游者和潜在旅游者的旅游动机，首先应该倡导树立全新的旅游观念，使人们认识到旅游不是一种奢侈的消费行为，旅游不属于“吃喝玩乐”型的不健康追求，旅游更不是“游手好闲”者的无聊之举。相反，旅游是人类自然、永恒追求的一种消费活动，是现代人的一种生活要素，是现代生活中不可缺少的一个组成部分，是一种现代的生活方式。西方国家由政府出资资助低收入阶层外出旅游的社会行为，是这一观念的突出表现。在生产力快速发展、国民收入不断提高的基础上，应该鼓励人们进行必要的旅游消费，刺激其旅游动机的形成。旅游不但是提高国民的物质文化水平的一个重要消费领域，还可以起到扩大内需、拉动经济增长的作用。目前世界上很多国家实行的每周五天工作制和带薪休假制，实际上就是鼓励旅游消费的措施。

（二）加大旅游宣传的力度

想方设法为旅游者提供最新信息，帮助他们认识旅游的价值。旅游宣传可以引起人们的注意和兴趣，唤起人们的旅游欲望，促使人们做出旅游决策。在信息社会中，旅游宣传的手段多种多样，既可以利用传统的媒介，如在报纸、杂志、书籍、小册子、广播、电视上发布旅游广告和信息，或在街道、机场、火车站竖立大型广告牌，在公共汽车等交通工具上喷涂旅游广告，还可以通过互联网即时用多媒体方式发布最新的旅游信息。这些宣传手段都可以使旅游产品在潜在旅游者心目中建立并保持经常性的良好形象，从而可以极大地激发旅游者和潜在旅游者的旅游动机。世界各国都认识到了旅游宣传的重要性，都在加大旅游宣传的力度，每年各国旅游部门都投入巨资进行旅游宣传，所获得的经济效益也是巨大的。

（三）努力开发有吸引力的旅游产品

旅游动机的激发与旅游产品是否有吸引力密切相关。风格独特、别具一格的旅游产品可以满足旅游者追求新鲜感的欲望，在旅游者心目中形成强烈的印象，诱发旅游者的想象力，使其产生外出旅游的动机。开发特色旅游产品和创新传统旅游产品是激发人们旅游动机的关键之一。具有吸引力的旅游资源或旅游产品应该具备自然性、独特性和民族性。自然性指尽可能保持旅游资源或旅游产品的原始自然风貌，满足旅游者亲近大自然的心理需要；独特性指个性是旅游产品的魅力所在，因此旅游产品的设计要突出个性、特色和独特的感染力；民族性指越是民族的就越是世界的，那些具有典型民族风格、地方特色的旅游产品对旅游者充满了吸引力。

（四）提高旅游服务质量

提高旅游服务质量可以消除旅游者在整个旅游过程中的种种不便和顾虑，能使旅游者获得亲切感和自豪感。也就是高效率、高质量地为旅游者解决在食、住、行、游、购、娱诸方面可能遇到的困难，并提供富有人情味的、体贴入微的服务，使旅游者在旅游过程中处处感到方便和满意。用全方位的高质量服务激发旅游者和潜在旅游者的旅游动机。

第三节　情绪情感的控制和管理

一、情绪情感的概念

情绪和情感是人类行为中最复杂的一面，也是人类生活中最重要的一面。试想，若是一个人没有情绪生活，这个丰富多彩的世界，对他将毫无意味，无所谓悲伤忧愁，无所谓幸福快乐，不需要友谊的慰藉，也体验不到爱情的温馨。一般平常人的生活中，随时随地都有喜怒哀乐等情绪的起伏与变化。

（一）情绪和情感定义

所谓情绪和情感，是人对客观世界的一种特殊的反映形式，是人对客观事物是否符合自己需要的态度（存在中性情绪）的体验。对上述定义，可以从以下三个方面来分析。

第一，情绪和情感也是人对客观现实的一种反映形式。客观现实中的对象和现象与人们之间的关系是情绪与情感的源泉。

第二，人之所以对客观现实是否符合自己的需要的态度能有所体验，是因为人在与客观事物接触的过程中，客观现实与人的需要之间形成了不同的关系。例如，有些对象和现象，如清新的空气、悦耳的歌声、高尚的品德等，一般符合人的需要，就会使人产生对这些事物的满意、愉快、享受、赞叹等情绪和情感的体验。另一些对象和现象，不符合、不能满足人的需要，就会使人产生对这些事物的不满意、烦恼、忧虑、厌恶等情绪和情感的体验。

第三，在现实生活中，并不是所有事物都可以产生情绪和情感。例如，我们每天要接触到很多事物，有一些事物引起我们的爱好或厌恶的情绪和情感，也确实有不少事物是无所谓的，是既不讨厌也不喜欢的。这里必须指出的是，和我们的需要具有这样或那样关系的事物，才能引起我们的情绪和情感。

事实上，心理学对情绪情感概念的理解并没有广泛的共识，但这并不妨碍进一步深入的研究。这种现象在心理学领域是常见的。

（二）情绪的构成

心理学家弗洛伊德提出，情绪由五个相互关联的成分组成：①感染，对欢乐或痛苦的体验；②评价，对客体进行积极或消极的价值认定；③行为准备，对环境做出相应反应的准备；④自动唤醒，相当于对行为的激励；⑤认知性行为发生改变。

弗洛伊德的观点对有明显价值倾向的情绪是有意义的，但人类还有许多无任何价值倾向的情绪，如兴趣、放松、平静等中性情绪的产生不需要经过评价这个环节。

二、情绪、情感的两极性

人的情绪、情感是多种多样的，把情绪情感的表现形式分为最基本的两类，即所谓情绪情感的两极性，其表现形式有以下几个方面。

（一）肯定性和否定性的两极对立

例如，满意和不满意，快乐和悲哀，敬慕和蔑视，热爱和憎恨，兴奋和烦闷，轻快和沉重，等等。当然，构成肯定或否定这种两极的情绪情感不是绝对互相排斥的，对立的两极性在一定条件下可以互相转化。例如，“乐极生悲”“苦尽甘来”。

（二）积极（增力的）和消极（减力的）的对立

积极的情绪如愉快、热情等能够增强人的活动能力，促使人积极地行动，消极的情绪如烦恼、不满等能降低人的活动能力。在有些情况下，同一情绪可以既有积极的性质又有消极的性质，如在危险情境下产生的恐惧情绪，既会抑制人的行动，减弱人的精力，又可以驱使人动员自己的能量同危险情境做斗争。

（三）紧张和轻松的对立

紧张和轻松一般与人所处的情境、面对的任务、对个人需要的影响等相联系。当人所处的情境直接影响到个人重大需要的满足，以及面临重大任务需要完成时，人们的情绪就会紧张起来。相反，则比较轻松。一般来说，紧张的情绪与人的活动的积极状态相联系，人们进行的任何活动，都需要激发起一定紧张度的情绪。否则，情绪处在很低的水平而松松垮垮，是无法适应任务和活动的要求的。但过度的紧张情绪也会引起抑制，造成心理活动的干扰和行为的失调。

（四）激动和平静的对立

激动的情绪表现为强烈的、短暂的然而是爆发式的心理体验，如激愤、狂喜、绝望。激情的产生，往往与人们在生活中占重要地位、起重要作用的事情的出现有关，而且这些事件违反原来的意愿并以出乎意料的形式出现。与激动的情绪相对立的是平静的情绪。人们在大多数情况下是处在平静的状态之中的，在这种状态下，人们能从事持久的智力活动。

（五）强与弱的两极性

许多类别的情绪有由强到弱的等级变化。例如，从微弱的不安到强烈的激动，从愉快到狂喜，从担心到恐惧等。情绪的强度越大，人自身被情绪卷入的程度越大。情绪的强度决定于事件和活动对人的意义的大小，以及人的既定目的和动机是否能够实现。

上述每一对对立的情绪之间，都存在强度不同的中间情绪状态，如非常满意与非常不满意之间有很满意、满意、不满意、很不满意。

情绪情感的两极性是相辅相成的，没有满意，就无所谓不满意；没有快乐，就无所谓悲伤；没有紧张，就无所谓轻松；没有爱，就无所谓恨。所有情绪情感的两极性是相互联系的，同时也可以在一定条件下相互转化。

三、引起情绪情感变化的原因

旅游者在旅游活动中所接触到的一切，都会引起情绪和情感的变化。具体说来，影响旅游者情绪情感的因素主要有以下几个方面。

第一，需要是否得到满足。人们外出旅游就是为了满足某种需要，如为了身体健康的需要、为了获得知识的需要、为了得到别人的尊重等。

第二，活动是否顺利。需要是动机的基础，为了满足需要，人们在动机的支持下产生行动，不仅行动的结果产生情绪，而且在行动过程中是否顺利也会引起不同的心理体验。

第三，客观条件。客观条件是一种外在刺激，它引起人的知觉从而产生情绪、情感体验。旅游活动中的客观条件包括游览地的旅游资源、活动项目、接待设施、社会环境、交通、通信等状况。此外，地理位置、气候条件等也是影响旅游者情绪的客观条件。

第四，团体状况和人际关系。旅游者所在的旅游团队的团体状况和团体内部的人际关系也能对旅游者的情绪产生影响。

第五，身体状况。旅游活动需要一定的体力和精力做保证。

四、情绪情感对旅游者的影响

人的任何活动都需要一定程度的情绪和情感的激发，才能顺利进行。情绪情感对旅游者行为的影响，主要表现在以下几个方面。

（一）对旅游者旅游动机的影响

动机是激励人们从事某种活动的内在动力，人的任何行为都是在动机的支配下产生的。因此，要促使人们产生旅游行为，首先要激发人们的旅游动机。

（二）对活动效率的影响

人的一切活动，都需要积极、适宜的情绪状态，才能取得最大的活动效率。从情绪的性质方面来讲，积极的情绪可以激发人的能力，助长动机性行为，提高活动效率；而消极的情绪则会降低人的活动能力，导致较低的活动效率。

（三）对人际关系和心理气氛的影响

人在良好的情绪状态下，会增加对人际关系的需要，对人际交往表现出更大的主动性，并且容易接纳别人，愿意与之交往。

五、情绪的诱发和控制①

分析情绪、情感的目的，在于了解它们的作用和产生的条件，以便创造有利条件，引导游客形成良好的情绪，提高旅游活动的效果。

（一）创造有利于产生良好情绪的条件

1. 创造满足游客需要的条件

首先，要基于个体特征细分情感动机，设计情感旅游产品，如针对老人的“怀旧情感旅游”产品，针对女性的“浪漫情感旅游”产品，针对家庭游客的“温馨情感旅游”产品。其次，要基于生活方式集群和价值观标准细分游客情感需求，如“乐活”游客追求的健康快乐生活，“小资”游客追求的情调微奢生活，“BOBO”（波波族）游客追求的精致品质生活，为目的地氛围和产品注入情怀和意境，从亲情、友情、爱情三大切入点来综合探索目的地品牌的全面创新。近年来旅游业和影视业频频跨界合作，如《爸爸去哪儿》《奔跑吧兄弟》《我们相爱吧》等真人秀节目的外景地通常是已发展或极具发展潜力的旅游目的地，节目将亲情、友情和爱情等情感注入了目的地，游客在游览过程中很容易触景生情，因此旅游目的地可以通过寻求更多的合作机会，提升游客的情感体验。

通过精妙设计来增强情感体验，综合听觉、嗅觉、味觉、触觉感官，增加目的地主题设计，如在旅游目的地的垃圾桶、交通护栏、指示牌、公交车地铁站点、建筑外立面突出特色元素统一设计，在公交线路和出租车播放旅游歌曲，提供富有地方特色的纪念品，通过讲故事全面促进情感体验。

旅游中要开展内容丰富多样的活动，满足游客对旅游活动内容的多种需要。在法国盛行学艺旅游，游客可以在旅游地学习制陶、编织、纺织、雕塑、淘金、织壁毯、吹制玻璃器皿等技术，在游览美丽风光的同时掌握一门技能。所学的技艺是游客根据自己的兴趣爱好自由选择的，学艺费根据时间长短而定。这种旅游的乐趣就是学习，在欣赏和动手中提高自我。日本盛行劳务旅游，游客一边挣钱一边旅游。日本同澳大利亚、新西兰、加拿大等国建立了劳务旅游关系，旅游者在旅游区个人付出劳务，一方面赚些旅费以延长逗留时间，游览更多的地方，另一方面通过参加工作可以接触社会普通民众，从而更深入地了解当地的风土人情，一举两得，不亦乐乎。这和当今一些时尚一族的想法不谋而合，在旅途中得到历练。欧洲盛行新奇自驾：欧洲租车公司最大的优势就是退车手续方便和费用合理。也因为这一方式的更加“自由”，新奇的旅游主题也层出不穷。例如，有不少人喜欢参观已故好莱坞明星的坟墓，追忆心中的偶像。自驾游以及拼车游也在我国悄然盛行。

安排好食、住、行，满足游客舒适、方便的需要。参观游览时，导游员要认真讲解，满足游客求知审美的需要。组织安排好购物活动，满足游客纪念和象征心理的需要。

---

① 闫红霞．旅游心理学［M］．北京：电子工业出版社，2016.

2. 保证活动顺利进行，避免产生不愉快情绪

有关旅游心理学的研究表明，对于很多游客来说，旅游体验并不是从他们走出大门开始的，而是从搜索和预订开始的。以酒店为例，从一开始就营造“假日倒计时”的气氛，让客户成为回头客，这对于酒店发展和客户的长久关系是个机会。研究发现，全世界排名第一的旅游动机是希望开阔视野。如果酒店商能更迎合游客对预期体验的需求，就更有机会在竞争中占据优势。通过研究可以真正了解在旅游的每个阶段，是什么因素在推动和影响他们。在竞争激烈的行业中，这些因素可以帮助酒店业主占据优势，从预订到住宿，提供全方位服务，最终保持游客的忠诚度。

3. 既要保证活动内容丰富，又要避免行程过于紧张

一条好的游线，要有序幕—发展—高潮—尾声。在交通合理方便的前提下，同一线路旅游点的游览顺序应由一般的旅游点逐步过渡到吸引力大的旅游点。将高质量的旅游景点放到后面，使旅游者兴奋度一层一层上升，在核心景点达到兴奋顶点。同时考虑到旅游者的心理状况和体能，结合旅游景观类型组合和排序，使旅游活动安排做到劳逸结合、有张有弛。

4. 及时帮助游客解决问题，避免不良情绪的扩散

以等待心理为例说明。研究发现，30 分钟是游客等待的心情转折点。游客一开始对游乐设施质量抱持“等越久越值得”的态度，只要在 30 分钟内排到，都能满足期待。但是，超过 30 分钟，游客可能随时“翻脸”，开始用放大镜检视，稍有不满意，就会对游乐设施嫌东嫌西。

等待心理学很有趣，研究结果发现，消费者普遍有“没人排队也不用等”的预设立场，这类设施让他们联想“质量可能不怎样”，但排“长龙”的设施等太久，又让人想放弃消费，产生不满情绪甚至爆发消费纠纷。如何巧妙安排等待时间，长得让顾客感觉值得，又要短得不致产生负面情绪，是服务业管理人员的一大学问。

（二）控制不良情绪

人难免产生不良的情绪，在各种不良情绪中尤以发怒对别人的不良影响最大。因此，应该特别注意控制不良情绪的产生。控制的最好时机是在情绪爆发之前。一旦情绪爆发，则可采取以下措施。

1. 转移注意力

暂时把注意力转向其他事物或问题，想点别的问题或做点别的事情，以抑制不良情绪的产生、扩散和强化。

2. 减少刺激

消除引起不良情绪的刺激，或者离开引起不良情绪的现场，以使情绪平静下来。旅游业需要规范市场秩序，践行情感公关。一旦由于目的地品牌信任危机伤害了游客的情感，发生品牌情感链断裂，经过网络媒体发酵，负面影响就会如病毒般迅速蔓延开来，导致目的地品牌受到极大损害。目的地经营管理部门应在第一时间采取紧急措施，防止事态扩大，坦诚告知公众，表明整改诚意，调查情况信息，安抚当事人情绪，做出情感和经济的补偿承诺，疏解当事人的不满情绪，同时通过官方的公关活动和真诚举动来获得大众的理解和支持，通过情感公关来修复品牌信任，提高品牌满意和培育品牌忠诚。接着就需要内部整改，加强市场秩序管控，严格市场监督执法，打击违法经营行为，完善投诉渠道。

【延伸阅读】

基于内容分析法的老年人旅游动机

老年人旅游市场已经成为最重要的旅游细分市场之一。我国老年人口基数巨大，比任何其他国家老龄化的进程都快，无论净规模还是增长速度都是惊人的。2006 年我国超过 60 岁的老年人达到 1.49 亿，到 21 世纪中叶 60 岁及以上的老年人将达到 4 亿；退休后时间的灵活性使老年市场更具有吸引力；老年人健康状况的提升为老年人出行提供了基本的体力保障；老年人消费观念的转变更是有利于旅游市场的形成；老年人逐渐增长的可支配收入也意味着这个市场对旅游产业的巨大潜力和价值。但从我国老年人旅游现状来看，2005 年老年出游人数占出游总人数（25%）比例远远低于发达国家水平（60%），出游率（56%）也同样低于城镇居民（94.8%），可见我国老年旅游市场发育不够完善。造成这种情况的原因是多方面的，其根本原因之一就是研究人员、旅游经营者缺乏对老年人旅游行为的了解，尤其是旅游动机。把握老年人的旅游动机对于旅游企业十分关键，它是旅游企业制定营销战略和策略的前提。笔者通过访谈对此问题展开了研究。访谈时间为 2008 年 4 月至 5 月间平日的 10~12 点和 15~17 点，地点选择城区公园。此时老年人出来以闲逛为主，交谈时间比较充裕且拒访率低，访问效果相对较好。受访者是北京不同城区的老年人。之所以选择北京，主要基于以下几点：作为中国最大的城市之一，其老人比重超过 16.9%（2006 年），老年人口年增长率达到 5%；其城市居民人均 GDP 高于其他城市，享受稳定退休金的老人数量在国内比例也是最高的（有旅游购买能力的主要是城市较高收入的退休老人），老人预期寿命同样比其他地区高。因此，研究北京老人具有现实意义和前瞻性。根据全部访谈录音整理出 28114 字符的文本。共访问了 138 人，其中 70 人接受访问，68 人拒访。在接受访问的人中，共有 36 女、34 男，年龄区间 50~80 岁，平均年龄 61.77 岁。对老年人的各种旅游动机进行了命名和归类，主要有 7 大类，即追求美和求异动机、身心健康动机、亲情和爱的动机、文化动机、从众动机、奖励及弥补遗憾动机、思乡动机。

通过分析可以得出如下结论：首先，老年人出游动机呈现出多样化的态势，这一点与以往的研究比较一致。经过对老年人访谈所提到的动机进行归纳，可将其归为 7 大类、15 亚类。其次，老年人旅游动机的分布并不均匀。追求美与求异动机是老年人出游的最主要动机，占所有动机的39.89%，其中欣赏美丽的自然和人文景观又是最普遍的旅游动机。其次是身心健康动机，占总动机数量的24.47%，二者共占总动机量的比重超过了60%，而思乡动机仅占总动机量的2.13%。这一点给予旅游企业以提示：旅游企业在为老年人设计旅游线路时，应该着重提供能满足老年人追求美与求异以及身心健康动机的旅游产品，特别是要增加优美的自然和人文景观满足老年人的求美动机（占27.13%）。再次，老年人旅游动机呈现多元交叉性。本研究发现老年人每次旅游的动机不是单一的，每次旅游的平均动机数量接近2.69，也就是说，旅游行为受一种或多种旅游动机共同作用。这就要求旅游企业在设计旅游产品时，应该进一步丰富旅游线路的内容，注重不同类型项目的搭配，尽量同时满足老年人的多种旅游动机。最后，大陆与台湾地区、国外老年人旅游动机的差异性。大陆老年人最普遍的旅游动机是欣赏美丽的自然和人文景观，显然与台湾地区及国外老年人有所不同（其主要旅游动机为休闲放松）；大陆老年人旅游存在爱国主义动机，这一点与国外、台湾地区老年人都不同。根据老年人的心理特点，以往很多国内学者认为其旅游的普遍动机为思乡，但此次调查表明怀旧是最微弱的旅游动机（仅占总动机量的2.13%）。造成这种差异的原因需要进一步的分析，很可能与老年人实现思乡动机的多种途径有关。另外，本次调查发现老年人外出旅游存在爱国主义动机、实现儿女孝敬心愿动机、带孩子增长见识动机，这些都是以往国内研究鲜有提及的，希望得到后续研究的进一步证实。

（资料来源：张运来，李跃东.基于内容分析法的老年人旅游动机研究［J］.北京工商大学学报，2009（5）：101-105.）

【本章小结】

本章从行为的概念入手，探讨旅游消费行为及特征、旅游需求和动机的影响因素，并且从国内旅游者出发划分了旅游动机的类型。重点是旅游消费和特点的界定，难点是旅游者情绪情感的单一性和复杂性的界定。正确认识旅游消费者的定义，对于健全旅游学科的理论研究、指导实践活动具有重要的理论价值和现实意义。明确旅游需要和动机类型的划分，可以有效指导旅游企业开展有效的实践活动。

【复习思考题】

1. 什么是行为？行为具有哪些特征？
2. 马斯洛需求层次论的基本内容有哪些？
3. 什么是需要的单一性和复杂性？如何平衡？
4. 什么是情绪情感？情绪情感的两极性体现在哪里？
5. 如何控制和管理旅游者的情绪情感？

参考文献

［1］彭顺生．世界旅游发展史［M］．北京：中国旅游出版社，2006.

［2］李天元．旅游学概论［M］．北京：高等教育出版社，2011.

［3］彭勇．中国旅游史［M］．河南：郑州大学出版社，2006.

［4］伦纳德·J. 利克里什，卡森·L. 詹金斯．旅游学通论［M］．程尽能，译．北京：中国旅游出版社，2002.

［5］Charles R. Goeldner，J. R. Brent Ritchie. 旅游学［M］．李天元，徐虹，黄晶，译．北京：中国人民大学出版社，2008.

［6］Valene L. Smith. Hosts and guests：The anthropology of tourism［M］.University of Pennsylvania Press，1989：54.

［7］Casson，Lionel. Travel in the Ancient World［M］. London：Allen and Unwin，1974.

［8］Haulot A. Social tourism：Current dimensions and future developments［J］. International Journal of Tourism Management，1981（9）：207–212.

［9］黄燕，涂媛鸿．论后现代思潮对旅游消费行为的影响［J］．企业经济，2006（6）：78–80.

［10］曹国新．中国与西方旅游的古代、现代和后现代特征［J］．旅游学刊，2006（6）：11–15.

［11］白光润，李仙德．后现代旅游探析［J］．旅游科学，2007（6）：32–36.

［12］邓观利．旅游概论［M］．天津：天津人民出版社，1983.

［13］克里斯·库珀．旅游学——原理与实践［M］．张俐俐，等，译．北京：高等教育出版社，2004.

［14］查尔斯·R. 戈尔德耐，等．旅游业教程：旅游业原理、方法和实践［M］．贾秀海，译．大连：大连理工大学出版社，2003.

［15］王明星．旅游学基础教程［M］．北京：中国林业出版社，北京大学出版社，2009.

［16］谢彦君．基础旅游学［M］．2 版．北京：中国旅游出版社，2004.

［17］保继刚，楚义芳．旅游地理学［M］．2版．北京：高等教育出版社，1999.

［18］李梅．对旅游者定义的思考［J］．生态经济，2011（2）：106-107.

［19］张宏梅，陆林．近10年国外旅游动机研究综述［J］．地域研究与开发，2005（2）：60-64.

［20］邹开敏．国内旅游动机的研究新进展［J］．经济问题探索，2008（3）.

［21］卞显红．旅游者目的地选择影响因素分析［J］．地理与地理信息科学，2003，19（6）：83-88.

［22］林南枝．旅游市场学［M］．天津：南开大学出版社，2001.

［23］郭英之．旅游市场研究理论与案例［M］．北京：科学出版社，2008.

［24］徐汎．中国旅游市场概论［M］．北京：中国旅游出版社，2004.

［25］北京第二外国语学院课题组．中国出境旅游者消费行为模式研究［M］．北京：旅游教育出版社，2003.

［26］张辉，厉新建，秦宇，等．中国出境旅游市场现状与趋势判断［J］．商业研究，2003（262）：147-151.

［27］毛金凤．旅游市场的特点与市场定位［J］．辽宁教育学院学报，1999（4）：22-24.

［28］孙永正．管理学［M］．北京：清华大学出版社，2011.

［29］罗明义，等．现代旅游管理学［M］．天津：南开大学出版社，2014.

［30］董观志，白晓亮．旅游管理原理与方法［M］．北京：中国旅游出版社，2005.

［31］宋振春，张友臣．现代旅游管理学［M］．青岛：青岛出版社，1998.

［32］田里．旅游管理学［M］．大连：东北财经大学出版社，2015.

［33］罗佳明．旅游管理导论［M］．上海：复旦大学出版社，2010.

［34］张秋芬，江五七．旅游管理学［M］．北京：航空工业出版社，2008.

［35］李昕．旅游管理学［M］．北京：中国旅游出版社，2006.

［36］姜秀谦，刘应杰，张占斌，等．我国旅游业体制改革创新研究［M］．北京：人民出版社，2015.

项目策划： 孙妍峰
责任编辑： 张芸艳
责任印制： 谢　雨
封面设计： 何　杰

图书在版编目（CIP）数据

旅游管理学 / 张俊英主编． -- 北京 ： 中国旅游出版社， 2019.10（2022.6 重印）
中国旅游业普通高等教育应用型规划教材
ISBN 978-7-5032-6355-2

Ⅰ．①旅… Ⅱ．①张… Ⅲ．①旅游经济－经济管理－高等学校－教材 Ⅳ．①F590

中国版本图书馆CIP数据核字(2019)第230754号

书　　名： 旅游管理学

作　　者： 张俊英　主编
出版发行： 中国旅游出版社
（北京静安东里 6 号　邮编：100028）
http://www.cttp.net.cn　E-mail:cttp@mct.gov.cn
营销中心电话：010-57377108，010-57377109
读者服务部电话：010-57377151
排　　版： 北京旅教文化传播有限公司
经　　销： 全国各地新华书店
印　　刷： 北京明恒达印务有限公司
版　　次： 2019 年 10 月第 1 版　2022 年 6 月第 2 次印刷
开　　本： 787 毫米 × 1092 毫米　1/16
印　　张： 15
字　　数： 322 千
定　　价： 39.80 元
I S B N　978-7-5032-6355-2
